ジモトを歩く

身近な世界のエスノグラフィ

川端浩平

御茶の水書房

写真1　この写真は、JR岡山駅の新幹線のプラットホームからの風景である。筆者はこの風景を帰省するたびに見てきた。海外や大都市から戻ってきた岡山は、懐かしいとともにどこか小さく感じられて寂しい気分に陥ったものである。岡山に地縁のない者にとって、閑散とした商店街、美容整形外科の看板、そして遠くに見える高層マンションはいかにも典型的な地方都市の駅前の風景だという印象を与えるだろう。だけれども、岡山で在日コリアンのフィールドワークを進めていく過程で、この場所がかつて戦後最大の闇市であったことや、たくさんの在日が集住して生活していたことを知った。そしてまた、商店街周辺にある在日が営む居酒屋やそこで生活する友人たちとの出会いの場ともなった。現在では、このプラットホームからの光景は、筆者の懐かしいとか寂しいとかいう感情を引き起こすというよりも、そこに集った在日の友人たちの顔を想起させるのである。

はじめに

幼いころから考える前に行動してしまう質だ。慎重に行動するタイプではない。通信簿にはいつも「落ち着きがない」と書かれていた。小学生のころには、自分の見たことのない世界から得られる刺激や出会いを求めて一人で自転車を飛ばした。校則で出ることを禁止されていた「学区」をはるかに「越境」し、隣の岡山県総社市まで片道二〇キロ以上の道程を遊びに行ったこともある。目的は何かあったのかといわれると、「ただどこか遠くへ行きたいから」ということ以外になかった。お墓参りのときに父親が車を運転する道程を記憶し、ただその軌跡をたどっていただけだった。ただし、その父親の軌跡をたどる自転車での冒険を通じて味わう経験や出会いは学校の勉強などとくらべるとはるかに刺激的だった。このような筆者の越境は、高校二年生のときのアメリカへの留学をきっかけとして国境を越えるものになっていった。ミシガン、カリフォルニア、新潟、キャンベラ、そして現在生活する西宮と様々な場所で生活してきた。偶然の出会いや発見の多くは、すぐにその場で理解できるものではないが、経験として積み重ねられていくものだ。それらの蓄積された出来事の解釈というものは、様々な経験や学びを重ねて成長するなかで振り返ることによって明らかになることが多い。このような一連の行動パターンを繰り返すなかでも、幼いころから、そして海外での長期の生活をするようになってからも大切にしていることがある。それは、旅に出たら必ず家に帰ることだ。家に戻ることによって旅の意味がより鮮明になり、そしてまた新たなる旅へと出かけたいという意欲が湧いてくる。そのような振り返りの知は、日々更新されるものであり、新しい経験や成長を通じて上書きされていくものである。

本書は、このような落ち着きがない筆者の行動とその振り返りの思考の積み重ねの上に成り立っている。かつての自転車での冒険はフィールドワークやインタビュー調査というスタイルで、そして旅の学びはエスノグラフィを通じて執筆されることによって。ただし、筆者自身の海外を含めた越境という経験は極めて私的なものであるといえるし、そこから得られた視点も限定されたものかもしれない。とはいえ、日常という時空間を越境したい衝動に駆られることは誰にでもあることだ。とりわけ、自分をとりまいている時空間が息苦しく感じられるとき、私たちはその外部にあると感じられる何かに向けて強い関心を抱く。外部にあると感じられる何かが私たちの衝動を掻き立て、知的な学びへと誘うのである。そのような外部にあると感じられるものとして本書で取り扱うのは、私たちを見守っている他者の存在である。それは見知らぬ人びとに限定されるものではなく、自分が知っていると思いこんでいる人びとの他者性をも含むものである。そして、自己というものが他者の承認を得ることによって成立していることを踏まえるならば、そこには自分自身の他者性も含まれる。出会ったことのない他者、身近な世界で知っているつもりになっている人びとの他者性、さらには自分自身の他者性を結びつけて理解することによって、分断されているように感じられる他者性のつながりが発見されていく。本書のタイトルで片仮名によって表記されているジモトとは、そのような身近な世界において異なる水準で他者性が結びついている、あるいは断絶している領域のことを指している。

ジモトといういくつもの他者性が交錯する領域でフィールドワークやインタビューを重ねるなかで気づかされたのは、他者の語りの細部まで聞き取ることがいかに難しいことなのかということだ。人は、自分が本当に考えていること、感じていることをそっくりそのまま言葉にするわけではない。そしてまた、語らないことのなかに真実が潜んでいることもある。フィールドワークを振り返るなかで気づかされたのは、語られないけれどもたしかに存在している日常的実践と結びついた暗黙の知のようなものである。とりわけ、身近な世界というものは明確な社会的意味を持った言語によってのみ成立しているのではなく、それぞれの場で生じる感覚を真摯に共有することによってコミュニケーションが成立している場合が多い。ゆえに、そのような語りの細部に潜む非言語的な含意に真摯に向き合わなければ、他者の語りを実践的な水準において理解することにはならない。そして筆者もまた、そもそもはそのような非言語的な日常的実践の領域への誘惑に掻き立てられ、考える前に動き出してきたのだ。どこか遠くへ行きたいという衝動、閉塞感のある日常を打破したいという変革の意思というものを誘っているのは、何か面白いことがあるに違いないという予感だ。今となってみれば、学校という制度や教室のなかで落ち着きを保つことができなかった筆者の好奇心の正体とは、そのような他者の日常的実践というフィールドからの呼びかけに応じるものだったように思えてくる。

*　*

本書は、筆者が自分自身の出身地に戻り一〇年以上におよぶフィールドワークを行い、そこで得られたデータや考察をもとに記述したエスノグラフィである。エスノグラフィという手法を文字通り解釈すれば、「民族」の「記述」である。そもそもエスノグラフィとは、旅行記や植民地期の報告書といった他者の記述にルーツがあり、現在では人類学や民俗学をはじめ、社会学やカルチュラル・スタディーズなど様々な学術領域において考察対象や事象の質的研究の成果をまとめる手法として用いられている。

では、民族や他者といったどこかエキゾチックな印象を与える人びとや事象を記述することは容易に想像がつくが、自分自身の出身地を記述するエスノグラフィが方法的に可能なのか、またそのことにどのような意味があるのだろうか。つまり、本書における手法の妥当性とその社会的含意および価値とは何なのか。この二つの問いに対する答えは、学術的な伝統から派生した要請というよりも、私たちが生活し、思考する知的条件の変容に起因しているものであるといえる。すなわちグローバル化という時空間の圧縮化によって、個人と場所の結びつきは流動的なものへと変化している。第一にそのことは、自分自身の出身地のみならず自分が現在生活している場所さえもエキゾチックなものとして立ち上がることを可能としている。たとえば私たちは、自分たちの郷土を代表する名物や特産品へ向ける眼差しと、その地とは無縁の旅行者の眼差しが限りなく類似していることを経験している。第二にそのような現実の社会的含意とは、当該地域生活者がエキゾチックな眼差しを持つという根本的矛盾を抱えることによって、極めてローカルな事象とともに身近な世界における差異や他者性といったものを不可視化させることである。ゆえに、極めて身近な世界の人間関係において他者性の行方が見え難くなっているような状況を生み出している。このようなローカル／グローバルといった再帰的な現象のなかにおける他者性の行方とそこで生じているナショナリズムや差別・排除のメカニズムをエスノグラフィによって明らかにすることが本書の試みである。

また、自分自身の出身地をフィールドワークするという選択は、筆者自身の個人的な経験や学術的な背景とも関係している。筆者は、アメリカやオーストラリアといった英語環境のなかで学部から大学院博士課程まで英語で論文を執筆してきた。海外の学術機関において日本のことについて研究するということは、日本研究（Japanese Studies）という制度的・知的枠組みを踏まえつつ日本に関連する事象を考察することになる。それはあらゆる地域研究（Area Studies）がそうであるように、当該地域における研究動向や知的枠組みと同じものではない。むしろ、地域研究はその研究を行う国家の知的枠組みや関心と強く結びついている。だから、アメリカとオーストラリアの日本研究をとってみても同じものではない。第一章にて詳述するが、筆者はアメリカの主流派の日本研究に対して一九八〇年代前後から営まれてきたオーストラリアの日本研究の潮流、そのなかでも筆者と同じように海外留学した日本人研究者の先行研究を参照点として研究調査を進めてきた。本書では、従来の移動するからこそ見えてくる日本社会を相対化するという視点をさらに敷衍して、自分の出身地を考察することを試みている。社会科学においては観察対象である社会の一部である観察者＝自分もまた考察の対象となるのであり、本書ではその特性を十全に展開することにより微細な事象の分析を深めたい。

ただし、地域研究はそもそも学際的なアプローチであり、特定の地域について様々なジャンルの研究領域や知を集結させたものであり、現在でも別のジャンルの研究成果を横断的に結びつけることによって展開している。とりわけ、グローバル化にともなった知識人の移動により、現地出身者によって地域研究という枠組みが批判的に問い直されている。たとえば筆者が学んだオーストラリアの日本研究は、一九九〇年代半ばからカルチュラル・スタディーズやポストコロニアル研究の成果を横断的にとりいれつつ、日本という本質主義的な理解や枠組みが脱構築され、同時代的な研究対象として再編成されてきたといえる。

では、筆者の研究は批判的な理論をとりいれた日本研究なのかと問われると、それだけではない。現代日本社会に関する事象の分析を進めていくうえでは、日本の社会学の膨大な先行研究を踏まえる必要がある。筆者の博士論文の多くの参考文献は日本語で書かれた社会学関連のものである。また筆者自身、二〇〇六年にオーストラリアの大学院の博士課程を修了してからは、社会学という知的制度枠組みのなかで多くの仕事をこなしてきた。本書にまとめられた論考の多くが、そもそもは社会学に関連した学術誌や媒体に発表されたものである。そのなかでも、ナショナリズム研究、エスニシティ研究、差別・排除の社会学的研究の成果をとりこんでいるし、地方都市を対象としていることから都市社会学や地域社会学といった場所に関連した社会学的研究の成果もとりこんでいる。また、フィールドワークの方法論や記述の方法についても多大な影響を受けている。さらには、社会学との隣接領域である人類学や民俗学における研究成果もとりこんでいる。これらの様々な研究領域を結びつけることによって、日常生活のなかで生じるナショナリズムをフィールドワークによって明らかにするという試みは、その一つの現れである差別・排除という現象の実証的な研究へと展開していった。

ただし本書で試みている日常的なナショナリズムや差別・排除の解明に対する批判的アプローチは、排他的なナショナリズムや差別・排除をめぐる政治的主張や言説といった表現に目を向けるものではない。たとえば在特会（在日特権を許さない市民の会）にみられるような排他主義に対する批判が必要なのは言うまでもない。しかし筆者は、むしろそのようなナショナルなあるいは排他的な表現行為以前の段階、あるいはその基底にある極めて曖昧模糊とした日常的な事象の考察を出発点としたいと思う。排他主義として局部的に顕在化する事象を支え、平凡な日常生活のなかで醸成されている排他主義の素のようなものである。そしてそれは、労働や消費、生活の日常的実践とも分かちがたく結びついている。ゆえに本書における記述も、白黒（善悪）を明確にした批判的スタンスというよりは、日常的現実におけるナショナリズムや差別・排除というものが生じるグレーゾーンを考察している。そしてまたこのような従来の批判的なナショナリズムや差別・排除をめぐる研究とは異なるスタンスについては本論でも述べるように、海外からモノを考えてきたことによって得られた視点でもある。

このように、本書における研究手法は学際的なアプローチであり、目的のためには手段を選ばず様々な研究領域における成果で利用できるものは何でも使っている。このことは本書の強みでもあり弱みでもあると思う。学際的なアプローチの強みとは、様々な研究成果をとりいれることであるが、このことは専門性を高めるという学術的な方法やそれをとりまく規範や文化的なものとは相性が悪い。特定の知的伝統やその共同性からは良い意味で悪い意味でも距離がある。ただし筆者はそのことを特に気にかけていない。特定の知的伝統や共同性やそこで使用される言語や文化には閉鎖性があるとしても、その研究成果や手法そのものは開かれていると信じている。そしてこのような足場の悪い学際的な立ち位置から研究を進めるにあたり、筆者が依拠しているのはフィールドワークとインタビュー調査である。本書においても、現場を歩き、そこで生活している人びととの対話やそこから得られるインスピレーション、長年に渡って関係性を構築するなかで得られた信頼関係や友情こそが筆者の知的営みを足元から支えてくれるものとなっている。

＊　＊

筆者の出身地のエスノグラフィは、二〇〇二年七月から現在に至るまでの岡山での一〇年以上におよぶ地域社会における差別・排除の現実に関する考察であり、またその時々の関心から執筆された論考を総括的に振り返り、再解釈を施したものである。本書ではこれらの考察を、越境という経験を踏まえたうえでの自分の出身地を考察するための方法として――ジモト――という視座から進めたものである。越境とは、自分が慣れ親しんだ場所から移動することによって得られる、かつて自分が所属していた時空間やそこに生じる諸現象を分析するための視座である。ただし越境という経験は社会的上昇や同時代的な感覚と強く結びついたものでもある。この場合に越境者にとっての出身地とはもはやそこに戻ることがないと運命づけられるのであり、ノスタルジックな対象としてしか存在しない。なぜならば、現在の移動そのものが肯定的に位置づけられるからである。たとえば就学や就労のために都市へ出たものが帰省する際に、久しぶりに再会する家族や友人とのあいだに共有されるのは過去の思い出などであり、固定化された関係性のもとにコミュニケーションは遂行される。後ろ髪を引かれるような関係性であれ、苦痛でしかない閉鎖的な関係性であれ、固定化された関係性を変化させるのは容易ではない。なぜならばこの関係性をとりまいているのは、グローバル／ローカル、都市／地方、中心／周縁といった非対称かつ二項対立的なヘゲモニーだからである。それゆえに関係性の固定化が温存され、さらにはその再生産を導く価値観へと結びつくことになる。このような圧倒的な非対称性を温存する関係性に対してジモトという視座は、社会的上昇や同時代的な感覚から生まれる現状肯定的な価値観を揺るがすオルタナティヴな価値観の展開を目論むものである。周縁的に位置づけられる彼の地と向き合い、圧倒的な非対称性によって不可視化されている実態を明らかにしていく。その意味で本書において展開される考察は、筆者自身の出身地における固有な事象を明らかにすることに留まるものではなく、現代社会におけるヘゲモニーや権力といったものが差別や排除をいかに生み出しているのかという普遍性を備えた試みにもなっている。以下が、本書における構成となる。

第1部「越境とジモト」では、筆者の出身地を分析するための理論的枠組みを提示している。第1章「越境からジモトへ」では、筆者自身の越境経験を省察的に振り返るとともに、オーストラリアを中心に越境という視座から海外での日本研究を進めてきた日本人研究者の先行研究を整理する。そのうえで、ネイティヴ・インフォーマントとしての知的役割やそこから生み出される固定化された静態的な地域理解を批判的に考察するための手段として、研究者の出身地を対象とすることによってその動態的な側面を明らかにするジモトという視座を位置づける。第2章「ジモトという視座」では、ジモトという概念を地方・地域・地元といった概念の系譜に位置づけ、観光やまちづくり等にみられる地元への回帰を示す地元現象について考察する。また、地元現象を筆者の出身地である岡山でのフィールドワークから考察しつつ、本書におけるジモトという視座の射程を明らかにする。身近な世界を／から批判的に読み解く方法としてのジモトという視座から、現代日本の地方や地域社会が抱えている問題についての考察を進めるとともに、出身地を分析していくための方法について論じていく。

第2部「在日コリアンをめぐる記憶とジモト」では、まず筆者のジモトで生活している日本人の友人やその同僚に向き合うことから出発する。友人の働く中小企業での参与観察をもとに、調査者の出身地、そこで生活する友人やその同僚たちといった調査者にとって身近な生活世界を調査対象とし、ジモトという視座から身近な世界における他者を不可視化する日常のメカニズムを明らかにする。第3章「「友人」の職場をフィールドワークする」では、職場における北朝鮮バッシング言説の消費過程とその背景にある労働（生産）に着目する。労働環境や人間関係の潤滑油としての役割を果たす北朝鮮バッシング言説を考察し、平凡なナショナリズム（banal nationalism）を維持するメカニズムを批判的に読み解く。第4章「「家庭訪問」から見えてきたジモト」では、そのような職場での排他的な言説の背景を明らかにするために、従業員への家庭訪問の際に行った個別インタビュー調査を通じて、彼／彼女らの在日コリアン（以下、「在日」と表記）との関係性や認識を明らかにする。彼／彼女らの北朝鮮バッシングが在日に対する無知や無関心から発生するものではなく、自己と他者を結びつける自分自身の日常生活や記憶と向き合うことへの回避から発生することを明らかにする。すなわちここに、日常生活のなかで醸成されるナショナリズムが差別・排除と密接に結びついていることを確認することができる。

第3部「在日コリアンにとってのジモト」では、そのような友人たちの世界観を、筆者のジモトで生活する在日との出会いや対話を通じて捉え返していく。第5章、6章では、同じ地域社会で生活する在日の若者へのフィールドワークにもとづき、ジモトという視座から彼／彼女らの身近な世界における帰属意識の形成と変容、差別と排除のリアリティを検討する。第5章「豚小屋の臭いから焼肉の匂いへ」」では、非集住的環境で育った在日の若者のライフストーリーを記述し、「特に差別された経験がない」」という彼／彼女らの語りの意味と、排除と差別に対抗しつつ営まれる帰属感覚を描き出す。第6章「もうひとつの恋」では、在日の若者たちの恋愛と結婚をめぐる経験に関する聞き取り調査をもとに、身近な世界で生じる再帰的な帰属意識の形成と変容に着目しつつ、地域社会の多文化共生のとりくみからは不可視化されている領域における営みを描き出す。

第4部「ジモトの再解釈」では、主に博士論文のフィールドワーク時に得られたデータを中心に執筆された論考によってまとめられた第2部・3部を、それまで論文には採用してこなかったデータと追加して行った調査のデータをもとに再解釈するとともに、第2部から第3部においても不可視化されていた領域を分析することを試みている。第7章「「隠れ在日」の日常的実践」では、博士論文では利用することのなかった在日の若者から得られた聞き取りデータをもとに、そこで削ぎ落とされてきた主体の意味を問うとともに、「平凡」な日常的実践が持つ「迫力」を明らかにしている。さらに第8章「ジモトを歩いた軌跡」では、現代日本社会における差別・排除の問題を在日に固有な問題としてではなく、個人化されて非集住的な環境で生活する他のマイノリティと結びつけることによって、変容する差別・排除のフロンティアを明らかにすることを試みる。異なる歴史・社会的背景を抱えている在日、被差別部落出身者、ホームレスをとりまく差別・排除の問題を結びつけて考えることにより、地域社会における差別・排除が発生するジモトという領域を多角的な視点から分析する。

終章「ジモトで「夢をみる」ことの困難と希望」では、第3章〜第8章までのジモトという視座から批判的に分析した身近な世界における差別・排除の問題を扱い、身近な世界における他者性の意味を再考し、地域社会における共生の意味を問い直す。平凡な日常生活において営まれるマジョリティという意識形成が、他者に対する排除・差別と結びつくとともに、自己のマイノリティ性の排除が結びつく次元を分析し、「夢をみる」ことのできる地域社会の条件について考える。

ジモトを歩く――身近な世界のエスノグラフィ　目次

目次

第5章　豚小屋の臭いから焼肉の匂いへ　129

第6章　もうひとつの恋　153

第4部　ジモトの再解釈　187

凡　例

1　本文に登場する会社名・人物名はすべて仮名である。

2　引用の明示は、間接引用の場合には（モーリス＝スズキ 二〇〇二）、直接引用の場合には（塩原 二〇一〇：二〇二－二〇五）と記した。

3　日本語訳のある外国語文献の引用では、日本語訳版の頁数を記している。

ジモトを歩く——身近な世界のエスノグラフィ

第1部　越境とジモト

写真2　この写真は、JR岡山駅の東口の風景である。この風景は、岡山に地縁のない者にとっては、どこにでもある地方ターミナル駅前に過ぎないだろう。岡山のローカル性を発信しているはずの桃太郎像からは、特にユニークなメッセージを感じ取ることはできない。ビックカメラやその他の大資本のサインが装飾する駅前の光景から固有の歴史性や社会的なものは想起されない。いやむしろ、桃太郎のような地域ブランドや資本ブランドといった記号がけばけばしく存在するがゆえに、ローカルなものは後景化しているのである。そしてそのような後景化している無数のローカルな歴史・社会性こそが本書で描こうとしているジモトの領域である。

第1章　越境からジモトへ

自分が異なる社会への移民となるということは、新しい環境の中でマイノリティーとして暮らすことを選ぶということでもある。このことは、当然のことながら、自分が去った国、つまり日本の中の少数集団の問題から目が離せなくなるという状態をも生み出す。自分が少数派のなかに身を置いている以上、自分の出身社会のマイノリティー集団に対して、「見えない連帯の糸」というようなものを感じないとすれば、その方が不思議だろう（杉本 一九九三：一〇九）。

1　越境とジモト

本書は、筆者の出身地である岡山での一〇年に及ぶフィールドワークをもとに執筆してきた論考を加筆修正してまとめたものである。この自分の出身地で生活する人びとや風景、その背後にある歴史・社会性についての記述は、越境という思考をさらに深めていくために試みられたものである。ここでは、フィールドワークで得られたデータや経験をもとに思考していく前に、これらのフィールドワークの前提となっている越境からジモトへという視座について素描する。

まず、越境という視座は自分が慣れ親しんだ場所から移動して、改めて他地域から自分の出自へと向き合うという視点である。そのとき私たちは、自分が所属していた時空間のなかで共有されるリアリティから解き放たれることにより、かつて埋め込まれていたその場所や様々な関係性を相対化することが可能となる。そしてまた、相対化を通じてこれまで気づくことがなかったオルタナティヴな視点が浮びあがってくる。越境者は、新しく移り住んだ場所にかつて生活していた場所における出来事を絶えず持ち運び、再解釈する。そしてまた、帰省などでかつて生活していた場所に戻ってきたときには、再解釈されたイメージと現実とのあいだでかつて慣れ親しんだ人びととの対話や葛藤といったものを上書きしていく。このように越境という視座を一つの思考実践として位置づけてみると、その視座は、越境者が所属するいずれかの場所において生成されるものであると同時に、その両者あるいはいくつもの場所や関係性の狭間において遂行されていくものである。一つの場所に拘束されていないがゆえに、固定化されたアイデンティティや表象をめぐる時空間の断絶、ズレ、結びつきといったものが発見されていく。本書で試みられるのも、アメリカ、オーストラリア、日本間の越境を繰り返してきた筆者が、三つの地域の狭間で発見した断絶、ズレ、結びつきを踏まえつつ日本語で書かれたものである。とはいえ、ここで紡ぎだされた越境者の知や言葉は、アメリカやオーストラリアにも向けられたものでもある。いくつもの視点から眼差し、眼差し返される狭間に立って思考実践することによって、いくつもの立場に置かれる自分を一つへと統合しようとするのではなく、むしろ一つへと統合することの葛藤が生じる場面において越境という思考はさらに鋭さを持って推し進められていく。

そして、そのような一つの主体へと統合することの葛藤がもっとも高まるのが、自らの出自に向き合うときである。なぜならば近代社会において私たちは故郷喪失者であり、故郷とは戻ってくることが叶わない場所であるからだ。本書で筆者が試みたように、たとえ戻ったとしても、そこにはかつての故郷の存在はない。懐かしいという意味での故郷が存在しないとともに、そこで生活している人びとの時間も流れていることが確認されるのである。たとえば岩田重則は、山田洋次の『故郷』(一九七〇)のなかから故郷のイメージの変遷をたどり、高度経済成長の終焉である一九六〇年代から一九七〇年代には、もはや故郷が錦を飾ることのできる存在ではなくなっていることを指摘している(岩田二〇〇〇)。また、高度経済成長期において故郷には閉鎖的な村落共同体のイメージがつきまとっていた。そしてそれは、個人の自由を拘束するものでもあった。たくさんの若者が故郷から引き裂かれ、社会的上昇を夢みたのである。そのような時代においては、故郷は出て行くべき場所だった。寺山修司は『家出のすすめ』で次のように述べている。

わたしは、同世代のすべての若者はすべからく一度は家出をすべし、と考えています。家出してみて「家」の意味、家族のなかの自分……という客観的視野を持つことのできる若者もいるだろうし、「家」をでて、一人になることによって……東京のパチンコ屋の屋根裏でロビンソン・クルーソーのような生活から自分をつくりあげてゆくこともできるでしょう。
やくざになるのも、歌手になるのもスポーツマンになるのも、すべてまずこの「家出」からはじめてみることです。
「東京へ行こうよ、行けば行ったで何とかなるさ」——そう、本当に「行けば行ったで何とかなる」ものなのです（寺山 一九七二：六四）。

地方の若者が労働力と期待され「金の卵」と言われていた当時の社会状況のなかで、寺山は故郷から出ていくことの可能性を述べている。しかし、故郷を捨てて東京へと越境した若者たちは、その後いかに故郷の姿を捉えてきたのだろうか。あるいは今日も越境している人びとは自らの過去といかに向き合っているのだろうか。自らが飛び出した故郷と向き合うとき、懐かしいだけではない、変容する故郷のイメージが立ちあがる。その意味で本書は「家出のすすめ」というよりは、「出て行った場所へ向き合うことのすすめ」としての「越境のすすめ」を試みている。

越境という経験を過去と切り離して捉える場合の故郷のイメージとは、現在の自分と過去の自分が切り離されることによって、とても安定的でありかつノスタルジックなものである。ただしそのような現状肯定的な価値観を維持することによって、現在と過去は断絶し、私たちは二面性を抱えることになる。二面性とは、二つ（あるいはそれ以上）の場における現在の自分と過去の自分との断絶であり、自分のなかの故郷のイメージと現在の故郷の実態との乖離である。すなわちそれはアイデンティティの喪失を意味する。しかし越境という立ち位置とは本来、いくつもの場所の狭間にあるはずである。ゆえに、かつて越境した場所を安定的なイメージから漏れ落ちるものと結びつけて捉えるとき、本書で用いる片仮名表記のジモトという視座が立ち上がる。漢字の地元という概念が実態を前提とした静態的な概念であるのに対して、ジモトは当該地域で生じている現象を越境者の視点で捉えるための動態的な視座である。そして、いくつもの地を越境してある地域を考察する際には、知をめぐる時空間の断絶、ズレ、結びつきというものが現れ、それぞれの地域表象は揺らぐ。とりわけ本書では、固定的な地域イメージからは排除された人びとや風景をめぐる過去と現在に向き合うことにより、不可視化された地域社会を掘り下げて理解することを試みる。このような視座に立つとき、ジモトとは決してノスタルジックな場所ではなく、様々な地域社会やそこで生活する人びとの眼差しが交錯する地点において思考を深めていくための一つの立脚点なのである。

この越境という思考を深めるためのジモトという極めて足場の悪い地点に留まるということは、グローバル化のなかで流動性の高まる地域社会をめぐる考察を進めていくことでもある。すなわちジモトとは、地元といった固定的なイメージによって実態的に捉えるのではなく、自らの過去とその出自の現在への向き合いによって変容する時空間の流動的なイメージを捉えるための視座である。以下では、筆者のこれまでの越境経験を振り返るとともに、この方法を用いて本書で検討していくための枠組みを素描する。具体的には、越境経験のなかで再解釈された日常的な出来事と、筆者が留学中に専攻してきた日本研究(Japanese Studies)やその際に援用した社会学やカルチュラル・スタディーズといった学術的アプローチを横断的に結びつけ、越境という経験と方法から見出されるジモトという視座を練りあげていくことを試みる。

2 越境という視座

Caro, MI 48723

高校二年生だった筆者は、一九九一年の秋からアメリカの中西部ミシガン州のキャロというまちに留学生として一年間滞在した。キャロは、GM発祥の地であるフリントの周辺部にある人口四〇〇〇人くらいの小さな田舎町である。当時、日米貿易摩擦をめぐる緊張が高まっていたころであり、この田舎町にもジャパン・バッシングの風が吹いていた。テレビのCMからは、地元の自動車販売店の経営者がDon't buy no Japanese car!とアピールしていた。筆者は、Don'tとnoを同時に用いるのは文法的に誤りではないかと突っ込みつつ、居心地の悪い気持ちがしたものである。同じ高校に通う同級生たちは、デトロイトで日本人と間違えられて中国人が殺された事件が起こったのだと言う。また、GMのプラントを解雇された父親を持つある同級生は、日本人のせいで自分の父親は仕事を失ったと語った。たしかにキャロのまちは不景気だった。筆者がホームステイしていた一家の夫婦が同時に失業していた期間もあった。当時三〇歳であった父親のポールは高卒で、マクドナルドでアルバイトをしつつ、翌年オープンすることになっていたウォルマートでの雇用を期待していた。それはまさに、マイケル・ムーアが『Roger & Me』(一九八九)や『Bowling for Columbine』(二〇〇二)において描いていた新自由主義の風が吹き荒れていたムーアのホームタウンであるミシガンの姿だった。グローバル化や産業構造の転換にともない、GMを中心とした雇用は低賃金の海外へと流出し、二度とそこへ戻ってくることはなかった。一九九五年には、キャロがあるタスコラ郡の隣にあるデッカービルは、オクラホマシティ連邦政府ビル爆破事件を起こしたティモシー・マクヴェイが潜伏していたことで有名となった。ミシガン市民軍(Michigan Militia)の人びとは、連邦政府や警察は頼りにならないからと、M16を掲げて自分たちのことは自分たちで守ると立ち上がっていた。

ただし、ミシガンで起きた出来事や状況を理解できるようになったのは随分と後のことであり、オーストラリアのキャンベラで博士論文執筆のために自分の出身地を対象にフィールドワークを進めるための準備や、マイケル・ムーアのドキュメンタリー作品をキャンベラのシビック(中心繁華街)にあるローニン・フィルムという小さな映画館での鑑賞を通じてのことである。つまり、これまでの自分の経験や記憶が振り返りを通じて再解釈されることによって、過去の記憶や経験に付随していた価値観までもが変化していったのだった。そしてそのような越境という時空間の移動とそれに付随する価値観の問い直しは、地域のイメージをも変容させたのである。

それ以前の筆者にとって、ミシガンでのマイノリティ体験や出来事を振り返ることはそんなに重要であるように感じられなかった。留学当時の筆者は、一年という限られた時間のなかでいかに充実した日々を過ごすことができるのかという、ある意味とてもポジティヴな感覚でしか様々な出来事を解釈していなかった。キャロという田舎町の若者たちはファッションや音楽センスなどが洗練されていたわけでもなかったし、セックスやドラッグの話で盛りあがり、金曜日の夜にはクルージングに出かける。クルージングとは、マクドナルドやボウリング場を拠点としてキャロのまちを貫く幹線道路の往来を繰り返して友人を見つけては挨拶を交わし、合流して一緒に遊ぶというものだ。そのどれもが、筆者にとっては洗練された遊びというふうに感じられなかった。また、ＧＭのプラントで父親が働いていたという同級生の父親の失業についての語りも、「それはアメリカ人がまじめに働かないだけじゃないか」というふうに受け止めていた。当時の筆者の感覚は、アメリカの第三世界的な場所に来てしまったけれど、どうにか一年間を充実させて乗り切らなければというものだった。

しかし、現在の地点からこれらの越境体験を再解釈していくと、先述したようにそれは、グローバル化のなかで製造業に従事していた元労働者たちの世界観なのであり、筆者が経験したものはガッサン・ハージが「内なる難民」（Refugees of Interior）による「パラノイア・ナショナリズム」（Paranoid Nationalism）と呼ぶものである（Hage 2003 = 2008）。ジャパン・バッシングや同級生の私に向けられた日本人に対する嫌悪感とは、紛れもない差別・排除の体験だったと捉えなおすことができる。ただし、そのような観点というのは、社会的上昇を志向する移動の物語においては不都合なものとして浮上してこない。このような留学経験を通じて受けていた差別の経験やその意味に気づいたのは、岡山で在日の若者の聞き取り調査の際に、彼／彼女らからしばしば発せられた「特に差別されたことないから」という発言の意味について考えさせられてからのことである。実際には家族や当人が差別された経験があるにもかかわらず、サバイバルのために現状を肯定しつつ自分自身をエンパワーするために発せられたジレンマを抱えた在日の若者の発言とマイノリティとして白人社会の中でサバイブしていた当時の自分がどこかダブるのだ。ただし当時の筆者はといえば、差別が存在しているという現実からは目を逸らし、同級生たちの「お前の祖父は忍者か?」（Your Grandpa is Ninja?）とか「空手できるのか?」

(Show me your Karate move!)といった極めてハリウッド的なステレオタイプな発想に驚きつつも、現在メジャーリーグで活躍する選手たちが過度なお辞儀を用いてチームメイトや聴衆に日本人性を演じるのと同様に、構築された日本人性を戦略的に利用しつつ一年間を乗り切ったのであった。

Westwood, CA 90210

日本の高校を卒業し、一九九四年から一九九八年はアメリカの西海岸ロサンゼルスで四年間を過ごした。ロサンゼルスは、フリーウェイが発達した自動車中心の都市である。そしてまた、マイク・デイヴィスやエドワード・ソジャが論じているように、まさにロサンゼルスは要塞都市であり、ゲーテッド・コミュニティに代表されるような体感治安が著しく悪い都市である(Davis 1990 = 2001、Soja 1989 = 2003)。人びとは、日常生活や消費を通じてセキュリティ意識を醸成している。それはたとえば不動産の価格やストリートの名前によってマッピングされる。LA暴動のゼロ地点やヒップホップのレリックスやギャング抗争で知られるサウス・セントラルやコンプトンといった地域などは危険地帯として認識される。当時筆者が住んでいたアパートにも当然ゲートはあったし、所属していた日系コミュニティの草野球チームの試合でそれらの地域を通過するときには強い不安を感じたものだった。ただし実際には良く知られているように、体感治安の高まりは実際の犯罪率とは反比例の関係にある(浜井・芹沢 二〇〇六)。そのことに気づいたのも、岡山の中心市街地における再開発とホームレスの排除をテーマとしたフィールドワークを行っていく過程においてであった。当時のロサンゼルスは、都市そのものの禁煙化(日本でも二〇〇二年に東京都千代田区で路上喫煙禁止条例が制定されて以来広がっている）が着々と進んでいき、不安と消費がのっぺりとした郊外へと広がる都市に変貌していったのである。割れ窓理論等のグローバル化（Waquant 1999 = 2008）を通じてまさに同じような変化が岡山に後日訪れるとは想像もしていなかった。

このロサンゼルスにある大学で、東アジア研究（East Asian Studies）を専攻していた筆者が出会ったのが、日本研究（Japanese Studies）だった。かつて『Easy Rider』（一九六九）においてピーター・フォンダとデニス・ホッパーがアメリカを探して出発したまさにその地で、日本とは何か、日本人とは何かといった素朴なテーマに惹かれて日本や韓国について、アメリカの東アジア研究や日本研究の視点から学んでいったのである。たとえば人類学の授業では、まさに戦後の日米関係を知的な意味で象徴するルース・ベネディクトの『菊と刀』を読んだ（Benedict 1946）。『菊と刀』は、アメリカが戦争の勝利を確信した一九四四年ころ、その後の東アジアにおける軍事的覇権を握るために戦後の日本の民主化にとりくむにあたり、戦中の日本イメージを刷新する要請を受けて執筆されたものである。ジョン・ダワーが『容赦なき戦争』で明らかにしたように、第二次世界大戦中に新聞等のメディアを通じてユーモアとレイシズムが混ざった日本の表象がアメリカ社会へと広がっていたからである（Dower 1986 = 2001）。それは今日の、日本のメディアを通じて流れる金正日や金正恩のイメージと同様のものである。ゆえに『菊と刀』はまずその悪魔化されたイメージを刷新するために要請された知であり、さらには、アメリカの民主化の優等生として日本を脈絡づけていくための戦後の日本をめぐる知識に関する再出発点であったといえる。その後、高度経済成長を経た日本の経済的成功の秘訣を明らかにするタイプの日本人論や日本文化論においては、アメリカの近代化論の枠組みにおいて日本が論じられていく。エズラ・ヴォーゲルの『ジャパン・アズ・ナンバーワン』では、アメリカへのレッスンという趣旨で、日本的経営やその基盤として営まれている文化が成功の秘訣として語られる。

ただし、冷戦が概ね終結し、バブルが崩壊した一九九〇年代半ばに学生生活を送っていた筆者にとって、そのようなタイプの日本を捉える知的枠組みは、忍者や空手といったステレオタイプと大差がないように感じられた。むしろ、同じ人類学の授業で読んだノーマ・フィールド『天皇の逝く国で』を通じて、日本の中心としては描かれていない歴史や人びとの営み、それに対する考察を経ることによって、日本人であることや日本文化の意味を相対化していったのだった（Field 1992 = 1994）。おそらくそこに、ステレオタイプ的な日本イメージに対して自分が何かを語るためのヒントがあることを直感したからだろう。しかしアメリカでは、本書で用いられているアジアや日本といった枠組みそのものを動態的に捉えるような視座を発展させることはなかった。その理由としては、酒井直樹が述べているように、アジア研究がアメリカの外交政策の要請に応える分野として成立してきたという経緯があり、そこでは地域は固定的なものとして捉えられるとともに、エスニシティやマイノリティという視点は欠如している。むしろエスニシティやマイノリティという視座は、アジア系アメリカ人研究（Asian American Studies）において扱われる問題であり、本書で扱うようなマイノリティの差別や排除といった問題には向き合ってこなかったという事情がある（酒井 一九九八）。

ACT, Canberra 0200

三度目の海外への越境はアメリカではなく、オーストラリアの首都であるキャンベラへの留学であった。一九七〇年代後半にアメリカの日本研究に対して異を唱え、オルタナティヴな地域像を提示したのは越境する知識人が展開したオーストラリアの日本研究であった。アメリカの主流派日本研究の枠組みを前提とした日本人論を批判するというかたちで本質化された日本の地域像やエスノセントリズムに異論が唱えられた。その背景としては、アメリカとは異なる地政学的条件と結びついて発展してきたオーストラリアにおける日本研究という知的環境が存在していた。

そのようなオーストラリアの日本研究をめぐる知的状況に興味を抱き、オーストラリアの大学で学ぶことを決めたのだった。オーストラリア人にとってみればもっともオーストラリア的ではない大自然のなかにある人工都市で、また日米関係から立ち現れる日本像とは遠く離れた地点から日本社会を捉えなおしていった。同じ新世界ではあるが、アメリカとオーストラリアの雰囲気はまったく異なっていた。これまで経験したことがなかったのんびりとした生活によって、自分自身が志向する価値観も問い直され、研究に対するとりくみも大きく変化した。そしてまた、日米関係を中心に捉えていた筆者の日本のイメージは、指導教官や様々な研究者との出会いや現地での生活を通じて変化していったのだった。後述するが、当時のオーストラリアの日本研究は、カルチュラル・スタディーズやポストコロニアル研究の影響を受けて、地域を実態的に捉える傾向がある地域研究というアプローチが問い直されていた。一九七〇年代のサッチャー政権下のイギリスの経済危機を契機としてバーミンガム大学を中心に発展したカルチュラル・スタディーズは、アメリカと大西洋諸島を中心に広がるとともに、台湾・シンガポール・香港・オーストラリア・ニュージーランドといったアジア太平洋地域への展開をみせていた（酒井 一九九八）。このような日本を研究対象とするうえでオルタナティヴな知的環境が整ったオーストラリアに留学し、自分自身の出身地を対象とした研究を進めていった。

ただし、筆者のように自らの出身地を研究対象とするということは珍しいものではなく、むしろネイティヴ・インフォーマントとしての知的貢献は海外で研究する者に強く求められる役割である。そしてまた、そのような役割に疑問を抱いた研究者も筆者がはじめてというわけではない。オーストラリアには、筆者より先にアメリカを経由してオーストラリアに辿り着き、越境者の視点から固定的な日本のイメージを問い直していた先達の研究が存在していた。これらの研究の批判的な射程は、従来のナショナリズムや排他主義をめぐる一連の研究とは少し異なるものである。日本のナショナリズム研究を概観してみると、戦中の超国家主義やファシズムに対する反省的な視点からのアプローチによるナショナリズム研究（丸山 一九五六、鶴見 一九七六）、冷戦終結後の一九九〇年代後半から国民国家を相対化する視点やポストコロニアルな視座を踏まえたナショナリズム研究（西川 一九九五、姜 一九九六、上野 一九九八）、日本特有の出版メディアによって試みられている時事介入的な要素も踏まえた論壇によるナショナリズム批判（香山 二〇〇二、島田 二〇〇三、高原 二〇〇六）、さらには、保守系の組織やメンバーの参与観察や聞き取り調査を行ったものなどがある（村井 一九九七、小熊・上野 二〇〇三、安田 二〇一二）。当然これらの研究と問題意識を共有しているものの、海外からの越境的な視点を踏まえた視座には、日本の時空間を外部から眼差すという視点が担保されている。たとえば本章でも考察するその代表的な人物である杉本良夫は、海外からの越境という極めて「身体感覚」に依拠した視点から日常生活におけるナショナリズムや差別・排除の問題を考察してきたのだった（轡田 二〇〇一）。海外へと移動するからこそ、日本社会で生活していたのではなかなか客体化することのできない、日常生活のなかのナショナリズムや差別・排除といった問題を考察することが可能となる。さらに本書ではこれらの先行研究のアプローチに加えて、客体化することが可能となった越境先から日本(自分の出身地)へとあらためて戻り、日常生活のなかのナショナリズムという事象のなかにどっぷりと浸かるなかで考察することを試みている(第3章参照)。以下では、オーストラリアの日本研究の文脈に位置づけて、それらの越境する研究者の方法が依拠している知的環境について整理するとともに、ネイティヴ・インフォーマントとしての役割を批判的に捉える本書のスタンスを示していく。

3 オーストラリアの日本研究

オーストラリアの日本研究は、一九一七年にシドニー大学でジェームス・マードック(一八五六〜一九二一)が日本についての最初の講義を行ったところから始まる。マードックは、スコットランドの貧しい農家に生まれた。アバディーン大学を卒業し、その後はオックスフォード大学などで学んだ。一八八二年に勤め先であったアバディーン大学のギリシャ語の助教授を辞し、グラマースクールの教頭としてオーストラリアに赴任する。しかし、オーストラリアで社会主義に傾倒し、教職を辞してジャーナリストとなる。ジャーナリストとなったマードックは、一八八八年に中国への取材旅行の帰路で、九州で教師をしていたアバディーン大学時代の友人を訪ねて日本に立ち寄ることとなった。その後、社会主義実現の理想をめざしてパラグアイへ行くなどの紆余曲折を経て、一九一七年まで日本で過ごした。その間、第一高等学校、第四高等学校などで教鞭を取り、旧幕臣岡田長年の長女と結婚する傍ら、二〇世紀初頭の日本史の研究に没頭する。第一高等学校時代には、夏目漱石の英文学の師であったことでも知られている人物である。マードックは、日本の近代化の独自性を高く評価する視点から『A History of Japan』第一巻〜第三巻を著した（平川 一九八四）。その後マードックは、シドニー大学東洋学部（Oriental Studies）の教授となる。しかしこの後しばらくのあいだ、オーストラリアにおける日本研究および日本語教育はあまり発展することはなかった（Low 1997）。第二次世界大戦中は、日本語教育は戦争遂行のための諜報活動に必要な戦略的重要言語とされた。また、オーストラリアが日本の占領に参加した一九四五年から一九五二年のあいだも同様の性格を持っていた（マッキー 二〇〇九）。

一九六〇年代に入ると、豪日経済委員会（The Australia-Japan Business Co-operation Committee）の設立など、豪日関係における経済的な結びつきの強まりを背景として、日本語と日本文学のプログラムが各大学に導入される。オーストラリア国立大学（一九六二年）、クイーンズランド大学（一九六五年）、メルボルン大学（一九六五年）、モナッシュ大学（一九六六年）などで日本研究のプログラムが立ち上がっていく。たとえばモナッシュ大学の日本研究プログラムの初代教授を務めたJ.V.ネウストプニーは、文学研究に特化しがちであった日本語研究を、より実際の日常生活でのコミュニケーションや会話に必要な実学的な側面を重視した教育を進めた（マッキー 二〇〇九、Marriot 2009）。

一九七〇年代の後半になると、日本研究に特化した学会が設立される。豪州日本研究学会（The Japanese Studies Association）は一九七八年に設立された。日本の科学技術史を専門とするモリス・ロウによれば、その時代的背景としては、日豪の経済的関係の強まりと日本について科学的な知見をもとに理解する「日本リテラシー」（Japan Literacy）の必要性から、日本研究・日本語教育への関心の高まりが生じたことがあった。第一回目の豪州日本研究学会の冊子にはオーストラリアにおける日本研究の特徴とは、「日本への情愛に欠けたものでは決してないが、神秘主義・異国趣味・妄想的なものではなく、合理的かつ冷静な研究」をめざすものであるとされている。またこのころには、グリフィス大学でThe Science with Japanese Program（一九七八年）が設立されたように、日本はもはやエキゾチックな対象ではなくなっていった。日本研究は、歴史や文学といった人文科学的なものから、社会科学的なものや「現代日本社会への批判的アプローチ（critical approach to contemporary Japan）」に取って代わられるようになった（Low 1997）。こうして、一九七〇年代後半以降のオーストラリアにおける日本研究は二つの異なる方向性へと展開していった（疋田 一九九四）。

一つは、一九七〇年代末ころからのアジア太平洋地域の共同体構想に対する政治指導者たちの関心の高まりを背景として、日豪の政治・経済面での協働や戦略的な結びつきを重視するより政策的志向の強い研究が発展していく（Drysdale 1988）。オーストラリア国立大学の日豪間の経済・政治の研究所である豪日研究センター（AJRC）の初代研究所長であるピーター・ドライスデールは、オーストラリアにおける日本研究を次のように展望している。「オーストラリアにおける日本研究の関心と視点は、北米、ヨーロッパ、東アジアの諸研究とは異なっている。日本研究の発展は、何よりも日本研究が現代オーストラリア社会にもたらす高度の経済的・専門的価値のため、必然的に、日本研究の地盤を提供する大学と、日本研究発展の原動力となる学生を輩出する地域社会によって牽引されている」（ドライスデール 二〇〇四）。

筆者が影響を受けたのは、これに対するもう一つの日本研究の流れである。それは、グローバリゼーションのもたらすボーダレス化を前者とは異なる視角から捉えようとするものであった。前者が地域間で引き直される境界線と空間の再編成やそこに築かれる文化を固定的なものとして捉える傾向があるのに対して、後者は固定的に理解されることによって生じる文化ステレオタイプの脱構築を進めていった。日豪間の経済・政治的な結びつきの強化という目的に合致した日本の地域像を捉えるのではなく、日米関係に重きを置いた視点から構築される日本の地域像に異が唱えられた。その背景としては、植民地の独立、産業構造の転換、福祉国家制度の行き詰まりと新自由主義の台頭、冷戦構造の崩壊が、近代に対する反省をともなった価値観と結びついて展開していたことがあった。この展開は、ロウが現代日本社会への批判的なアプローチと位置づけているものである。アメリカの近代化論の枠組みのなかに位置づけられた戦後の日本研究の脱構築が試みられていった。ガヴァン・マコーマック、ロス・マオア、杉本良夫といった日本研究者たちは、日本人論の批判を通じて日本研究を問いなおしていく。たとえばロウはこのような趨勢を、「オーストラリアン・スタイル・ジャパニーズ・スタディーズ（Australian Style Japanese Studies）」と名づけている（Low 1997）。これらの研究においては、地域や文化といったものが、経済・政治・社会的な力学によって構築されていくものだという動態的な視点が担保されてきたのだった（Morris = Suzuki 2000 = 2005, 2009）。またそのような視点は日本一国の近代化のみを問題にしているというよりは、グローバル化が深化する後期近代社会全般への批判的なアプローチでもあった。その中でも筆者が影響を受けたのは、筆者と同様に海外の大学院で学んでいた日本人研究者による、越境というアプローチから日本を考察する方法を展開していった先行研究であった。以下、越境という方法の先行研究の整理を踏まえて、越境という方法にジモトという視座を導入する意義について論じる。

4　越境という方法

本書における越境という視座は、日本という時空間から解き放たれることから得られる身体感覚に依拠したところから紡がれる実践的な思考方法である。ただしそれは海外への移動に限定されるものではない。私たちは、自分の生活している時空間への眼差しが自らの移動にともなって変化するということを日常的に経験している。この実践的な思考方法の特徴は、観察者が動きながら考える、あるいは動くことによって生じる諸現象を考察するということである。そしてその際には、ふだんは静態的に感じられる時空間を動態的に観察することが可能となる。それは、静態的な条件において身体化されていた価値観や規範をも揺るがすのである。日々の生活の時空間を息苦しく感じるとき、私たちはカフェに憩いの場を求めることによって、ジョギングへ出かけていつもとはまったく別の方向へと走ることによって、音楽や映画の世界に浸ることによって越境者となる。あるいは、物理的に移動しなくても、睡眠中にみる夢の世界に浸っているときに越境している。そのとき私たちは、日常生活で支配的な価値観を動態的なものとして、変化可能なものとして認識している。これまで自分が積みあげてきた常識、記憶や経験がまったく異なるルールのなかで見つめなおされ、交渉を繰り返し、再編成されていく過程である。本書の試みである日本やグローバル化といった時空間からの越境という方法は、移動することによって動態的に見えてくる世界の現実への考察を深めるためのフィールドワークであるといえる。

一九七〇年代末、杉本良夫などオーストラリアに拠点を置く研究者たちは、ヴォーゲルに象徴されるような日本礼賛論の台頭という文脈において日本人論批判を展開していく(杉本 一九八四)。杉本は「オーストラリアと日本とを移動する「越境人間」としての自分自身の経験をしばしば参照」しつつ「グローバルに移動する身体感覚の具体性を根拠」に展開することにより、文化本質主義やナショナリズムに対する批判を試みたのだった(轡田 二〇〇一:二五四-二五五)。

杉本は日本での新聞記者時代を経て、アメリカのピッツバーグ大学で社会学博士号を取得し、一九七三年からオーストラリアのラトローブ大学社会学部で教鞭をとっていた。杉本は、一九七六年からグリフィス大学に勤めていたアメリカ人の日本研究者であるロス・マオアと共同研究を進めていく。一九七七年にメルボルンの学会で知り合った二人は、一九七九年『現代の眼』において日本人論に関する三回の連載を執筆する。日本、アメリカ、オーストラリアという三カ国で生活した経験を持つ二人はオーストラリアを拠点とし、日英両語において日本人論批判を展開していく。二人のとりくみは、オーストラリアの研究者のみならず、日系アメリカ人の人類学者である別府春海、キャンベラにあるオーストラリア連邦科学産業研究機構の科学者であり、後に被差別部落の研究者となる柴谷篤弘、さらには『思想の科学』で日本人論の特集を組んだ鶴見俊輔といった研究者と結びつくことによって、また日本語で出版されることによって(杉本 一九八四)、日本や日本文化を理解するためのオルタナティヴな言説としての影響力を持っていく。

杉本のアプローチは以下の二つの意味においてオルタナティヴであるといえる。一つは、アメリカの日本研究やそれを支える近代化論や歴史観、それらを基盤として構築されたステレオタイプやその背景にある国際戦略に対するオルタナティヴとなったことである。二つめは、近代やその生活スタイルそのものへの批判や反省的視座、それに対するオルタナティヴな価値観を基調としている点である。

第一の意味についてより詳細に述べれば、杉本は「周辺国家」であり、「学術文化エスタブリッシュメントの力が弱い」ゆえに「若い研究者の発言力や影響力」が強いオーストラリアから、アメリカの日本研究や日米間を中心に構築される日本文化の本質主義的イメージに対する批判を展開していく（杉本 一九八四：五）。杉本の前には、アメリカとは異なるオーストラリアの地政学的位置がもたらした日本研究という未開拓のジャンルが広がっていたのだろう。たとえば、『日本人をやめる方法』では、日本人論が「アメリカと比べて日本はどこが違うのか」という差異にばかり着目していて、「日本とアメリカはどこが似ているのか」という類似性への注目が少ないという指摘にみることができるように、アメリカの圧倒的なヘゲモニー下にあって見え難くなっている領域に着目している（杉本 一九九三：一八）。日本人論を基礎づけている歴史観として、アメリカの主流派である日本研究者が、マルクス主義史観に対する自由主義的な史観のなかに発展と伝統の調和モデルをつくりあげてきた問題を指摘している。つまり、第二次世界大戦後の東西冷戦時代におけるアメリカの世界戦略において反共のパートナーであると同時に民主化に成功した優等生としての日本のイメージを規定する近代化論や歴史観が問いなおされているといえる。

第二の点に関しては、杉本は学術的・非学術的な著作を戦略的に分けている。日本語での出版物は主に後者であり、現代オーストラリアの紹介、日本人論批判を通じて、両国の比較分析が行われ、日常的な視点から日本社会が捉えなおされている。それは日本のビジネスマンをターゲットにした著作にも鮮明に打ち出され、オーストラリアというオルタナティヴなライフスタイルの在り方を提示することによって、日本社会で日常を過ごす一般読者へ訴えかける。杉本は、非日本社会に暮らす者にとって、「「日本」とは何かという問題は異文化の中での日常生活の研鑽課題とならざるをえない」。そして、「比較を通しての考察という主題は、書籍や論文を基礎にした学問の領域だけではなく、日々の暮らしの領域の中で重要なテーマとなる」と述べている(杉本 一九八四)。杉本は「越境人間」=「マージナルマン」としてオーストラリアでの日常生活を営むなかで、日本社会の価値観を批判的に捉え返していった。そのような日本社会への批判的な眼差しは、生活者へのアドバイスとして示される。たとえば、一九八三年にカッパブックスから出版された『超管理列島ニッポン――私たちは本当に自由なのか』の宣伝文句は次のように書かれている。「君は、会社で、学校で、街頭で息苦しくないか――オーストラリア在住の気鋭の社会学者が、日本人の「生活の質」を海外民衆のそれと緻密に比較検討する!」(杉本 一九八三)。同書では、日本の管理社会とその基盤になっているメリトクラシーといった近代的な価値観が徹底的に批判される。つまり、近代日本に対するステレオタイプの入り混じった表象に対する批判とともに、それを自己イメージとして消費しようとする生活者のライフスタイルに疑問を投げかけている。またそのような日本の生活者に対して、「日本からの難民[1]」としてオーストラリアでいきいきと生活する日本人たちの姿を紹介することを通じて、日本的な近代化を息苦しく生きる人びとへのオルタナティヴなライフスタイルを提案している(杉本 一九九一)。これに加えて、杉本が社会学的なアプローチによって試みているのが、「体系的な理論構築をめざす社会科学からの観点」より、「日本の経済成長の「秘密」を売り物にする本」に対する実証的な比較研究である(杉本・マオア 二〇〇〇：十九－二〇）。杉本は、日豪を越境する過程で出くわす日本人論言説、それを媒介する日豪の研究者、学生、ビジネスマンたちなどなど、越境空間で出会う日本との関係のなかで文化的に均質な「ニッポンの虚像」を押しつけられることへの違和感を問題意識の源泉としている（杉本 一九八三）。そしてそのような批判的な問題意識を、同様の感覚を身に付けた他の越境する知識人と共有することを通じて、社会学的な理論的枠組みを洗練していったといえる（杉本 一九九六）。

これらの越境という杉本のアプローチによって、二つの意味におけるオルタナティヴな日本研究を可能としたのは、一九七〇年代以降に白豪主義を放棄して多文化主義政策へとシフトしていったオーストラリアの社会的土壌であった。杉本が述べているように、「二つ以上の文化に属しながら、どちらの文化にも完全に同化することのない「越境人間」の層が厚くなり、自分の生まれ育った文化背景を、目の前にあらわれる他の文化の鏡に照らして考えるという習慣が日常化する」（杉本 一九八四：四）土壌が当時のオーストラリアにはあった。

5　越境と地域社会のフィールドワーク

一九八〇年代に杉本らが展開していった日本人論批判を、地域社会におけるフィールドワークを踏まえて、文化ナショナリズム研究という枠組みで体系づけたのは、杉本とも交流のあったイギリスの大学で博士号を取得した吉野耕作だった。(2) 吉野は、グローバリゼーションの深化とともに、日本人らしさあるいは日本の近代の独自性を評価する指標が、かつてヴォーゲルが称賛したような日本的経営や日本型の福祉国家制度によって象徴された生産のメカニズムではなく、文化の消費の次元へと推移していると捉える。また、既存のナショナリズム研究が国家の中心的役割を重視していたのに対して、市場における文化の再生産と消費の役割の重要性へと目が向けられている。吉野の研究に影響を与えたのは、イギリスの社会学やナショナリズム研究のみではなかった。杉本をはじめ海外の日本研究者やグローバリゼーションとともにイギリスから流出していったカルチュラル・スタディーズとも結びついていく。これらの展開において、オーストラリアの日本研究は新たな学際性を帯びつつ、越境的な知の交流を通じて変容したといえる。

吉野は、ロンドン・スクール・オブ・エコノミクス（LSE）の博士論文をもとに英語で書かれた『現代日本の文化ナショナリズム』を加筆修正した『文化ナショナリズムの社会学——現代日本のアイデンティティの行方』において、杉本らによる既存の日本人論批判の二つの限界点を指摘している。まず、比較の視点の欠如により、日本人論による日本特殊性の強調を批判することが、「日本人論的な知的活動が日本に独自であるという前提をもつことにより、同じ知的文化に拘束されてしまった」こと。さらに、日本人論というテキストの批判に終始するのみでそれがいかに読まれたのかという消費の側面を検討していないことを指摘する（吉野 一九九七：六）。吉野は、文化ナショナリズム研究という枠組みに日本人論を位置づけることにより、他国における文化ナショナリズムと比較検討することを試みている。その基礎には、LSEのナショナリズム・セミナーにおいて体系づけられたナショナリズムの社会学という理論的枠組みがある。現代日本社会を事例として参照するという着想もまた、LSEの理論的展開を反映したものであるといえる。そのような理論的基礎を背景に吉野は、知識人・文化エリートなどの「文化仲介者」によるナショナリズムの消費と再生産のメカニズムの次元を実証的な分析対象とする。杉本が学術と非学術の領域に巧みに分担することによって行ってきた日本人論批判や文化本質主義批判を、吉野は文化ナショナリズムの社会学という学術的な枠組みのなかに体系づける。

そこで吉野が試みている研究方法が地域社会のフィールドワークによるナショナリズムの消費のプロセスに着目した実証研究である。吉野はナショナリズムという事象をフィールドワークによって明らかにするこの試みを、「ナショナリズムという一見マクロな現象に社会学的に接近する上で現実的な方法」であると位置づける（吉野 一九九七：八）。ウイリアム・コーンハウザーの「中間集団」という概念に依拠して、ナショナリズム言説を生産する媒体としての役割に着目する。そこで学校と会社を二大中間集団と位置づけ、三五名の教育者（学校教師と校長）と三六名の企業人を対象として選択する。これらの中間集団は、ナショナリズム言説を再生産する「文化仲介者」として位置づけられる。学校や会社という場における権力関係のなかで、「文化仲介者」のナショナリズム言説は、教育的な言説としても機能する。

吉野は、調査対象地として「中里市」を選択している。その理由は、「産業別人口構成、年齢構成、家族の規模、高校・大学への進学率など人口・社会・経済的指標で全国平均に近く、典型的な日本の地方都市」というものである（吉野 一九九七：二六〇）。つまり、エリート中心的、大都市中心的に描かれることにより一般化される傾向のある日本の文化やナショナリズムといった現象を、典型的な地方都市から捉え返しているといえる。これはまた、ある地域社会におけるローカルな現場での文化ナショナリズムや本質主義的イデオロギーの消費と再生産の次元を明らかにしているといえる。

吉野の議論の背景には、グローバリゼーションにともなう知識人の移動と地域をめぐる知の流動化が存在している。先述の著作に直接的には影響は見られないものの、イギリス発のカルチュラル・スタディーズがオーストラリアの日本研究に与えた知的インパクトと地域と知をめぐる変容を窺い知ることができる。吉野はカルチュラル・スタディーズとの出会いについて、日本語版のあとがきで次のように述べている。

本家本元であったはずのイギリスに留学していた時には気づかず、大分後になってオーストラリア、ハワイ、シカゴ、カリフォルニア、東南アジアなどで活躍する研究者との交流の中で触発されたのは、ある意味では当然の成り行きであったのかもしれない(吉野 一九九七:二八九)。

吉野も述べているように、カルチュラル・スタディーズは、第二次世界大戦後のイギリスの労働者階級文化の研究として生まれ、パリやフランクフルトの理論家の影響を受けて発展する。しかし、小さな政府を志向する一九八〇年代のサッチャー政権と新自由主義の台頭により、大学教員の待遇が悪化し研究者が海外へと流出していった。そして、そのことを通じて、カルチュラル・スタディーズは世界へと伝播していくことになる。オーストラリアでも研究者とともにカルチュラル・スタディーズは流入し、吉野の研究はそのような液状化する知の文脈のなかでリアリティあるものとして受け止められたといえる。(3) また、二〇〇〇年代のオーストラリアの日本研究や他の地域研究においても、カルチュラル・スタディーズやポストコロニアル理論の影響をみることができる。このことは、地域に関する文化の本質主義的な理解を脱構築するとともに、近代主義的な理解に反省を促してきた。

6　越境と同時代性感覚

カルチュラル・スタディーズを取りこむことにより日本の文化本質主義批判を試みているのが、岩渕功一の『トランスナショナル・ジャパン——アジアをつなぐポピュラー文化』(岩渕二〇〇一)である。同書は、ウエスタン・シドニー大学の博士論文をもとに日本語で執筆された。カルチュラル・スタディーズ、メディア研究、ポストコロニアル研究といった専門領域を横断的にとりこみ、文化本質主義へと回帰するナショナリズム言説の消費分析を試みている。これらの学際的な方法によって岩渕が詳細に考察するのは、メディアのグローバリゼーションを通じた、アジア圏における日本のトランスナショナルな文化権力の展開と力学である。杉本や吉野が日本の技術力を賞賛するハードテクノ・ナショナリズムを考察したのに対して、日本のテレビドラマやアニメのようなソフトテクノ・ナショナリズムの展開と力学に着目している。岩渕によれば、ソフトナショナリズム言説は、日本の異文化受容能力の高さを本質主義的に規定するハイブリディズムを称揚するものであり、アジア回帰への欲望を示すものである。

岩渕は、日本のテレビ局の報道記者を経て、三〇代半ばから研究者になるためにオーストラリアの大学院に進んだ。テレビ局に勤めていた経験と現場に対する知識やネットワークを活かし、東京、台北、シンガポール、香港、クアラルンプールでフィールドワークを行っている。フィールドワークにより、メディアのグローバル化によって促進されている日本のアジア回帰言説に関する批判的な理論枠組みが提示される。

調査対象は、アジア各国のメディアの生産者である現場で働く人びととその消費者である視聴者である。まず、一〇〇人以上のテレビ、音楽、出版、広告産業の第一線で働く人びとに対して、東・東南アジア地域における日本のテレビドラマ、ポピュラー音楽と日本における他のアジア地域のポピュラー文化のそれぞれの市場におけるマーケティング戦略、流通、受容に関するデータ収集とインタビューを行っている。さらにシンガポールとクアラルンプールでは、テレビ番組『アジアバグース!』の製作過程に係わる人びとと視聴者、台北と東京では好意的に日本と香港のメディアを受容している人びとに対面での聞き取り調査を行っている。台北では、日本のテレビドラマ、ポピュラー音楽の受容に関して二〇人の調査者に、東京では香港を中心とした映画、音楽の受容に関して二四人の視聴者に魅力について調査している。

岩渕の考察には、先進国の出身である彼自身の越境という経験に対する省察的な眼差しが二つの点で色濃く反映している。一つは、日本のトランスナショナリズムにはらまれたソフトナショナリズムに対する批判の基底にある、「同時代性感覚」(Fabian 1983)に対する問題意識である。それはあとがきの次のような岩渕の認識からはっきりと読み取ることができる。

「グローバライゼーション」、「トランスナショナリズム」、「文化混淆」といった国や文化の境界線を越えた繋がりを表す概念に惹きつけられながら大学で研究を行い、オーストラリアで体験する国境を越えた繋がりが日常化し多面化するなかで、世界と繋がることへの希求と実際にナショナルな境界を乗り越えることの落差の大きさ、そして、私が体感した越境が、たとえば難民や亡命者と言われる人々のものに比べていかに特権的であるかを繰り返し身をもって気づかされた（岩渕二〇〇一：二二九）。

ここで岩渕は、越境を通じて世界と繋がるという幻想と欲望についての反省を促している。これは杉本の越境という視座とも通ずる、いわば越境という時空間の移動に付随する価値観を静態的＝現状肯定的に捉えるのではなく、時として姿を見せる矛盾やズレさらには不平等といったものに対する動態的な視点である。つまり、同じ価値観を共有できるに違いないという同時代感覚はむしろ、グローバル化する世界においては政治・経済・文化における不均衡と格差の進行という現実を肯定する価値観と結びつくことに注意が向けられている。岩渕の場合、オーストラリアでの大学院生としての日常生活のなかで、日本のマジョリティとしての自らの主体が批判的に曝されることを身体的に、そして経験的に受け入れることにより、日本とオーストラリアの日常が批判的に結びつけられている。それは、日豪が同時に経験しているグローバリゼーションと社会的上昇へと誘う同時代的な感覚への欲望に対する批判的な言説を立ち上げるための節合点を示している。

二つめは、カルチュラル・スタディーズという方法論に関係している。ポストコロニアル理論、グローバリゼーション理論、日本研究、人類学理論、消費社会論などを横断的にとりこむ下地となっているのは、メディア研究、オーディエンス研究を中心としたカルチュラル・スタディーズの成果である。インドネシア生まれで、オランダでカルチュラル・スタディーズを学んだ指導教官のイエン・アングやイギリス文化研究の中心人物であるスチュアート・ホールの理論を援用し、グローバルに同時代的に経験される大衆文化を通じた権力を批判的に考察している。イギリスの新自由主義に対する批判から出発してオーストラリアへと伝播したカルチュラル・スタディーズの理論を通じて、変容する日本の文化本質主義を批判的に検討するための新たな視座を導き出している。

7 越境からジモトへ

これまで論じてきたように、一九七〇年代後半からのオーストラリアの日本研究は、アメリカを中心とした日本研究やその基盤にある近代化論に対するオルタナティヴな地域像や価値観を対置することにより発展してきた。そしてそれを牽引してきたのが、越境する知識人であった。移動するからこそ見えてくる動態的な地域アイデンティティの確立をめぐる経済・政治・社会的な背景や権力に対して、そこに隠蔽されている地域像や文化が対置されてきたのだった。そしてまた、このような流れの先駆けとなった杉本良夫の問題意識の根底にあったのは、人びとが国際感覚を身につけ開かれた存在となるためには、まず在日や被差別部落の人びとといった日本人論からは疎外されてきたマイノリティの存在に目を向けることであった（杉本 一九八八）。つまり、越境という視座が切り開くオルタナティヴな時空間と固定的な日本をめぐる表象からは漏れ落ちる人びとの時空間を結びつける必要性が説かれている。本書で試みられるのは、杉本のそのような問題意識や岩渕が述べるような同時代的感覚への批判的視座を継承しつつ、不可視化されている在日や被差別部落の人びとの現状を地域社会のフィールドワークから明らかにすることである。

だが、本書ではここでもう一つのことに注意しておきたい。それは、日本人の研究者がアメリカやオーストラリアといった海外の日本研究において果たす知的役割についてである。日本人留学生に限らず、海外での大学院における研究において、自分の出身地に関する研究を求められる場合は多い。筆者の場合はそれに進んでとりくむことを選択したわけだが、そのときに与えられるネイティヴとしての役割には批判的である。ネイティヴの情報提供者であるということは、当該地域を代表することを特権化することであり、かつアメリカであれオーストラリアであれその知的枠組みやそこから発生する要請に対して応えるということになる。そのことは、ともすれば、現状肯定的な価値観から地域を静態的に捉えることに加担することであり、動態的なリアリティを明らかにしたり共有したりすることを妨げかねない。このことに意識的であった筆者は、自らの出身地や具体的に知っている人びとを調査対象にすることを選択した。そのことによって、日本全般を考察するのではなく、あるグローバルかつローカルな諸事象を越境する視点から分析・記述することが可能となる。また、調査者の手の内にある調査方法や対象者との関係性を透明化することによって、あるいはできるだけ多くの人びととテキストを共有する可能性へと開くことによって、テキストを静態的に理解することを支えるような仕掛けをできるだけ排することを試みた。

さらに冒頭に述べたように、本書が主に眼目を置いているのは、越境という視点を通じて自らの出自を描く際に想定される時空間やそれを方向づける価値観について検討することである。いくつもの地を越境して、それぞれの地点の狭間に立ち、知をめぐる時空間の断絶、ズレ、むすびつきというものを発見するなかで、様々な地域社会やそこで生活する人びとの眼差しが交錯する地点で思考を深めていくことが試みられる。つまり、杉本らが切り開いてきた越境という方法を、自らの出自に向き合う＝ジモトという視座を通じて練りあげていく。よって本書では、筆者の出身地である岡山における諸事象を当該地域の利害関係者という立場から、地域社会を批判的に分析することを試みる。以下では、近年の日本におけるジモト／地元をめぐる議論を参照しつつ、本書を貫くジモトという視座が描き出すオルタナティヴな時空間とはいかなる方向性を持つものなのかについて確認する。

8 ジモト論

本書では、越境という視点を踏まえて、筆者の出身地でのフィールドワークを通じてジモトというオルタナティヴな時空間を描き出すことを試みている。本書とは異なる視座からだが、日本の論壇や学術論文においても、オルタナティヴな時空間としての地元／ジモトを描き出す試みや、自らの出身地を批判的な視座から検証する試みは存在している。それらの議論を参照しつつ、本書が試みるジモトという視座の射程を確認する。

第2章で詳述するが、グローバル化という現象をローカルな固有性を淘汰する均質化の過程であるという危機感が存在している。そのようなローカル性の喪失という危機感に対して、地域社会の再開発からまちづくり、さらにはポピュラーカルチャーの領域において若者たちの地元志向が高まっているという。たとえば鈴木謙介は、片仮名表記のジモトという言葉に郊外育ちの第二世代＝団塊ジュニア世代以降の積極的なエンパワメントの可能性を見出している。それはたとえば、ドラマ『ラスト・フレンズ』で描かれている若者たちのシェア・ハウスでの関係性や地域の友人たちの関係性を疑似家族的として見立てるような風潮だと述べている。郊外育ちの彼／彼女らにとっては、いわゆるゲマインシャフト的ではない出身地を、そこに存在する人間関係等を含めてリソースとして再発見しているという（鈴木 二〇一〇）。つまり、グローバル化という圧倒的な潮流に巻き込まれた地域社会を生きる人びとが、見通しが悪いなかでもその再編成の流れを読み解きつつ、新たに現れつつある環境へと順応していくことが期待されているといえる。本書で試みるジモト論に引きつけて整理すると、社会的上昇や移動を果たした親の世代が移りすんだ地を足場として継承し、その場に留まらざるを得ない状況においてジモトに希望が見出されていると解釈できる。

では、そのようなジモトといった感覚に見出される希望とはいかなる性質のものなのだろうか。同じく郊外的な環境とはいえど、大都市と地方都市ではずいぶんとリアリティが異なる。たとえば轡田竜蔵は、地方の私立大学を卒業した若者を対象としたフィールドワークに基づき、若者の地元志向現象が社会的包摂／排除と結びついていることを明らかにしている。社会人となったX大学の卒業生たちは「あなたは地元が好きですか」という質問に「好き」（二六名中二五名）と答える。轡田はそのように答える彼／彼女らの根拠を、経済的な意味でのメリットと存在論的な意味でのメリットという二つの軸から分析している。そうすると、彼らが根拠として述べる「安定就職」や「安価な生活環境」という発想はとても不安定な現状によって支えられているのであり、「地元つながり」というものの機能は極めてささやかなものであることが明らかにされている。轡田が見出したのは、「決して明るくない自分の将来展望を語りながら、それでも「地元生活」がもたらすささやかな包摂の感覚によって、ぎりぎりのところで自らの存在を支えている当事者のリアリティ」である（轡田 二〇一一：二〇九）。

轡田が述べるような地元志向の意識と実態の乖離が示唆しているのは、鈴木が述べる意味でのジモトが地域社会再編の資源となりうる可能性とともに、困難をともなっているものであるということだ。

ここで轡田が示唆している困難とは、当事者たちが埋め込まれている現状やその背景と結びついてくる階層・ジェンダー・エスニシティといった社会移動を規定する様々な変数であると考えられるだろう。越境という視点からジモトを捉えるということは、グローバルな時空間の再編成を念頭に置きつつも、それがローカルなどのような側面を前景化させ、その反対に後景化することによって不可視化するのかについて捉えていくことである。とりわけ、同時代的な感覚からローカル性の時空間を捉えるのではなく、むしろその逆にそのようなローカル性やその表象に生じているズレや矛盾などを明らかにしていくことにより、オルタナティヴな時空間を切り開いていくことがめざされる。その場合、差別や排除の問題を軸にジモトの領域を明らかにしていく本書にとって、地元志向が抱える困難性をさらに掘り下げて検討する必要がある。

地元志向がはらむ困難性の極めて重要な指摘として、中心と周縁あるいは都市と地方という長く社会学を中心に検討されてきた議論がある。たとえば自らの出身地である福島の原発問題を主題とした開沼博が指摘しているような「翻弄される地方・地域の問題」の複雑さといった問題、「田舎と都会」といった中央と地方の関係をめぐる考察、「内国植民地」という構図のなかにおける「地方の服従」といった国内の地政学的な問題も踏まえていく必要がある（開沼 二〇一一）。開沼が明らかにしているのは、3・11以降にイシュー化した「フクシマ」は、極めて3・11以前の開発主義と地続きであるということである。本書において明らかにされる領域とは、いわばこの3・11以前的な問題であり、あえて挑発的に言うならば「社会問題以前」の社会問題であるといえるかもしれない。

これらの論点を踏まえてジモトという視座の射程を確認するとするならば、それは、いっぽうで越境というトランスナショナルな移動とそれにともなった社会上昇志向に向き合いつつも、もういっぽうで地元志向に向き合い、その両者の狭間で思考することである。そのために、筆者は、出身地である岡山に戻りそこで生活する人びとの過去と現在に向き合ってきた。実際にフィールドワークやインタビュー調査を通じて、地域社会の表象からは不可視化され、これまで筆者が知らなかった、知りえなかったジモトでの出会いや経験を通じて、筆者の出身地をめぐるイメージは再解釈され、新たなる時空間をめぐる想像力が導き出されていった。

第2章　ジモトという視座

イヴァン・イリイチのいう〝ピープル〟ということばには深い含蓄があって、従来の用法の問い直しを迫っているようにみえる。それは、たんに抽象的な「人民」や「民衆」を指すのではない。まさしく地域に生きる民衆であり、私のかねていう「地域の住民＝生活者たち」を意味する。沖縄なら沖縄の、地域的個性を十全に生かしきれる人たちのことである（玉野井一九八二：一三六）。

1　はじめに――JR岡山駅前の風景から

第1部の中扉に掲載した写真にあるように、JR岡山駅の東口の風景は他のターミナル駅前のそれとほとんど変わらない。もちろんすべてが同じわけではない。背中を向けた桃太郎像とその愉快な仲間たちは、岡山の地域アイデンティティの象徴として位置づけられている。この写真には映っていないが、駅前の目抜き通りは桃太郎大通りと呼ばれている。他にも桃太郎アリーナや桃太郎スタジアムもある。しかしそのような岡山を象徴する記号を除けば、これがどこの風景なのかということは、生活者や旅行で訪れたことがある人以外には特別な意味をもたないだろう。

この地方都市のターミナル駅はこれまでたくさんの人たちに利用されてきた。数知れない人びとの記憶や経験がこの風景とつながっている。筆者自身も国内外を旅するときには必ず利用してきたし、高校生の頃には恰好の待ち合わせ場所だった。携帯電話が普及していない二〇年前の高校生時代。待ち合わせをしたが現れない友人を一時間以上待っていたということもあった。そんな彼も今では家具職人となり、筆者の西宮のアパートにある木製テーブルをつくってくれた。そして、ビックカメラの北側には駅前商店街がある。そこは、戦後岡山で最大の闇市であり、在日のエスニック・コミュニティが形成された。というように、ローカルなジモトをめぐる記憶は、次々と様々な思い出を想起させ、過去・現在・未来のイメージを豊饒なものとしてくれる。

しかし、ジモトを代表する桃太郎と筆者とはほぼ無関係である。筆者のジモトのイメージに対しては何のインスピレーションも与えない。むしろ、ここに桃太郎がいるからこそ、思い出せないことがあるのではとさえ考えてしまう。試しに左手の人差し指で桃太郎を隠してみる。何だか色々と思い出してきたぞ、少なくともそういう気分にはなる。自分で考えてみようという気になるのだ。ジモトについて自分たちの言葉で語ってみること。そのような素朴な感覚が本書の出発点にある。

＊　＊

本書は、筆者が高校を卒業するまで生活していた出身地である岡山で行ったフィールドワークをもとに執筆したものである。ただし本章の冒頭に述べたように、それは自分にとって慣れ親しんだ故郷の人びとや風景のイメージをそっくりそのまま調べてみるというのではない。あるいは、風土や歴史、さらには特産品といった地域イメージによって語ろうというのでもない。また、世界や日本の諸地域と比較して特殊な事例について語るわけでもない。むしろ、それらの地域社会を語る言説やイメージからは見えてこない、地域社会やそこで生活する人びとへと焦点があてられている。本書では、そのような地域表象から抜け落ちた領域をジモトと定義している。そしてこのジモトの領域こそ、筆者がフィールドワークを遂行した時空間でもある。ここで用いるカタカナ表記のジモトは漢字表記の地元とは異なり、地域社会と結びつけて肯定的に表象されることのない日常生活の領域を生活者の視点に寄り添いながら批判的に分析するための視座である。調査者にとってジモトを調査するということは、社会調査における調査者と対象者、調査者とフィールドといった関係性を根本から問うものであると同時に、近代における時空間の編成の過程をクリティカルに読み解く試みである。

筆者は、オーストラリアの大学院の博士課程に在籍していた二〇〇二年の八月から、岡山での参与観察型のフィールドワークを開始した。二〇〇三年~二〇〇四年の一年間は、午前九時~午後五時までの定時の時間に高校時代の友人が働く中小企業で従業員として働き、夕方以降と週末の時間を利用して在日の若者を中心とした調査を行った。その後は、二〇〇六年に博士論文を執筆して岡山に戻り、在日を中心とした研究調査を継続した。本書で用いるデータは、博士課程のフィールドワークとその後に継続している研究調査から得られたものである。自分が良く知っている(と思い込んでいた)友人やその同僚たち、もういっぽうでこれまで同じ場所で生活しながらも出会うことのなかった(と思い込んでいた)在日の若者との出会いを通じて、これまで自分が慣れ親しんだ風景は一変し、それまでの自分には見えていなかったもう一つのジモトの姿が見えてきたのだった。

ジモトという視座から見えてくるものは、人びとの日常的な営みであり、生活に根差した実践やそこから生み出される知識や世界観である。それらは、地縁に基づいた社会学的な研究対象としては、質・量ともにインパクトがあるとは見なされてこなかった領域であるといえる。農村、都市、地域といった場所を対象とした社会学においては、当該地域の生活者の視座に寄り添うことによって近代化が生み出す諸問題を映し出す鏡として批判的に捉えられてきた。しかしながらそれらはまた、社会的なイシューとして際立つ現象には目を向けてきたが、地味ながらも普遍性の高い——つまり日常的かつ凡庸な——問題からは目を背けてきたのではないだろうか。これに対してジモトという視座は、当該地域に関係する当事者の立場から、人びととの日常的実践という足元を見つめ批判的に考える思考を生成することの重要性を提起する。

以下本章では、第二節で現代日本社会における地元回帰の現象を分析することを通じて地域社会の表象――つまり漢字表記の地元の領域――が何を不可視化させているのかについて考察するとともに、地元という概念の系譜を辿り、地域社会をめぐる研究が抱えている問題を提起する。第三節では、知的ヘゲモニーに対抗する戦術的なアプローチとしてのジモトの視座について述べ、自分が育った場所を調査する際の諸問題と意義について議論する。

2 地元現象

――地元が好きで悪いのか――、二〇一〇年五月一五日の朝日新聞の土曜日版「be on Saturday」の「うたの旅人」という特集の見出しである。とりあげられているのは、八王子市出身の三人組、ファンキーモンキーベイビーズである。彼らの歌詞には「八王子の南口から家までへの帰り道」といったように、自分たちと地元をめぐる世界観が色濃く反映している。また、八王子観光大使を務めていることにも窺えるように、地元を代表するミュージシャンとして認識されている。

そしてこの記事を書いた担当の記者も八王子の出身である。おそらく四〇代前半の男性記者は、故郷である八王子について次のように述べている。「社会人になると同時に実家を出て二〇年余、八王子に望郷の念を抱いたことなど一度もなかった。東京とは思えぬ田舎、退屈なベッドタウン、文化果つる地……自虐のネタにしかならぬ街だと考えてきた」。ところが、ファンキーモンキーベイビーズの三人や八王子の人びとを取材する過程で、八王子の歴史を振り返り、様々な魅力が発見されていくのだ（『朝日新聞』二〇一〇年五月一五日）。

たしかに、かつてのような「故郷」は存在せず、流動的な時代を生きる私たちにとって、地元は存在論的な意味を与えてくれる。ヨソモノから見れば味気ない郊外のベッドタウンなのかもしれないが、そこで生活している人びとにとっては、日々のローカルな実践や意味づけがある。そこには、無数の記憶や経験が存在しており、同じ場所を共有した人びとにしか読み取ることのできない差異やそれをとりまく歴史の変遷が横たわっている。そのようなローカルな日常生活の記憶と経験を社会で共有することの意義は大きい。

しかし、そのような地元をめぐるイメージが掲げられるときに違和感を覚える場合も少なくない。地元を代表する観光地やユルキャラ、地域ブランド化されただけで味の変わらない饅頭やサブレ。それがいかに自分と関係しているのかさっぱりわからない。それに、自分のルーツを回顧する際に――たとえば思わず出くわした同級生と立ち話する場合――感じるインスピレーションとはどうも違う。そしてこのことは、ローカルなイメージの構築を促す地域アイデンティティとしての地元と主観的概念であるジモトは異なる論理で機能していることを示している。そこで本節では、地元という概念を整理してみることにする。そのうえで、地元とジモトという概念を区別する。さらに、地元という言葉の系譜を探り、その現代的な意味を浮き彫りにする。そのうえで、地域社会の固有性を批判的な視点から練り上げていくアプローチとして、地元が前景化する過程で隠蔽されるジモトの領域を考察することの重要性を提起する。

2・1　地元とジモト

岡山市の中心市街地は、一九九〇年代後半から二〇〇〇年代にかけてグローバルな基準を満たすための再開発が行われてきた。JR岡山駅の新幹線のプラットホームから眺めてみると、点在する高層マンションが目に飛び込んでくる。真下にはオープンスペースが広がり、駅ビルは「さんすて」(サンステーション・テラス)と改められ、今風の装いと空間が広がる。高齢者や障害者に配慮したユニバーサル・デザインの導入、英語のみならず、中国語やハングル表記の標識の設置など、グローバルな基準を満たすインフラ整備が施されている。駅周辺には、国際会議を開催するためのコンベンション・センターも新しく建設された。岡山に限らず、全国の地方都市の主要駅周辺には同じような光景が広がっているだろう。

そのいっぽうでそれらの標準化されたインフラは、地域の固有性を示すべく様々な記号やシンボルによって差異化が試みられている。所々にオープンスペースが施された駅前の目抜き通りは桃太郎大通りと呼ばれ、リニューアルされた競技場や体育館にはそれぞれ桃太郎スタジアムと桃太郎アリーナという名前がつけられた。駅の隣に新設されたコンベンション・センターの名前はままかりフォーラムである。いずれも、岡山の歴史や名産品と結びつけることによって、地域のブランドをめぐるイメージが掲げられている。

このような地方都市空間の再編成が進むなかで、地域で生活する人びとが目まぐるしく変化する空間を自分たちの拠り所であるべき場所=地元として定義しようとするのはとても自然な流れなのかもしれない。外からの眼差しを意識しつつ、自分たちを固有の存在として確認する過程で安心できる場所としての地元への希求が高まっているのである。ナショナリズムは、排他性が社会に周知されているし、どこか大袈裟だ。だから、等身大で温もりの感じられる空間としての地元を、流動性と不安が高まる私たちの寄る辺のなさから解放してくれる拠り所として共有したいという感覚が広まっているようである（轡田 二〇一一）。しかしまた、地方都市といえども、都市・農村部ともに郊外化が進展してきたことを踏まえると、お互いに顔の見えるような相互扶助的な共同体としての実体はなくなっているという意味で、地元は改めて「再発見」されているのだといえる。私たちはこれをかつて元神奈川県知事の長洲一二が提言した「地方の時代」に倣って、「地元の時代」とでも呼べばいいのだろうか（山本 一九八二）。しかしここで再発見されている地元とは、私たち一人ひとりの記憶や経験をとりまく原風景として存在している――たとえば同級生の友人たちとの会話で用いる――主観的な概念であるジモトとは異なる論理で機能している点に注意を払う必要がある。地域アイデンティティといった社会統合を示す概念である地元と素朴な水準における個人的な帰属感覚（sense of belonging）を示す概念であるジモトのあいだには緊張関係が存在するはずなのだ。

2・2 地方、地域、そして地元へ

次に、地元という概念を地方・地域という概念を参照にしつつ整理してみたい。地元とならんで良く使われる言葉には、地方や地域がある。前者には否定的で開発の対象といったようなイメージが付与されており、後者にはそこで生活する人びとをエンパワーするような視線が感じられる。しかし、これらの言葉はどこか捉えがたく、抽象的な印象を拭えない。

そこでまず、私たちが使用している地方という言葉の紋切り型のイメージを概観してみることとする。ここでは、（1）自然地理的特徴、（2）都会に対する田舎としての地方、（3）中央に対する地方、（4）

地域としての地方の四つに分類することとする。

まず地方は、その自然地理的特徴によって分類することができる。つまり、地理的な境界線によって定義された特定の物理的な空間を示す。英語にしてみると、area や zone に該当するだろう。この場合、関東地方や中国地方、ロシアの沿海地方や中国の内陸地方といったように国内外の比較的大きな地理を指すこと、また、国内外においても東京地方や岡山地方、カリフォルニア地方やミシガン地方などといったように比較的小さな地理を指すことが多い。細かい事例をあげればきりがないが、いずれにしろ、これらの場合の地方は気候や風土、歴史や文化といった自然地理的な特徴やその条件の下に生まれた場所を指すために用いられる。

次に、これはとても日常的な使い方であるが、都会に対する田舎としての地方という意味で使われている。英語にしてみると、country に該当するだろう。たとえば、「地方は刺激が少ない」「地方はのどかなところである」「私は地方出身です」などなど、その場合、地方は都会に対して田舎であると捉えられている。ただ、明確な判断基準は存在しないため、地方は良いイメージで語られる場合も悪いイメージで語られる場合もあり、その価値基準は相対的なものである。

この日常的な地方＝田舎のイメージを基底しているように思われるのが、中央に対する地方という捉え方である。英語にしてみると、local や辺境を指す periphery に該当するだろう。そもそも地方とは、日本に限らずヨーロッパの region や province、中国の県（懸）のように、統治と支配を目的とした軍事的な拠点をその語源としている。日本でも、室町時代の幕府の役職である地方（じかた）で、やはり地方を統治・支配するための拠点であった。

近代日本においては、地方官や地方改良運動といったように、地方は中央集権的な国家をめざした中央政府の統治・支配の対象であった。また、柳田國男に代表されるような民俗学的な視点からも地方の文化や風俗が語られ、再発見された。しかしそれは、地方に対する中央からのエキゾチックでノスタルジックな視点を抱えていた。さらに、戦後においても地方は中央による開発の拠点となり、日本の高度経済成長を支えた。いずれにしろ、中世・近世・近代と経て、地方は中央から価値を付与されることによって存在が意味づけられ、従属的な位置にあるといえるだろう。

しかし、一九六〇年代後半ころから、世界で近代における産業化の発達がもたらした文明に対する反省的な気運が高まり、政府や大企業による地方における無秩序な開発や環境問題に対する責任が批判的に捉えられるようになった。中央に対する地方ではなく、そこで生活する地方自治体や生活者の視点から地域という言葉が用いられるようになった。経済学者の玉野井芳郎は「地域主義」(regionalism)を唱え(玉野井 一九七九)、その後社会学者の鶴見和子は西洋型の近代化モデルを脱却して、地域の風土に根ざしたオルタナティヴである「内発的発展」の必要性を唱えた(鶴見 一九九六)。中央に対して従属的な地方という言葉に代わって、地方自治体や生活者の視点に根ざした地域という言葉が用いられるようになったのである。しかし、一九七〇年代における「地方の時代」といわれた革新自治体の隆盛と退潮と運命を共にするかのように、それらの視点が現在も力強く受け継がれているとは言い難い。

以上見てきたように、現在では地方という言葉は、どちらかというと自然地理的条件や田舎的なもの、中央に従属していることを指す場合が多く、地方の政治・経済・文化等の自立性を示す言葉としては地域という言葉が好まれて用いられるようになっている。しかし、地域という視点から地方を捉え返そうという試みが重ねられてきたにもかかわらず、疲弊や没個性といった負のイメージで語られる場合、今でも地方という言葉がメディアや日常で用いられる。地方の疲弊とはいうが、地域の疲弊とはいわれない。この事実が単純に示しているのは、地方はまだまだ中央に従属しているということである。またそれは、中央に従属的な地方で語られていない問題点が存在しているということである。言い換えれば、地方の人びとによる地方を批判的に捉えるという視点がないのだ。

そして現在、地方や地域に代わって用いられているのが地元という言葉である。この言葉も、地域社会の流動性がますます高まっていることを示すとともに、たとえば近年のまちづくりに見られるように、——元気のない地元を盛り上げよう——といったように、そこで生活する人びとを再帰的にエンパワーする視点から用いられている。このような新たなる自分たちの生活空間に対する注目の背景には、グローバリゼーションの渦中でローカルな固有性が失われているという危機感がある。地方の中心市街地の商店街はシャッター通り化し、田舎の豊かな田園風景がジャスコをはじめとする巨大資本の風景へと変遷している。消費社会研究家の三浦展は、このような地方の状況に対してファスト風土化という絶妙のネーミングを与えている。二〇〇〇年の大規模小売店舗法（旧大店法）の改正にともない、大型店舗の進出の規制緩和が図られた結果、それぞれの地域特有の歴史や社会的なつながりが破壊され、地方はのどかな場所であるというのは幻想に過ぎなくなっているという（三浦二〇〇四）。

その結果、地方で生活する人びとはグローバルに均質化された消費社会環境に包摂されていると捉えられる。地域社会の人びとや歴史と結びついた個性的な商店ではなく、グローバルな大資本が出店した消費環境へ依存する。そのような地方の人びとの消費社会的なライフスタイルを称揚するマーケティング戦略も行われている。ジャスコに行けば、「シブヤもハラジュクもうらやましくない！」というポスターが貼られている。「ジャスコしかないのかい！」と突っ込みを入れることも憚られるような雰囲気である。また、没個性的な消費環境は、地方における治安の悪化をもたらしているという。ファスト風土化が地域社会におけるつながりを解体し、それが郊外を中心とした地方での犯罪の増加と悪化を招いているとされている（三浦二〇〇五）。またその背景には、日本の地方政策が公共事業に依存するいびつな就業構造の地方をたくさん生みだしたということがあることも見逃せないだろう（五十嵐二〇一〇）。

そのような地方郊外での危機感に対して、中心市街地では再開発と再活性化という二つの相反する動きが一体となって活発になっている。それはまさに先に述べた岡山市の中心市街地の光景だ。いずれにしろ、それらは地域アイデンティティとしての固有性を見出すエネルギーと結びつくことにより、地元志向という現象を生み出している。地方の中心市街地では、主要駅を中心とした再開発ビルやマンションが林立している。そして、そのような潮流のなかで、民・官・産・学が一体となった中心市街地を再活性化するための「まちづくり」が行われている。地方のローカル性を重視し、個性的な「まちづくり」をスローガンとして、様々な「〇〇塾」の設立や「持続可能な×××」というスローガンなどが謳われている。もちろんそのようなとりくみには、切実かつ重要な問題意識を備えているものも少なくない(1)。

しかし改めて再帰的なメッセージが込められたこの地元という言葉にも、どこか空虚な感じ、さらには保守性や閉鎖性を感じざるを得ない。地元といった場合、それは誰にとっての「地元」なのかという視点が見え難いのだ。とりわけ一九七〇年代後半以降の村おこしやまちづくりでは、再帰的なものこそ——つまり近代がもたらした様々な問題に反省的であることを踏まえること——が新たなるグローバルな競争の資源として位置づけられていたことを踏まえると、再帰的＝反省的であることの本来的な意義がどこか置き去りになっている感は否めない。つまり、反省しているフリをして、反省しているのか、していないのか良く分からないことも見過ごされてしまうような状況がある。そしてその過程で隠蔽され、見え難くなっているもう一つのジモト像があるように思われるのだ。

2・3　地元への包摂

地元の再発見は、ファンキーモンキーベイビーズのようなポピュラーカルチャーのみでなく、サブカルチャーの領域においても見ることができ、それらが諸地域のまちづくりと結びついている。たとえば、レゲエ音楽と静岡県の焼津という地域を結びつけたPAPA U-GEEの『焼津港』（鈴木二〇〇八）や埼玉県鷲宮町におけるアニメ作品『らき☆すた』など（山村二〇〇八、谷村二〇〇八）では、クールな文化と地元が結びつくことによってまちづくりが試みられている。岡山でも「ヨサコイ祭り」のフォーマットが踏襲された「うらじゃ祭り」など、地元意識とまちづくりが強く結びついた動きが活発である。これらの例を見てみると、地元へと包摂される文化は、必ずしもその地域に固有なものである必要はない。また、地域の均質性のみを主張するのではなく、文化の多様性には寛容である。たとえば、最近流行しているクリエイティブ都市論では、多様性や他者への寛容性の高さは、魅力を高めるものとして理解されている（Florida 2005 ＝ 2007）。つまり、グローバルに流通している文化やそのフォーマットを租借することはやぶさかではないというわけだ。つまり多様性や他者への寛容性の高さは、クリエイティブな資源として地元を活性化するものとして受け止められているのである。障がい者のためのユニバーサル・デザイン、外国人住民や観光客のための外国語のサインといった多様性を証明するインフラの整備は欠かすことができない。そのように、地域の固有性を掲げながらも、積極的に多様なものを受け入れる過程において、地元は改めて発見される。地元は、自分たちに居場所を与えてくれ、自分たちとは何者かという存在論的な意味を与えてくれる。多様性に寛容であり閉鎖的ではない。さらに、地元の固有性を魅力として外へと向かって発信することによって地域アイデンティティとして前景化していくのである。

クリエイティブな資源、グローバルエリートである外国人ビジネスマンや資本、海外からの観光客といったヨソモノへの寛容性を備えた、規模は小さいもののグローバル都市としての岡山市という側面は前景化する。そのことを通じて地元に対する誇りが回復すると受け止められるのである。しかしその同じ地元に受け入れられないヨソモノが地方都市の舞台裏には存在している。つまり、地元の前景化がある種のヨソモノの後景化をともなっていることには注意を向ける必要がある。グローバル化に対する危機感から私たちの地元やそこで生活する人びとを守るために「どげんかせんといかん」と試みられるローカルなまちづくりや地元への包摂が、一部の例外を設けることによって成立しているとするならば本末転倒であろう。つまり、地元は誰を包摂し、誰を排除しているのか。地元のなかに在日などの外国人住民は含まれているのだろうか。ホームレスのように地域イメージを高めるとは考え難い人びとの存在はどうだろう。これらのジモトという視座から地域社会を捉えかえしてみると、流動化する近代を経験する私たちは何を顧みることから出発すれば良いのかが見えてくる。近代への反省が国や地域活性化の資源として動員される現在、その是非はともかく地域社会を批判的に想像する力はオルタナティヴを想像するための最低必要条件となっているのである。

2・4 可視化／不可視化される多様性が意味すること

多様性への観点から国や地方自治体によって進められている多文化共生のとりくみは、地域社会において生活する異なるバックグラウンドを持った人びとの存在を明らかにしている。またメディアやエスニックフードなど多文化的なイメージは消費を通じて広まっている。韓流ブーム以降は、かつては文化的に無臭化されていた焼肉屋や朝鮮料理屋も、Korean BBQや韓国料理などの看板を大きく掲げている。岡山のような地方都市の中心市街地も、以前とは比べ物にならないくらいエスニックなイメージで溢れている。実際に、韓流ブーム以降は自分自身のエスニシティを表明しやすくなった、きっかけが増えた、という在日の声も良く耳にする。

ただし、行政のとりくみや消費を通じたエスニシティの可視化によって、在日への理解は深まっているのだろうか。むしろ、何かが前景化することによって、後景化しているものがあるのではないだろうか。たしかに、行政の多文化共生のとりくみに関わるのは一部の民族組織に深く関わっている人びとのみであるし、消費されるようなビジネス――たとえばパチンコ屋や焼肉屋――を営んでいるのもまたほんの一握りの人びとに過ぎない。そしてまた、かつて日本全国の主要ターミナル駅周辺や闇市、工業地帯や河川周辺などに形成された在日共同体は溶解している。ゆえにそれは、かつてのような可視化された差別やスティグマからの解放を意味しているが、ほとんどの在日たちはそこから離れ、地域社会の郊外の風景へと消えていったことを示しているのである。そして、大多数の在日が日本人と結婚し、在日どうしよりも「ダブル」といわれる日本人と在日の親を持つ子供たちの方が増えている。しかし、そのような地域社会も他者と交わるなかで変化しているのだという混淆的なイメージは、行政や消費文化におけるエスニシティ表象からは窺い知ることは出来ない。いっぽうで、北朝鮮バッシングや在特会や右翼団体の活動を通じて、在日に対する日常的な差別や偏見、暴力が存在している。そしてまた、就職差別や結婚差別といった問題も、現代の在日の若者が経験しているものである。

しかしこのような社会的風潮やメディア的環境のみが、地域社会における在日を不可視化させているわけではない。岡山で日本人の在日に対する意識調査や普段の会話からも明らかになったことだが、在日の知り合いや隣人がいるという人は少なくない。また、彼・彼女らは日常を通じて在日が生み出した文化に触れあっている。ただしそのことは、たとえば普段の職場や学校といった公共の場所で語られるものではない。フィールドワークを行った中小企業でも、在日のことが話題に上ることはないいっぽうで、北朝鮮バッシングをめぐる言説が職場の潤滑油となるジョークとして語られる。このことが意味しているのは、在日や他者に対する差別や排除が無知や無関心だけに根差したものではないということである。むしろそれは、労働や消費といった日常生活の最優先事項ではないものであるがゆえに、自分たちとは関係ないと切り捨てられているものである。

それに対して、ジョークによって排除・選別される存在である在日にとって、そのようなストレスの発散は平凡なものではありえない。それは、暴力として経験される。しかし、そのような暴力はかつてのように在日という集団に対して向けられるものではない。このことは、かつてのような在日に対するスティグマや差別が都市空間においては解消されていることを示している。また、そこにはかつてのような差別・排除されるものの結束は存在しない。それらの諸問題は、より個人化しているがゆえに見え難く、社会問題として認識されるに至らないものも多い。朝鮮学校の学生に対する嫌がらせや暴力・暴言の類は集合的であるがゆえにメディアで取り上げられることもあるが、個別に経験される差別はほとんど可視化されることはない。そのような個別な出来事が、行政やメディアを通じて周知されることはほとんど皆無に近い。しかし、それらの問題は否応なしに諸個人に回帰してくるのであり、諸個人の在日が自己責任で向き合うべき問題として放置されているのが現状である――やさしかった彼の母親が、彼女が在日であることを知ったその日から無視する。この冷たい暴力にどのように対処すればよいのだろうか。でも昔にくらべればマシだし、どうにかなるだろう――。このような非集住的環境で生活する在日をめぐる問題は、個人化すること(アイデンティティ政治からの乖離)によって、また政策を通じて解決されたと判断されることによって、二重に不可視化されている。そしてこの二重の不可視化と個人化が結びつくことによって、日常的な差別・排除は、社会問題というよりは、自然現象(あるいは自然災害)のようなものとみなされてしまうことにより、在日の孤立を招いているのである。

しかしながら、従業員たちが自分や生活している地域社会から切り捨てているのは在日の存在だけなのだろうか。これが不可視される領域とともに本書で検討したい、もう一つの問いである。むしろ、切り捨てているのは、自分自身や地域社会との歴史・社会的なつながりが持つ固有性そのものなのではないだろうか。その意味において、批判的なジモトという視座は、不可視化された地域社会の多様性を明らかにするのみでなく、その固有性の意味を探求していく視点へと連なってもいるのである。

3 知的生産のヘゲモニーに対する戦術としてのジモトという視座

地域社会のイメージを魅力的に発信することに対して、ジモトという視座は批判的にそれらによって不可視化される次元を明らかにしようとするものである。しかしそれは、ジモトを明らかにすることによるネガティヴ・キャンペーンではない。なぜならば、現代社会における産・官・学・民などのあらゆる領域において試みられているのは、近代化への批判的視座に基づいたものなのである。つまり、近代化がもたらす問題への批判的な視座や対応そのものが、豊かさの生成やオルタナティヴな価値観と結びつけて捉えられているのである。しかし、ジモトという視座は、いかに批判的なのかという次元においていわゆる地域ブランド的な固有性の発信とは異なるものである。

批判的な視座とは本来、地域社会のローカルな歴史社会から有機的に生じるべきものである。もちろん、他の地域での先進的なとりくみから学ぶことは大事なことだが、それをとりこむ側のローカル性への視点がないとするならば、固有なものが生成されていくことはない。単なるコピーである。それが地域社会の現状と乖離する場合は、シュールな状況さえも生み出す。地域の豊かさを示す地域ブランドや関連商品には固有性から生じる驚きを感じることは少ない。まちづくりのとりくみなどにおいても、既視感で溢れている事例がなんと多いことか。それぞれのとりくみそのものは批判的なデザインであるのに、批判的な精神や言葉が生成されない状況が生じるのである。つまりここで問題としたいのは、地域社会をめぐるグローバル化と知識生産のヘゲモニーの問題である。批判的な理論や実践を安易にあるいは従順に受け入れることは、批判的な知識が生成しないことを意味するのみでなく、批判的な知識を資源とするグローバリズムのヘゲモニーにおいて周縁化されることを意味するのである。

そのような周縁的な場においての知的生産の試みとは、地域ブランドにみられるような戦略的なものではなく、戦術的な視点から捉えられるものである。ミッシェル・ド・セルトーは、日常的実践における人びとの行為を戦術（tactics）として、戦略（strategy）と対比して次のように定義している。戦略とは、「おのれに固有なものとして境界線をひけるような一定の場所を前提しており、それゆえ、はっきりと敵とわかっているもの（競争相手、敵方、客、研究の「目標」ないし「対象」）にたいするさまざまな関係を管理できるような場所を前提にしている」ものである。これに対して戦術とは、「これといってなにか自分に固有なものがあるわけでもなく、したがって相手の全体を見おさめ、自分と区別できるような境界線があるわけでもないのに、計算をはかること」である。セルトーは、このような戦術における頭の働きというのは、言説化されるものではなく、それそのものが決断であり、機会を「とらえる」行為であり、その際の捉え方であると述べている（de Certau 1980 = 1987 : 24-26）。本書では、一般的な地域ブランドのような戦略的な視点から発信されるイメージや言説に対抗して、ローカルな知的生産の試みをセルトーが述べるような戦術的な視点から描き出していく。そのために本節では、知的ヘゲモニーに対して地域社会を批判的に分析・記述する視角である知的戦術と調査者にとって身近な世界を読み解く際の課題について述べ、境界域としてのジモトという視点から身近な世界と再会する＝他者化することによって分析・記述することの知的意義について述べる。

3・1　分析・記述するうえでの知的戦術

グローバル化と知的生産のヘゲモニーに対抗するジモトという視座とは、ヘゲモニーの中心部で生まれた批判的な理論を受け入れつつも、ローカルな事例のリアリティを批判的に考察するものである。その場合、次の二つの知的戦術が試みられる。

第一に、事例と理論的枠組みを往還しつつも、両者に存在する緊張関係を捨象せずに記述すること。つまり、理論的な枠組みに都合の良い事例やエピソードを選択することによって切り捨てられる、それとは矛盾するようなフィールドワークのエピソードや経験が放つ迫力を記述していくことである。そのような作業を通じて、そこで生じている社会問題は、知的ヘゲモニーの中心を映し出す鏡として機能するのではなく、生活者の知的生産と結びつけて考察することが可能となる。

第二に、そのような理論的な枠組みに回収されない領域を当該地域社会固有のものとして捉えるのではなく、その現象の普遍性に着目すること。このことによって、知的生産のヘゲモニーのなかで周縁化された領域を横断的に結びつけてオルタナティヴな時空間を想像することが可能となる。ジモトという視座が越境し、横断的に連なっていくことを通じて、知的生産のヘゲモニーに変化を生じさせることも可能となってくる。本書では、これらの二つの知的戦術を、フィールドワークを通じて出会った人びととの協働の知的生産の試みとして位置づける。ただし、そのような協働の知的生産の試みは容易なものではない。自分が慣れ親しんだ場所や人びとを調査し、分析するといった場合の難しさについても以下で検討しておくことにする。

3・2 身近な世界を批判的に読み解く際の注意事項

身近な世界を考察の対象とする場合、当事者としての地縁、知識や生活体験がフィールドワークをより豊饒なものとしてくれるとともに、その逆にローカルな人間関係、知識や経験のゆえに様々な困難も生まれてくる。そしてそれらの困難は、フィールドワークを遂行していく際の問題のみならず、社会調査そのものが抱えている矛盾や問題点をも含んでいるのである。フィールドにおける人間関係とローカルな知識の二つの問題について以下で検討してみることにする。

第一に、ジモトをフィールドワークする調査者にとっての最大のアドバンテージはインフォーマントの獲得などの人間関係の構築である。たとえば筆者の場合、在日の友人・知人はいなかったので、岡山市役所の国際課に勤めていた友人に電話で誰か紹介してもらえないかと問い合わせたところ、国際課と仕事上のつき合いがある民団の事務局長を紹介してもらった。旧知の関係性があるがゆえに、ジモトの領域での調査を進めていくこともスムーズに入れるのだ。ただし、そのような信頼関係に基づいて調査を始めるわけだから、それを裏切ることは自分が調査するフィールドでの信頼関係をも揺るがしかねないのである。また、調査の過程で、高校生時代の同級生の在日と出会ったこともあった。この場合は、彼女がたまたま在日であるということを公然としていたので問題はなかったけれど、もし自分が在日であることを隠しているといった場合、調査を進めていくうえでは慎重な判断が求められてくる。これらの例が示しているのは、ジモトでの調査とは生活当事者としての利害関係者として調査することが求められてくるということである。そうであるがゆえに、調査者の調査倫理が生活当事者という根本的なところから問われるのである。もちろん、通常のフィールドワークでも同様の問題が生じるが、ジモトでの調査では、家族や親戚を含む自分と関係するすべての人びととの関係性が問われてくるのである。しかしそのことはまた、社会調査というものが実は対象者のみならず、調査者の親密な関係性を基盤として成立しているのだということを示している。そしてジモトでのフィールドワークを通じては、通常の人間関係と同様に、関係性とともにフィールドという場所も変容していくし、それによって新たな問いが導き出されてくるということもある。ともかく、ただ単に好奇心で知りたいというわけにはいかず、常に誰が誰を何のために知ろうとするのかという動機が重要となってくる。

第二に、旧知の人間関係とも関連してくるが、自分にとって馴染みのある場所や人びとを改めて捉えかえすのはとても難しい。ジモトという視点で過去の関係性を捉えかえすならば、人間関係もまた変化していくものだ。しかし、家族や友人といった身近な世界において長年培ってきた人間関係を、改めて捉えかえすのはとても難しいものだ。そのためには、見慣れたものを見慣れぬものにするような視点が必要となってくる。そうしなければ、見慣れた風景や人びととの会話が想起させるものは既視感に溢れたものとなってしまう。筆者自身も、話をしているうちに緊張感もなくなり、何だかどうでも良い感覚に陥るような経験もたびたびあった。最後まで話を聞くことに先行して、自分自身の家族や友人に対する過去の印象や理解の枠組みによって解釈の作業が開始されてしまうからである。つまり、知っているという強い思い込みのせいで、新鮮な目で観察したり話を聞いたりすることがとても難しいのだ。ゆえに、身近な世界の風景や人間関係を他者化する必要がある。身近な世界を他者化する場合には現在の社会的な文脈とともに、過去の歴史的な文脈から得られる想像力がヒントとなる。広島を出身とする音楽批評家の東琢磨は『ヒロシマ独立論』において、自分の出身地であるロサンゼルスを研究対象としたマイク・デイヴィスが引用しているウォルター・ベンヤミンの「遊歩者の回帰」にある次の言葉を引用して、故郷を調査するためのアプローチについて述べている。

皮相な誘因、エキゾチックなもの、絵に描いたように美しいものが効果をもたらすのは外国人にだけである。ある都市を描写するためには、そこで生まれ育った者はもっと別の、もっと深い動機がなければならない。地理的な遠くにではなく過去へと旅する者の動機が。生まれ育った都市についての本はつねに記憶とかかわりがあるだろう。そこで子供時代を過ごしたことは意味がないことではないのである(東二〇〇七:一〇)。

つまり、ある都市で生まれ育った者にとって、故郷の風景とは特に刺激があるものではなく、とても平凡に映るのだ。そしてまた、故郷から離れて生活する者にとって、故郷の風景は懐かしい思い出と強固に定着している。ゆえに、そのような場所について描くためには、出身地をめぐるノスタルジアに対して、歴史的な想像力が必要となってくる。見慣れた街や人びとを見慣れないものにする作業とは、それらの過去さえも再想像していくようなプロセスとなる。知っていると思い込んでいた家族や友人にインタビューしたり、知っていると思い込んでいたりする場所の歴史を調べてみると、埋もれていた人と場所をめぐるローカルな知識が生成されるとともに、それぞれのエピソードへのリスペクトの感情が芽生えてくる。このリスペクトの感情とは、ナショナリズムや郷土愛から醸成されるプライドによる結びつきとは異なり均質な全体性が措定されているわけではない。むしろ、日常的な人と場所をめぐるつながりと断絶の実態が明らかになることによって、他者へのリスペクトと自尊感情が生成される出発点を確認できるのである。

3・3　ジモト＝境界域を歩く

二〇〇二年のフィールド予備調査から、筆者のジモト歩きは始まった。中小企業で働き、彼・彼女らの家庭やプライベートにお邪魔するいっぽう、在日の若者たちとカフェや居酒屋、様々なイベントを通じて対話した。懐かしさとともに、ここが嫌でアメリカやオーストラリアへ出て行ったのだというこことに改めて気づかされることも多々あった愛憎の旅。しかし、フィールドワークという旅を継続していくにつれて、フィールドの人間関係や問いが深化するとともに、過去をめぐるイメージも変化していったのだった。ふだん疑うことなく存在する私たちの身近な世界を、一歩踏み込んで考察してみることによってジモトの姿が見えてくる。それは、知っていると思い込んでいた家族や友人との再会であり、それまで知らないと思い込んでいた他者との再会でもある。あまりに近すぎて見え難くなっている領域を他者化することによって、私たちが埋め込まれている状況が見えてくるのだ。

本書でも述べていくが、ジモトの家族や親戚、友人といった旧知の関係性にある人びととの対話から、今まで知らなかった様々なエピソードを知ることになる。そのとき、知っていると思い込んでいた人びとの語りがとても新鮮に感じられ、他者性が立ち上がってくる。その一つひとつは社会的な大事件ではないが、語られることのない社会における人びとのつながりや信頼関係を確認できるし、そしてまたそこには差別や排除といったシビアな現実が覆い隠されていることも明らかになる。しかし、自分の身近な世界だけを歩いていたのでは見えてこない問題がある。筆者は、自身の身近な世界と同じ生活空間にいる在日の視点から問い直すことを通じて相対化していった。在日との出会いを通じて、自分の生まれ育った場所を理解する多角的な視点を得るとともに、それまで知らなかったけれど存在していた彼／彼女らとの関係性が明らかになってくる。その意味において、それは出会いであるとともに、再会である。本書では、このような批判的な視点を通じて再会する領域を「境界域」と捉える(Rosaldo 1993 = 1998)。

レナート・ロサルドは、調査者が境界線によって調査対象を囲い込み、均質な集団・現象として捉えたうえで「濃密」に記述する(thick description)のではなく、フィールドとそこで生きる人びとの営みを「性的志向、ジェンダー、階級、人種、民族、国籍、年齢、政治、服装、食べ物、趣味」といった枠を中心に現れる境界域として捉えている(Rosaldo 1993 = 1998 : 309)。このアプローチに寄り添えば、記述する対象は既存の知的枠組みによって分類された集団として固定的なイメージとしてではなく、その枠組みとは矛盾をはらみつつも様々な人びとや要素が同居する混淆的かつ流動的な「混雑した交差点」として立ち現れてくる(Rosaldo 1993 = 1998 : 36)。また、このアプローチを混淆性の抽出という点のみではなく、境界域という定義しがたい領域や対象を描き出す方法論として敷衍していくならば、社会調査や分析によって無視されがちで雑多なものや平凡だと考えられている日常的実践の営みが持つ迫力を描き出すことも可能である。そして、この場所へのアクセスは、特定の制限があるわけではなく、生活世界と乖離することなく誰にでも等しく開かれている。境界域を歩き、出会い、語り合い、互いに学ぶことによって、ローカルな知的な生産の営みが遂行されていく。ジモトを歩くとは、自己と他者とのあいだに生じる境界域を歩き、両者を遮る壁のようなものがいかに歴史的に形成されてきたのか、そして現在も再形成されているのかを生活者の視点から共働的にかつ批判的に観察する知的な挑戦である。

ジモトを歩き、出会い、語り合い、学ぶ。そのような日常的実践を通じてローカルな場から生成された知識から、知的ヘゲモニーの覇権とその近代的な展開に対抗する流れを生み出す作業といえば大袈裟に聞こえるかもしれない。だけれども、描かれることはないが世界中に無数に存在する日常生活の実践という営みの一つを照射することから、他の場所でも同じような現象が起きていることをお互いに確認するための道標となる。そこに、ローカルかつ越境的な知の生成とつながりの可能性がある。本書では、筆者の出身地で生活する日本人と在日の境界域を歩き、調査対象者とともに生成した批判的な視点から、身近なのに不可視化された領域を読み解いていく。

第2部　在日コリアンをめぐる記憶とジモト

写真3　筆者の生まれた1974年、岡山市東古松にあった岡山朝鮮初中級学校は岡山市藤田へと移転した。高度経済成長期を経て新しく設立されたキャンパスには、岡山で生活基盤を築いた在日コリアンたちの未来への夢がつまっていた。2000年、より充実した環境で教育をするために初・中級部は倉敷朝鮮初中級学校（現・岡山朝鮮初中級学校）に統合され、現在では体育館以外はキャンパスとしての役割を終え、幼稚園のみ運営されている。この写真は、朝鮮学校の屋上から見える岡山市中心市街地の遠景であり、在日の子どもたちが四半世紀のあいだ見つめてきたもう一つのジモトの風景である。

第3章 「友人」の職場をフィールドワークする

しかし実際に、ひとは自分にとって一番大事なことを、つねに一番詳しく述べるものなのだろうか（Rosaldo 1993 = 1998 : 8）。

まずは、内在的な転覆可能性を見つけ出すことが大切だ。それはなぜかというと、誰も資本制の「外」にはいないからであり、一人ひとりが支配のサイクルを保持する運動機構に巻き込まれてしまっているからである。それゆえ、資本との共犯関係を強いられながら労働し生活することが、「自明」であり「当然」とされる状況から、支配に対抗しうる主体へと自らを生成させる変化がもとめられている（崎山二〇〇四：一〇二）。

1 「包摂型社会」から「排除型社会」へ

二〇〇二年九月に小泉元首相が訪朝して北朝鮮の拉致事件関与が明るみになって以来、北朝鮮や国内の朝鮮総聯を中心とした在日共同体に対するバッシングは今日でも続いている。しかしそれら一連の北朝鮮に関連する者たちに対するバッシングは単なる排外主義というだけではない。これは、その後バッシングの対象が「救う会(北朝鮮に拉致された日本人を救出するための全国協議会)」のメンバーへと向けられたことからも明らかであろう。またそれらは、公務員や生活保護受給者等に対するバックラッシュなどとも連関性があるだろう。

このような近年の日本におけるナショナリズムの台頭やバッシングは、日本でのみ生じた特有のものではなく、一九九〇年代より先進資本主義国では共通して見られた現象である。その背景には、産業構造の転換や福祉国家の解体にともない導入された新自由主義的政策によって生み出された、先進資本主義諸国のマジョリティの不安が存在している。すなわち、先述した「救う会」等に対するバッシングの根底には、過剰な保護を受けているとされる人びとに対するマジョリティの不平等感覚が横たわっている。そこには、新自由主義的政策がマジョリティに要求している自己責任の論理が投影されている。それは、すべての日本人は同等な条件の下で競争するべきだという発想にもとづいている。

それと同じコインの裏側が、北朝鮮に対するバッシングである。新自由主義的価値観を否定する独裁国家とは、日本のマジョリティをとりまいている現状の価値観とは相反するものの象徴である。こうした何らかの例外を想像上の外部に設けることによって、ナショナルな共同体が成立するわけである。しかし、この表裏を成す二つのタイプのバッシングの構図は、表と裏といった単純な構造に収まりきるものでもない。たとえば、マジョリティによる北朝鮮バッシングはその矛先が北朝鮮に向けられているというよりは、新自由主義的な日本社会に生きるマジョリティの人びと自身が抱く「確立された個人」になれるだろうかという不安が投影されているに過ぎない。そうであるから、その矛先が北朝鮮政府とは直接に関係のない国内の在日へと向けられることも矛盾しないことになる。つまりそれは、他者に向けられたものであるというよりも、自分たち自身が見たくない現実や起こりうるかもしれない未来に対する不安や恐怖を、自分自身が内面的に抱える排泄物のような「おぞましきもの」(Abject)として他者へ投影しているに過ぎない(1)。

よって、そのような見たくない現実や未来に対する不安や恐怖が北朝鮮や在日などに向けられるという現象は、新自由主義の時代におけるナショナリズムという、排除と包摂をともなった主体を統合する運動として理解することができる。オーストラリアの精神分析派の人類学者であるガッサン・ハージの言葉を借りれば、新自由主義の時代に適応できるかどうか不安を感じている「内なる難民」による「パラノイア・ナショナリズム」である(Hage 2003 = 2008)。「内なる難民」とはグローバル化と新自由主義政策に適応することに不安を感じているマジョリティのことである。ハージによれば、彼／彼女たちは、自分たちを不安にしている新自由主義政策に怒りをぶつけるのではなく、まったく関係のない他者に対する被害妄想を醸成してしまう。

そのような「パラノイア・ナショナリズム」とはマジョリティの不安を投影しているわけだが、自分たちよりも弱いと思われる他者の存在を必要としている。つまりそのような被害妄想は、国内外的にある種の例外を想像上に設けることによって機能する。そしてこの北朝鮮バッシングにみられるような現代日本社会の「内なる難民」による「パラノイア・ナショナリズム」は、ジョック・ヤングが先進産業国における近代から後期近代への移行を特徴づけているものとして論じている包摂型社会から排除型社会への移行を反映している。ヤングは、福祉国家的な包摂型社会が侵食された原因として、コミュニティの解体による個人主義の台頭と既存の労働秩序の崩壊による労働市場の変容を挙げている。包摂型社会においては、他者は社会化され、更生させられ、治療されるべき対象として私たちの社会の一員とみなされていたものが、外部の敵として忌み嫌われる存在となったことを指摘している(Young 1999 = 2007)。

本章では、そのような包摂型社会から排除型社会への転換期において、一部の例外的な他者をつくりだし、それを忌み嫌うようなことによってマジョリティの共同体意識を強めるという排除型社会におけるナショナリズムの分析を、マジョリティの日常生活のフィールドワークを通じて試みる。事例として、グローバル化のなかでますます疲弊しているといわれている地方都市であり筆者のジモトである岡山で、高校時代の友人が働き彼の父親が経営する上下水道の測量と設計のコンサルティングを行う中小企業の従業員を選定した。一年間の参与観察型のフィールドワークでは[2]、その時期にメディアを賑わしていた北朝鮮バッシングをめぐる従業員の語りと在日に対する他者意識に焦点をあてた。ジモトの友人を選定したのは、筆者が直接的に知っている(あるいはそう思い込んでいる)ナショナリズムの主体や風景とは、そのような身近な関係にある人びとや場所であるからだ。そして、この私たちが生活している資本主義的世界にはいまや外部はほとんど存在せず、まず私たちを取り囲む日常的な風景、まち、人びとの歴史性や社会性を回復することがもっとも重要なのではないかと考えるからである。以下本章では、彼／彼女らをとりまく日常の雰囲気にどっぷりと漬かるなかで、職場という日常生活や人間関係を通じて生成されるナショナリズムのリアリティを考察するとともに、それがいかに排除や差別と結びついているのかについて検討していく。

2 ナショナリズムって何？――ナショナリズムのフィールドワーク――

筆者のフィールドワーク予備調査[3]で、山陽コンサルタント[4]の一七人の社長と従業員に対して行った簡単なアンケートの一つ目の質問は、「ナショナリズムといったら何を連想しますか？」というものだった。さらに、「あなたはナショナリズムが必要である／問題であると思いますか？」という質問が続く。特に何も連想しない場合は、番号に○をつけるようにお願いした。このアンケートに対する答えは「なし」および空白が大半を占めた。残りの答えは以下のとおりである。

「わかりません」、「国家主義」、「国粋主義」、「ナショナリズムの意味があまりわからない」、「愛国心・戦争」、「ナチスドイツとかファシストムッソリーニ？」、「戦争」

一七人の従業員の以上のような答えには、昨今のナショナリズムに批判的な研究者や批評家がネオ・ナショナリズムの台頭の象徴としているような石原慎太郎、小林よしのり、「新しい教科書をつくる会」といったアイコンは意識されていない。むしろ従業員の回答には、ナショナリズムという言葉が、あまりにも普段の日常生活とはかけはなれているものであるかのように意識されていることが分かる。もちろん一七人の意見は日本人の平均的な認識を代表するものではない。しかし、ナショナリズムという学術用語を、日常生活をしている一人ひとりの事例から捉え返してみると、従業員たちの回答は、研究者の用いるナショナリズムという概念を改めて問い直す必要があることを示している。グローバルな現象としてナショナリズムが台頭するなか、一九九〇年代半ば以降の日本におけるナショナリズムの台頭はネオ・ナショナリズムと名づけられた。たとえば、精神科医である香山リカは、ネオ・ナショナリズムの台頭を念頭に置き、二〇〇二年日韓共催ワールドカップをめぐってメディア等で「若者の右傾化」と名づけられた現象を根拠に、彼女の勤務する私立大学の学生を調査対象者として学生たちがナショナリストかどうかを検証している。その結果、若者たちには「ぷちナショナリズム症候群」という診断が下された（香山 二〇〇二）。香山のナショナリズムに対する批判的なスタンスや意図とは別の次元の問題として、そのような診断について様々な角度から分析方法上の問題点を論じることができるだろうが、ここで問題としたいのは、生活のリアリティや実態を把握することなく、半ば演繹的に「ぷちナショナリズム症候群」という診断書を提出していることである。このようにして研究者や批評家がナショナリズムを類型化することにより、分かりやすいナショナリズム主体のモデルを構築することは、それらの主体をとりまく現実のダイナミズムを単純化してしまう。

ゆえに筆者は、個々の具体的な事例からナショナリズムを考察することによって、その日常生活での実態を批判的に考察する視角を確保することが重要であると考える。そのために筆者は、従業員の職場とプライベートの生活をともに経験することにより、生活世界の内部から彼／彼女らが遂行しているナショナリズムの問題を検討するというスタンスを取る。とりわけ、フィールドワークを通じて感じられた、グローバル資本に圧倒される地方都市の中小企業に勤める従業員の被害妄想を構成している不安やストレスに焦点があてられる。しかし、本章で論じられる被害妄想に満ちたナショナリズムとは、直接的な暴力や暴言をはらんだようなわかりやすいナショナリズムではない。マイケル・ビリッグが論じているように、露骨な暴力や暴言のようなナショナリズムは先進資本主義国ではすでに周縁化された存在である(Billig 1995)。それに対して以下で論じられる「パラノイア・ナショナリズム」とは、個人化されかつ消費社会に適合的で、マジョリティの日常生活の雰囲気を乱したりするようなものではない。

3　山陽コンサルタント株式会社

山陽コンサルタントでは、筆者の友人の真田昭(一九七五年生まれ)の父親である最年長者の真田航太郎社長でさえ一九四五年生まれである。戦後生まれの一七人の従業員にとって、日本をめぐるナショナルな言説は、とても平凡なものに感じられるのかもしれない。そうであるがゆえに、日常生活をとりまくメディアや人間関係などのナショナリズムの言説環境はとても平凡なこととして消費の対象となる。暴力的な認識をはらんだメディアや日常生活において流布されるナショナルな言説は、職場や家庭におけるコミュニケーションを潤滑にするためのジョークや薀蓄の対象となる。ただし、従来のナショナリズム研究は、このような日常的なナショナリズムのあり方に目を向けてはこなかった。吉野耕作が指摘するように、従来のナショナリズム研究は「テクストのイデオロギー批判に終始して」おり、それがいかに消費されるのかという視点が抜け落ちている(吉野 一九九七:一四)。つまり、日常生活のなかでいかにナショナリズムが消費という行為を通じて遂行されているのかという視点は希薄である。よって以下では、従業員の職場における一日の流れを確認しつつ、ナショナルな言説環境をとりまく従業員の雰囲気とその消費を通じた遂行に焦点をあて分析する。

山陽コンサルタントの一日は、従業員の出勤から始まる。私の友人である真田と一番若手の社員である吉田新（一九七六年生まれ）の二人は、アメリカ製のマウンテン・バイクで通勤することがあるが、彼らも含めた他の従業員は、給料の大半を注ぎ込み、ローンで購入した自動車で通勤する。[5] 会社は、JR岡山駅のある岡山市の中心市街地から約三キロばかり西に離れた、郊外の住宅街にある。JRやバスのアクセスはあまり良いとは言えない。このあたりは、一九五〇年代半ばからの岡山の都市化にともなう都市環境問題に対応するために制定された新都市計画法に基づき、一九七〇年に設定された岡山県南広域都市計画区域であり、一九七二年から岡山県南広域都市計画区画整理の西端の一部に位置していて、組合施行で行われた区画整理は一九八八年に終了している。[6] また、山陽コンサルタントの二階建ての住宅風オフィスが建てられているのは、第二種中高層住宅専用地域であり、中高層住宅の良好な環境を守るための地域であると位置づけられている。そこに真田社長がオフィスを移したのは、ちょうど区画整理が終了した一九八八年のことである。バブル経済により会社の経営状態は好調で、従業員の数が増えたことを受けてのオフィスの移転であった。

都市のオフィス街の喧騒から離れて、田園地域を埋め立てて形成された郊外の日常はとても静かだ。オフィスのデスクに座り、耳を澄ませると、住宅街ということもあり、「竹や竿竹」という物干し竿の行商の車のスピーカーから聞こえてくる男性の少し高い声が響き、上空の飛行機からは、コンベックス岡山というコンベンション・センターで催されているイベントの宣伝をする女性の機械的な声が聞こえてくる。

3・1 通勤する

通勤にかかる時間はそれぞれだが、近所から乗用車で通勤する真田社長夫妻は五分くらいで、他の社員は約三〇分~四〇分くらいである。ただ、岡山市の中心市街地から国道二号線を西に約三五キロばかり車を走らせた浅口郡から白のスポーツカーで通勤する武田裕美(一九六四年生まれ)は、朝のラッシュ時には一時間三〇分もかけて通勤する。彼女を聞き取り調査のために家庭訪問した際に、彼女の通勤路である国道二号線バイパスを約六〇~七〇キロで走行しながら見えてくる風景をノートに記述してみた。そうすると運転しながら見えてくる風景そのものが、地方都市郊外に存在しているはずの豊かな自然を視界から追いやり、消費社会を象徴する広告へと変わる。岡山を東西に結ぶ丘陵地と平地の自然の風景を押し退けるように、それよりもさらに強烈な、ショッピング・モール、レストラン、パチンコ店、ラブホテル、消費者金融、ガソリンスタンドの広告が目に飛び込んでくる。しかし、赤信号で停車してあたりを見回せば、やはりそこには自然が豊かな田舎の風景が広がっていることに気づく。

それでもそのような通勤経験は、高度に都市化した東京や大阪のJRや地下鉄の鮨詰め状態での出勤よりもはるかにのんびりしている。通勤の慌しさと疲労も、都市と地方ではかなりの違いがある。しかし先述したように、そのような日常の風景を参照する言葉は、ガソリンスタンドや消費者金融などの消費社会における宣伝以外には存在しない。つまり、そのような日常の風景を語ることと、それを消費することが表裏一体になるような地方都市的なリアリティがあるといえる。その意味で、消費社会の言葉に頼らず地方都市の風景を語ることは非常に困難だ。

3・2 仕事開始

午前八時四五分にパソコンにセットされたチャイムが鳴ると、従業員たちは住居型オフィスの二階にある会議室での朝礼のために集合する。社長を含んだ一七人の従業員のお互いの顔が見えるように、壁を背にして起立した状態で朝礼が開始される。朝礼は、社員の朝の挨拶で始まる。朝の挨拶は、日替わりで順番交代に行われる。真田社長によれば、「コンサルタントという職業柄、人前で自分の意見を伝えることができるように」という目的で始められた。朝礼での挨拶は数分くらいだが、その話題の内容は、「阪神タイガース」、「北朝鮮」、「SARS」、「イラク戦争」などのメディアに溢れる情報、「ガーデニング」、「犬の美容室」、「花粉症」、「散髪」、「子供の将来」、「さだまさしのコンサート」などプライベートでの日常のこと、さらには、「ごみのポイ捨て」、「思いやり」、「助け合い」、「公共精神」など規範と仕事に対する姿勢を結びつけるようなテーマまで、社員の日常的な想像力が反映している。それぞれのスピーチに対して、社長が手短にコメントをする。ときに社長の「公共精神の欠如」などのコメントは、吉野が指摘したような「文化仲介者」のような役割を連想させる（吉野 一九九七）。

朝礼が終わると、各自が二つの業務用の長方形の折りたたみ式のテーブルに対面で座り工程会議を行う。会議では、技術部設計課設計係長である中川啓二（一九五五年生まれ）が、工程会議表にボールペンでチェックをしながら、その日の各自の仕事内容・進展の確認を行う。各自が今日はどこから作業を開始すれば良いのか、具体的な仕事内容が確認される。会議は午前九時には終わり、担当する役所や現場に出向く者もいれば、オフィスで事務や設計の仕事にとりかかる者もいる。

始業直後の女性たちには重要な任務が待っている。総務部長を務める社長夫人である真田牧子（一九四六年生まれ）、総務の狭山美智子（一九六九年生まれ）、山内美紀（一九七〇年生まれ）の三人が朝のお茶汲みの支度をする。好みにあわせて、コーヒー、紅茶、緑茶、麦茶を用意して、各自の決められたコップに注ぎ、デスクまで運ぶ。好みがうるさい橋本健一（一九六九年生まれ）は、寒い冬になると、紅茶にミルクと砂糖をたっぷり入れて、さらにレンジで加熱してほしいという要求まで出す。それに対して、女性従業員はとくに文句を言うわけでもなく、作業をこなす。ただ、真田、武田さん、谷崎良和（一九六六年生まれ）は、家父長的な制度に反発しているのか、他人にやってもらうのは面倒だと、各自で行っている。ただ、このお茶汲み制度であるが、二〇〇三年の夏に山内美紀が結婚して退職したことをきっかけになくなってしまった。三人のお茶汲み女性の一人が寿退社することにより、山陽コンサルタントにおける一五年にも及ぶお茶汲みの伝統は崩壊したのだった。

山陽コンサルタント株式会社は、上下水道の測量や設計などのコンサルティングを主な業務内容としている。そのほとんどが岡山県南部を中心とした、県全域の市町村役場や水道局などの地方自治体からの委託業務である。社員の職種は、総務・営業・システム管理・設計などに分かれている。営業職を一人で担当している米田國男（一九四九年生まれ）などは、営業車で飛び出すと、夕方までオフィスには戻ってくることはない。彼にとっての職場における日常とはそのほとんどが車の運転といっても良いほどで、わずか二年の間で八万キロの走行距離を稼いでいる。またシステム管理とCAD（Computer Aided Design）専門の谷崎さん、武田さん、越中和子（一九六四年生まれ）、水谷裕樹（一九七四年生まれ）や総務職の真田牧子と狭山さんは、始業開始から終了まで、昼食時を除けばほとんど外出することはない。彼／彼女らにとっての職場の日常的風景は、車で移動しながら米田さんが車窓から眺めるものとは違い、静かなオフィスのなかで椅子に座り、パソコンの画面に映るExcelの図表やCADの設計図である。また、設計担当の中川さん、吉田正男取締役技術部長（一九六一年生まれ）、松田啓技術部課長（一九六二年生まれ）と他の技術部設計課のメンバーである真田、吉田さん、橋本さん、山内さん、島田治夫（一九七三年生まれ）たちは、しばしば車で市町村役場や現場に出かけることがあり、パソコンの画面を眺めるのみでなく、役人を相手に仕事の打ち合わせをし、現場を歩く。ただ、一番夜遅くまで残業しなければならないのも彼／彼女らである。公共事業の追い込みで忙しい三月末などは、一ヶ月ものあいだ休みがなく、残業で朝帰りなどの日々が続くこともあった。それでも、長い不況のなかで会社の経営状態は非常に苦しく、残業手当もほとんどつかない。休みのない日常と給与に不満を抱えつつも、日々は過ぎていく。

3・3　ランチタイム、吉野家、『笑っていいとも！』

正午にはパソコンの合図が昼休憩を知らせてくれる。時間はわずか四五分。もともと一時間の休憩だったのだが、保育園に子どもを迎えにいくために「少しでも早く帰りたい」という狭山さんの意見が尊重され、一五分間短縮した。しかし四五分では外食できる飲食店は限定されてしまう。弁当を持参していない従業員たちは郊外のロードサイド沿いに並ぶレストランに車で出かける。筆者は、若い男性を中心とした真田、吉田さん、島田さんと四人で出かけることが多かった。近所にあるローソン、セルフうどん、吉野家、COCO壱番屋、マクドナルドなどに限定される。「早い・安い・うまい」という吉野家の宣伝文句がキーワードとなる。そしてその条件を満たすものとしてとりわけ吉野家とセルフ式のうどん屋に行くことが多かった。最も重要なのは、ランチが三〇〇円前後であるということである。吉野家はもともと創業者の松田英吉により一八九八年に東京都中央区日本橋の魚市場の個人商店として始まった。一九七三年にフランチャイズ一号店を神奈川県小田原市に出した後、二〇〇一年度実績で国内外合わせて一〇二〇軒のチェーン店を展開している（山中 二〇〇一）。岡山県には一〇店舗あり、そのうち七店舗は岡山市内にある。我々の通う岡山大安寺店はオープンしたばかりだった。リラックスするはずの休憩時間が、むしろ吉野家という圧縮された時空間のスタジアムで、従業員たちは資本家の家畜になったような錯覚を起こす。

慌しい家畜のような食事を終えたあとは、本屋やコンビニで立ち読みをして会社に戻る。週刊誌が発売される月曜日などはたいてい山田書店かコンビニに立ち寄る。たとえばある一月末の月曜日の食後の帰りに立ち寄ったローソンでは、吉田さんは『週刊スピリッツ』、島田さんは『月刊つり情報』、真田は家具インテリア雑誌『SMART』を立ち読みするといった具合だ。みなそれぞれ自分の日常的関心をわずか三分くらいのあいだに消費する。

外食に出かけない他の従業員たちは二階の会議室で食事をする。武田さん、越中さん、山内さんの女性三人は弁当を持参している。また谷崎さんは、電子レンジで簡単に調理できるフリーズドライのインスタントラーメンや冷凍チャーハンなどをレンジで加熱して昼食としている。読書好きの彼は、一人で早く食事を済ませてしまい、自分のデスクに戻り耳栓をして、彼の好きな大江健三郎や夏目漱石、スティーブン・キングの小説を読む。それ以外の男性従業員は、会社で注文した弁当を食べる。現在「桃太郎弁当」と「ままかりキッチン」の二箇所の弁当屋から出前をとっていて、値段は四二〇円。同じものを毎日食べると飽きるということで、二週間サイクルで「桃太郎弁当」と「ままかりキッチン」の弁当を食べ分ける。

昼食中の会議室のテレビでは常に『笑っていいとも!』が放映されている。社員たちが真剣に見ようが、もしくはただ垂れ流しになっているだけにしても、この人気番組『笑っていいとも!』を支えている情緒的な感覚には、マイケル・ビリッグが指摘しているような「平凡なナショナリズム」のイデオロギーが潜んでいる(Billig 1995、濳田二〇〇二)。人気番組『笑っていいとも!』は、月曜日から金曜日の午後一二時から一時まで休むことなくお茶の間やオフィスのテレビ画面を占拠する。日本がちょうどバブル経済前宵を迎える一九八二年から二〇〇二年一一月一日までに五一五〇回放映を数える同番組は、少しの例外を除けばほとんど番組内容を変更することはなかった。ただ、その例外に着目してみると非常に興味深いことがわかる。たとえば司会者タモリとゲストのトークが行われる「テレホンショッキング」は現在まで一三回番組内容を変更したことがある。そのほとんどは、皇室関係のイベントである。その他には湾岸戦争や9／11テロ事件などがある。日常生活を送っている者たちにとってみれば、そのようなナショナルなイデオロギーの人気テレビ番組に対する優位性などは平凡なことなのかもしれない。しかし、このような例外的とされる事件がナショナルなものと結びついているという平凡な現実は、ナショナルなイデオロギーが私たちの意識を圧倒的に支配しているということを象徴しているように思える。

3・4 午後の仕事、ラジオ、北朝鮮をめぐるジョーク

午後一二時四五分にはパソコンの合図が鳴り、お茶汲みのメンバーが朝と同様に各デスクまでお茶を運ぶ。このお茶汲みは午後三時にも行われ、たいていその時分には、誰かが持ってきたおやつを一緒に出す。昼食を済ませたあとの午後のオフィスの時間はゆっくりと流れる。山陽コンサルタントの一階と二階のオフィスにはそれぞれラジカセが置いてあって、二階のラジカセは各自が持ち寄った洋楽と邦楽の歌謡曲や、ローカルのＦＭ局が流されている。山陽コンサルタントでは「ＦＭ岡山」「ラジオもも」「ＦＭ香川」の三つのＦＭ局を受信できるのだが、たいてい「ＦＭ岡山」が流れている。このラジオから流れてくるニュースも従業員たちの日常的な知の一部である。ラジオから得られた情報は、その職場での話題として用いられる。そして、ラジオから流れてくる情報にも平凡なナショナリズムのイデオロギーは潜んでいる。

たとえば、日本の大手広告代理店である博報堂仙台支社が企画・製作した日本公共広告機構（ＡＣ）のコマーシャル。

川の音の流れに男性のナレーションの声が入る。
「山形県銀山温泉。カリフォルニア生まれのジニーさんが嫁いできたのは一〇年前。」

そしてジニーさんの流暢な日本語。

「日本人はね、自分の国のいいところ、たぶん忘れていると思います。」

そしてナレーションの男性の声。

「ニッポン人が日本を知ること。国際交流もそこから始まります。」

そして最後に女性の声。

「ＡＣ[7]」

ＡＣのコマーシャルは一九七一年から製作されていて、そのテーマは、公共マナー・環境問題・福祉問題・資源問題・教育問題・骨髄バンク・子どもワクチン・読書推進など多岐にわたる。その広告作成は広告代理店によって担われているわけであるが、アメリカ人の女性であるジニーさんが日本の良さを再発見するところに逆オリエンタリズムの発想を発見するのは難しくはない。このような、日本人であることを誇ることはあたり前のことであるという認識に基づいた言説は、直接に排他的なナショナリズムを煽るようなものではないが、そこで許容されている情緒的な感情こそがナショナリズムを自然なものとして規定している。何気なく垂れ流しになっているラジオであるが、従業員の耳にはちゃんと届いている。六月半ばのある雨模様の午後に橋本さんがジニーさんのアクセントを真似たユーモアの感じられる発言をした。

「吉田君たくさん良いところありますので」

それは、橋本さんが最年少の吉田さんをからかうために発した言葉に過ぎないのだが、ACのコマーシャルがはっきりと消費されていることが示されている。ただ、このケースの場合、橋本さんは「自分たちの関心事の詩人」[8]であり、むしろ日常生活や退屈な仕事をより潤滑にするための気の利いたジョークであると考えることができる。彼のラジオコマーシャルの言説の流用は、ACの思惑とは全く違い、むしろ日本人でも吉田君でもそのようなことはどうでも良いという無意識的なメッセージとも読み取ることができる。

しかしながら、「自分たちの関心事の詩人」の詩がジョークにならない場合がある。二〇〇二年の九月一七日に小泉首相が北朝鮮を訪問して「拉致事件」が発覚して以来、「北朝鮮」・「拉致」・「金正日」・「テポドン」等の言葉で「野蛮」で「危険」な「テロ国家」としての北朝鮮というイメージがニュースからワイドショーまでメディアでは流れていた。また本屋やコンビニで売られている金正日、北朝鮮、朝鮮総聯などの批判本は、「北朝鮮本」として一つのジャンルを成していた。しかしながら歴史家の和田春樹が述べるように、そこでは「日本が過去朝鮮民族に対して植民地支配を通じてあたえた損害と苦痛についてはまったくかえりみず、朝鮮戦争以後の日朝の敵対的な状況についても一切ふれず、在日朝鮮人に対するくりかえされる圧迫、いやがらせにもほとんどふれることがない」のである（和田・高崎 二〇〇三：九）。山陽コンサルタントでも例外ではなく、従業員たちは日常会話を通じてメディアで報道されている北朝鮮をめぐる言説やイメージを消費する。二〇〇三年の二月二四日、北朝鮮は日本海沿岸で、地対艦ミサイル「シルクワーム」を発射した。その翌日、私の向いのデスクでパソコンを眺めながらの橋本さんの発言。

「北朝鮮は何をしてくるかわからんが」

また連日の深夜過ぎまでの残業が続いた四月のある日の午後（アメリカ軍のバグダッド空港占拠前日）、橋本さんは無断欠勤して、自宅にも携帯電話でも連絡を取ることができなかった。橋本さんを心配しながらもジョークが飛び交う。

「北朝鮮に拉致されたんじゃねーか」

山陽コンサルタントの従業員たちの職場の空気を和らげるための試みには詩的なオリジナリティは欠如していて、被害妄想的な空想が共有される。そのような情緒的な会話に潜んでいる論理においては、とても身近な日常の内部で起きた問題が短絡的に国境上での脅威と結びつけられている。ガッサン・ハージがオーストラリアの多文化主義の文脈において「善良な寛容さ」に潜むナショナリズムの問題を指摘したように、社員のそのような空間認識には、「ナショナルな空想」（National Fantasies）が機能している（Hage 1998 = 2003）。オーストラリアの多文化主義的文脈ではなく、日本と朝鮮半島という特殊な歴史的背景を抱えているとしても、たとえば北朝鮮に対する嫌悪が伝染した結果として生じるチマチョゴリを着た朝鮮学校の女子生徒に対する暴力や嫌がらせは[9]、ハージの挙げた「邪悪な白人ナショナリスト」の例と非常に似ている。ただ、多文化主義をめぐる背景が異なる日本社会における文脈の場合、オーストラリアの文脈における「善良な寛容さ」の裏側としての「邪悪な白人ナショナリスト」というハージのモデルを参照にしながら、日本と朝鮮半島をめぐる歴史・社会的な文脈を合わせて考える必要がある。

さらに、これまで議論してきたように、日常生活におけるナショナリズムとその遂行はますます周縁化されている。被害妄想に満ちたナショナリズムは表面化するよりも、平凡な日常を過ごす個人が抱えている不安やストレスのなかに潜んでいる。洗練された消費者として日常を過ごす者たちにとって、露骨なナショナリズムや他者を排除するような振る舞いは、消費社会に適合的でないという意味で「クール」ではない。そうであるから、同僚の「笑い」を誘うジョークが選択される。会社という小さな集団のためにポジティヴな貢献をすることによって排除の感覚は隠蔽される。

また、被害妄想に満ちたナショナリズムの遂行を検討するうえで重要なのは、そのような認識をはらんだ発言が毎日繰り返されているわけではなく、何かとても身近で実感のある出来事を契機に、ジョークとして噴出するということである。つまり、「自分たちの関心事の詩人」は、日常的に身のまわりで起きている実感の持てることに置き換えて、メディアで取り上げられている事象を解読する。さらには、先述したように、そのようなナショナリズムの遂行とは、集団に属する者たちにとって有益なものでなくてはならない。ゆえにそれは、排他的なものではなく、集団のために良い貢献として受け入れられるのである。人びとは排他的な発言や行動そのものを好んでいるわけではない。それが身近な世界において有益であると判断することによって排除を許容する。そのような例をもう一つ挙げてみることにする。

北朝鮮籍の旅客船「万景峰九二」の新潟港入りに抗議して、岡山市駅前町にある朝銀西信用組合で銃撃事件[10]のあった数日後、事件現場からわずか二〇〇メートルばかり離れた居酒屋で、寿退社する山内さんの送別会を行った。その後の二次会で、居酒屋から歩いて近くの場所にある「Blue Moon」というバーでの会話。連日のようにメディアで「万景峰九二」と「救う会」による抗議のニュースに溢れていた二次会の席では、時事的な話題は身近に共感できるネタとして語られる。実際に、吉田さんと橋本さんは、「マン・ギョン・ボン・ゴウ」という朝鮮語のエキゾチックな名称を発声するのを楽しみながら酒宴の話題とする。そして、石川県出身の松田さんに対して次のような発言。

「石川でも拉致されるんじゃねーん?」

酒の肴になったのは、拉致事件のあった新潟県に近い、日本海に面した石川県出身の松田さんだ。ここでも、日本海という国境における不安をめぐる問題が、彼/彼女らが実感を持って知っている松田さんに置き換えて語られている。しかしながら、もしもそのような発言を排他的であると批判しようとすればどうだろう。ジョークを述べている当事者にとって、その場に居合わせる松田さんについて語っていることが面白いし、それは場を盛り上げるネタに過ぎないのであって、「北朝鮮」や「万景峰九二」のことなどはどうでも良いことなのだと言うだろう。

しかしながらそのような発想にはかなり深刻な問題がある。なぜならば、自分の知っている情報だけで他者を理解するということのみならず、他者の歴史・社会性が商品であるかのように消費されてしまっているからである。この場面では、日本と朝鮮半島をめぐる歴史や社会的関係性のみならず、松田さんの歴史や社会的存在さえもどうでも良いことであると考えられている。つまり、職場の同僚として松田さんは存在するのであって、彼の他者性に関してはどうでも良いことになってしまう。

それはまた、アルコールを交えながら不安やストレスから解放されてリラックスしている「我々」の日常を維持することが大切なのであって、他のことはどうでも良いではないかという従業員たちの歴史や社会に対する苛立ちのようにも感じられる。つまり、忙しい仕事や家庭生活に追われる従業員たちにとって、今、この現実に対応することで精一杯で、歴史や社会について考える暇はないのだ、と。しかしその結果として、従業員たちの言説は他者の排除を要請することになる。つまり、従業員たちの不安やストレスの解消は、他者を排除することと結びついてくる。

北朝鮮に対する排他的な被害妄想に満ちたナショナリズムは、金正日や北朝鮮に住んでいる人びとに対してのみ働くものではない。むしろ、そのような情緒的なナショナリズムが直接に国境の外で暮らすものに対して遂行されることはない。先述した朝銀への銃撃事件に明らかなように、ナショナリズムの暴力はまず身近な世界で生活している容疑者に対して遂行される。しかしそのようなナショナリストたちは、こちらから探そうとしても見つけることのできるものでなく、一方的にその排除の対象となる容疑者に訪れる。山陽コンサルタントの人びとのように、自分たちだけが共感できる関心事を楽しむジョークという、他者への配慮が欠如した営みのなかに潜んでいる不安やストレスは、特定の時・場所・対象者に暴力として訪れる。

山陽コンサルタント株式会社から東に三キロほど離れた、岡山市の中心市街地にある企業に勤務している、在日四世である金村成美（一九七七年生まれ 韓国籍）の場合、小泉訪朝を契機とする「拉致事件」発覚以来、職場における同僚との会話で北朝鮮への差別的発言に同意を求められて「気が気ではなかった」。彼女のように日本の会社で働いている場合、自分が在日であることをカミングアウトしていないことがほとんどである。とりわけ、日本の教育を受けて育ち、日本語も流暢で、見た目で外国人であることが判断できない在日の場合、露骨な差別よりもむしろ、自分の出自を明かすことが許容されていない日本社会の現実そのものが差別・排除として機能している。彼女も、同じ職場では、仲の良い女性の同僚一人にしか自分が在日であることを告げていない。そのような彼女にとって、酒宴の従業員たちのジョークは、平凡な日常のなかで突然として身体を襲う暴力以外の何ものでもない。つまり、グローバル資本と新自由主義に追われている従業員たちの潤滑油であるからといって、生活改善のために歴史や社会性を無視することは排除をともない他者への暴力を招く。それはマジョリティの不安やストレスをジョークという形式で被害妄想的に他者へ押しつけているに過ぎない。そしてそのような暴力が引き起こすものとは、他者の存在そのものの「剥奪」なのである。成美の事例を参照するならば、在日としての彼女の存在意義そのものを「剥奪」することによって、マジョリティの存在意義が回復されていることになる。

3・5 北朝鮮バッシングのあとのノスタルジア

山陽コンサルタントの従業員たちの暴力的なジョークは嵐のように去り、平凡な日常の午後へと溶けていく。ラジオから懐メロでも流れてくれば、「懐かしい」歌への感傷をめぐる会話が始まる。フィールドワーク中にはたくさんの懐メロがFM岡山から流れてきたが、特徴的だったのは、その曲の多くがそんなに昔でない一九八〇年代後半から一九九〇年代にかけてのものだったことである。ある一月末日の定時終了間際のFM岡山からは、一九九五年に大ヒットしたテレビドラマ『ロングバケーション』の主題歌であった、久保田利伸の『LA・LA・LA Love Song』が流れてきた。懐メロが流れてきたときには「懐かしい」という言葉も漏れることもあるのだが、このときは誰も声を出さずに、パソコンに向かい作業を進めながら定時終了前のひとときを過ごしていた。私の隣で作業していた山内さんは、久保田利伸のファンらしく、倉敷市に一〇年ぶりに来るコンサートの予約受付がラジオのアナウンスで始まると、携帯電話から予約を入れようと必死になっていた。忙しい日常というのは、あまりにも早く過ぎ去った従業員たちのノスタルジアを喚起する。

たしかに、懐かしい音楽を聴くことにより、毎日の忙しい日常生活で忘れていることを思い出すのかもしれない。そこにはアボリジニ歴史家の保苅実が述べているような日常的な歴史実践の営みへのヒントがある。保苅は、「本来の目的や、もののついでや、方便や、偶然や、義務なんかが複雑に絡みあって行われている日常的実践のなかで、身体的、精神的、霊的、場所的、物的、道具的に過去とかかわる=結びつく行為」を歴史実践であると述べている(保苅二〇〇四:二〇−二一)。そのような視点から考えてみると、人びとは実に多様なあり方で世界史やそこで生活する人びとの社会へと開かれている。

しかしここで問題なのは、武田さんがそのような「懐かしい」といった感覚へと誘われたのは、ラジカセから音楽が流れてきたからであり、自発的に自らの歴史を振り返り、それが他者の抱えている歴史や社会的背景へと開かれていくような歴史実践ではないことである。つまり、久保田利伸のコンサートのプロモーションがあるから「懐かしい」音楽はＦＭを通じて流れてくるのである。そこではポピュラー音楽から引き出された断片的で個人化された歴史を思い出すことにより、忙しい日常を顧みるという人びとの自発性を奪い、むしろ「懐かしい」感覚だけが消費される。彼女が思い出したかもしれない記憶は、社会で共有されるものではなく、彼女の個人的なプロフィールに属するものとなってしまう。

そしてその背景にあるのは、ＣＤの売り上げに悩むレコード会社のマーケティング戦略である。[11] そのような場面では、「懐かしい」記憶や経験をめぐる歴史・社会的な冒険よりも、その場で個人が消費できるような記憶が思い出されていることのほうが重要であると考えられている。忙しい日常生活のなかで大切なことを失ってしまったという喪失感覚は、ただ単純に音楽のリズムへと回収されていく。忘れてしまっていることを思い出すことはそのようにして回避され、他者との歴史・社会性へと導かれることはない。懐かしい音楽に癒されることによって。

3・6 グローバリゼーション、残業、消費者的主体

午後五時三〇分のパソコンの合図が定時終了を知らせる。まず、保育園に娘を預けている狭山さんが、一階と二階で働く社員たちに「お先に失礼します」と帰宅する。しばらくすると社長夫妻、ＯＡシステム係の人たちが比較的早い時間に帰宅する。その他の従業員も特に残業がなければ定時には帰

宅できるのだが、たいてい午後八時~九時くらいまでは仕事をしており、深夜まで働くことも珍しくない。他の多くの日本の中小企業と同様に山陽コンサルタントも当時は不況で、残業手当はほとんどつかない。従業員は、自分のプライベートの時間を返上して無償で会社のために貢献する。とりわけ忙しかった四月初旬のある日には、真田と島田さんは午前四時まで仕事をしていた。私は橋本さんに週末の予定を尋ねた。

「間違いなくここにおるじゃろーな」

皮肉が込められた橋本さんの言葉には、不満を抱えながらも、残業手当もつかず、土日出勤も当然という状況に対して疑問を強く表明するという意志は感じられない。大企業とは異なり中小企業では、お互いのことを良く知りつくしていて、家族的な雰囲気に包まれている。山陽コンサルタントも例外ではなく、社員たちは会社のみならずプライベートでも交流がある。仕事が終わった後や休日には一緒にバドミントンやサッカーをしたり、ケーキ教室に通ったり、釣りに出かけたりする。また、雇用者である社長も、労働環境をめぐるコミュニケーションにおいては、個人面談を行うなどして、社員から直接に話を聞き、信頼関係を築くために努力している。その理由は、社長自身が以前勤めていた大阪の会社の雰囲気が好きでなく、「家族的な」会社をつくりたいという思いがあったからだ。

しかしながら、「家族的な」会社には、家族の一員であるがゆえに、雇用者と従業員との関係に収まりきらないジレンマが発生することも多い。グローバル化という標準化に向き合わざるをえない山陽コンサルタントにおいて、「家族的な」関係性は従業員の余暇を無償で回収することとも結びついている。それらのことを結びつけてみると、社員の被害妄想に満ちたナショナリズムとグローバル化におけるナショナリズム、さらには新自由主義の時代における主体の問題が重層的に絡み合っている結節点が浮かびあがってくる。

二〇〇三年度から山陽コンサルタントでは、平日の定時以降と週末を使ってISO（国際標準化機構）9000ファミリーの勉強会が行われている。勉強会では、各自が自分の専門分野における、ISO9000ファミリーを講義する。たとえば一二月中旬の木曜日の午後五時三〇分から、越中さんがCADに関連したISOについて他の従業員に講義した。越中さんの発表に対して、社長や年輩の従業員が随時質問するという形式で、会社全体での知識を深めていくことが目的である。

ISOは一九四七年にスイスのジュネーブに本部を置く非政府間機関として設立され、一九七〇年代後半にはイギリス・ドイツ・アメリカなどにおいて品質管理や品質保証の重要性が認識されるようになる。ISO9001の場合、一九九四年に制定されて以来、電機メーカーなどの大企業はヨーロッパを中心とした海外に輸出する際には取得が不可欠なものとなっていった。さらに一九九六年に建設省がISO9001をパイロット工事に導入して以来、最近では地方自治体も公共工事にISO9001の取得を資格条件としており、建設業に携わる中小企業では生き残りをかけて取得がめざされている。そして注目すべき点は、一九八七年版、一九九四年版で表題に謳われていた品質保証という言葉が消えて、品質マネジメントという言葉に変わり、品質保証のみでなく顧客満足の向上をめざしていることである[12]。この変化が示しているのは、経営者のみならず、従業員もまた顧客＝消費者に向き合う必要が発生するということである。このような傾向に対して渋谷望は、新自由主義が「生産社会から消費社会への転換というコンテクスト」において、従業員自身の「経営参加」を促し、「労働者が想像の上でつねに顧客と向き合うこと、さらには顧客になりきることを要請する」ことを指摘している（渋谷二〇〇三：三三－四三）。つまり、一人ひとりの従業員は、経営者であると同時に消費者であるような主体であることを要請されることになる。

そのような労働・消費様式の変化は、山陽コンサルタントの従業員の日常生活にも影響している。従業員たちはいっぽうで消費者のニーズに合わせるためにISOの取得をめざして、もういっぽうで消費者としてその構造を補完している。たとえば、従業員たちが昼食に訪れるセルフ式のうどん屋の場合、自らうどんの大・小を選択して、熱湯で麺を湯掻いて、トッピングをのせ、つゆをかけ、出来上がりである。食べ終わったら、スープと箸を分別して捨てて、店を出る。これらの日常的な消費活動を通して、社員たちは、新自由主義の要求する顧客像を内面化するとともに、経営者による経営コスト削減を補完している。このような日常的な労働と消費の規律を通して、グローバル化に適合的な消費者的主体が構築されていくのである。

このように、グローバルに展開するナショナリズム現象を地方都市の従業員の日常から眺めてみると、国際基準に合わせるために、定時以降の時間や週末を返上しなければならない従業員一人ひとりの日常生活や、労働と消費を通じた主体の構築が浮き彫りになる。中小企業の従業員のナショナリズムとは、ハージが述べているようなグローバル化における「内なる難民」の日常的な世界の内側を意味づける実践なのである。そしてこれまでみてきたように、従業員たちの被害妄想的なジョークは、まさにそのような日常生活のなかで生成されているものなのである。つまり、ナショナリズムの遂行を促しているのは、グローバル化や新自由主義のもとで適合的な消費者的主体を維持することによって生じる不安やストレスによって生み出された被害妄想を、他者に投影することによって「我々」の日常を維持するというメカニズムなのである。

4　北朝鮮バッシングとの対話に向けて

山陽コンサルタントの従業員と日常生活をともにするなかで感じられたのは、彼／彼女らの北朝鮮バッシングの言説やイメージの消費は、単純に悪意に満ちたものではないということだ。彼／彼女らが北朝鮮や在日に対して積極的な敵意を持っているというわけではない。自分たちの主体を保守する結果として、他者への被害妄想と排除が要請される。また、職場における北朝鮮をめぐるジョークの背景には、グローバル化に適合的な主体になることの困難さと被害妄想意識が結びつくことが確認された。被害妄想意識は、ジョークという労働の潤滑油として集団への貢献として受け止められる。マジョリティには被害が及ぶことのないような最小限の例外によって、マイノリティの排除は正当化される。つまり、新自由主義的な現実から発生する不安やストレスを耐えるための精神安定剤として排除は選択される。しかし、そのような現実に向き合うことの回避は、過去や現在をめぐる他者との対話やコミュニケーションの障害となり、結果的に国家のメカニズムへと包摂されてしまう。よってそのような排除とは、他者の存在を「剥奪」するのみでなく、自分たちが抱える他者性を「剥奪」することとも結びついている。

北朝鮮バッシングは、グローバル化時代に不安や寄る辺なさを感じている人びとが、その圧倒的な価値観に対して他者との協働を諦めているところにその出発点があるといえる。そしてその諦めが国家の求めている自己責任のイデオロギーと結びつく。グローバル化時代において適合的な主体になるための競争に参加して、自分たちよりさらに弱い者の存在を想像上に担保することによって、ぎりぎりのところで上昇志向が維持され、マジョリティへと自らをアイデンティファイすることができる。自分より弱き他者の希望をジョークによって「剥奪」することによって、自分たちの想像上の希望を維持することが可能となる。よって、北朝鮮バッシングと批判的な対話をするという場合、そのようなマジョリティのある種の諦念と上昇志向の歪な出会いとして成立する自己責任の論理こそが、人びとの不安やストレスを生んでいる元凶であることを確認する必要がある。

そのために誰でもできることがある。それは、まず身近な世界で生活している、具体的に知っている他者に向き合ってみることである。自分をとりまく日常的風景や人びとに対して興味を持つことである。私たちが、全く関係のないと思い込んでいる他者と共生していくには、自分の中の内なる不安に向き合うことよりも、まず身近な存在である他者の歴史・社会性に目を向けることから出発してみてはどうだろうか。つまり、それは自分の生活世界に存在している身近な人びとの他者性へと目を向けることである。私たちと身近な関係にある他者が共有している歴史・社会的なものの存在に出会うとき、私たちは、出会ったことのないこの広い世界に住む他者の存在とのつながりに気づく。そしてそのとき、私たちは見知らぬ他者の存在意義の「剥奪」が、私たち自身の存在意義の「剥奪」であるということに向き合うことができる。

第4章　「家庭訪問」から見えてきたジモト

物語はサーチライトやスポットライトに似ている。それは舞台の一部を明るくし、それ以外を闇に残すのである。（Bauman 2004＝2007：29）

1　「郊外」に消えた在日

岡山市の郊外に育った筆者には、在日の友人・知人がいなかった。しかしそれは、筆者の生活世界に在日がいなかったということではない。本章で扱うデータは、二〇〇三年に行った博士課程における一年におよぶ筆者のジモトである岡山でのフィールドワークにおいて得られたものだが、そこで筆者はかつての同級生に在日がいたことに気づいたし、筆者が足繁く通ったお気に入りのラーメン屋の経営者が在日であることに驚いたりもした。そして岡山には六四一四人の在日が生活している。そしてまた、統計上の数字には表れない日本国籍取得者やダブルの人びとも存在している。フィールドワークを通じた新しい出会いは、筆者のこれまでの故郷という想像上の時空間をめぐるイメージを変えていった。しかしそれら在日の存在は、それまで筆者の記憶に存在していなかった。

戦争が終わり、六〇万近くの朝鮮半島出身者は、日本での生活を選択することを余儀なくされた（朴二〇〇五）。そして、工業地帯・国鉄主要駅・被差別部落の周辺に集住し、エスニック・コミュニティが形成された。しかし、中心市街地の再開発と郊外化が繰り返されるなかで、多くの在日もまた日本人と同じように共同体から離れて生活するようになった。それは、在日共同体に対する差別やスティグマからの解放を意味したが、その結果、帰属感覚[1]は諸個人の主体性に任されるものとなったのである（川端二〇一〇）。筆者のインタビューした在日の若者たちの多くは、他の日本人の若者と同様に、郊外を生活の拠点とし、消費文化を享受するなかで育った。つまり、エスニック・コミュニティが縮小化するなかで、日本人と在日の混住化はますます進んでいる。また、大多数の在日が日本人と結婚しているということを考えると、日本人と在日の関わりあいはますます深まっているはずなのである。

それでは、日本社会における在日に対する理解は深まったのであろうか。たしかに韓流ブームなどを通じて韓国の文化への肯定的なイメージは存在しているし、そこには在日への理解を深める契機がたくさんあるようにも思われる（林二〇〇五）。しかしそのいっぽうで、メディアや日常では北朝鮮や朝鮮総聯に対するバッシングが溢れている（和田・高崎二〇〇三、在日の子どもたちに対する嫌がらせを許さない若手弁護士の会二〇〇三、中野二〇〇七）。前章で考察した、筆者が参与観察を行った岡山市内の上下水道設計コンサルタントである山陽コンサルタントの従業員たちもまた、職場において北朝鮮や金正日を嗤い、ナショナルな言説を消費していた。もちろん、彼／彼女らがいつも北朝鮮や金正日に対してのネガティヴ・キャンペーンを行っているわけではない。また、彼／彼女らの嗤いとは、職場においてはストレスの解消であり、場の空気を改善するための潤滑油として職場の仲間という小集団への積極的な貢献であるとも受け止められている。そして、そのジョークに込められた悪意は相殺されることになってしまう。しかし、彼／彼女らが北朝鮮や金正日について嗤うとき、その嗤いを不快に感じるかもしれない在日の姿は想像されていないのである。つまり、在日の存在そのものが「剥奪」されているのである。そして、そのような嗤いは別に新しいものではなく、そして無垢なものでもないことは、いかに戦争においてメディアがステレオタイプ的な「人種偏見」によって、アメリカで戦争という日常が人びとによって受け入れられたのかを明らかにしたジョン・ダワーの『容赦なき戦争』（Dower 1986 = 2001）を読めば明らかであろう。

そのような職場での状況から、筆者は、彼／彼女らが在日の存在をあまり良く知らないのだろうと考えていた。しかしそれとは別に、地方都市の郊外で生活する彼／彼女らを個別に家庭訪問をした際に聞き取りをしたところ、筆者の予想を大きく裏切って、彼／彼女らは在日のことを知っていたし、たしかに過去の記憶の中に存在していたのである。彼／彼女らが語る過去をめぐる物語のなかには在日は存在している。しかし、職場という公共の場所では、その記憶はどこかへ行ってしまう。なぜか職場での北朝鮮に対する物語においては、彼／彼女らの在日をめぐる記憶については語られないことが選択されるのである。それはちょうど、履歴書に自分をアピールするために都合の良い情報のみで美化するのとどこか似ている。都合の悪い情報や過去はまるでゴミのようなものなのである。前章でも述べたように、北朝鮮バッシングが職場でのストレスを緩和し、ムードを高めるために生じたときに、各々の在日をめぐる記憶を参照点として想像力を深めることによって反論し、水を差すというようなことは起きない。

そのような職場での現状を考えると、北朝鮮バッシングを支える嗤いとは、単純な誹謗中傷なのではなく、私たちの生活そのものを根底から支えている社会の価値観とつながっているのではないか。ジグムント・バウマンは、ちょうど生産と消費が繰り返されるなかで処理できないものとして残るゴミのように、近代の政治・社会体制は秩序建設や経済の進歩のために役に立たなくなった人びとが「人間廃棄物」として存在することを想定して設計されていることを指摘している（Bauman 2004 = 2007）。私たちは、自分たちが生活する社会の秩序や経済の進歩のためには、「人間廃棄物」を許容しない価値観のなかで生活している。たとえば、魅力のある都市をつくるためには、景観を乱すホームレスは犯罪者のような扱いを受ける。もういっぽうで、ホームレスをはじめ、貧困を抱える人びとに対する社会的福祉は新自由主義的政策のなかで縮小している。このような社会的状況のなか、私たちは必要とは見なされない自らの過去の記憶の一部を、まるでゴミを扱うように「廃棄」しようとしているのではないだろうか。つまり、社会が役に立たない人間を廃棄物と見なすように設計されているように、諸個人にとって役に立たない記憶を廃棄物であると考えるような風潮があるのではないだろうか。しかし、私たちが「廃棄」しようとしているのは誰の記憶なのだろうか。それは他者をめぐる記憶であるが、それと同時に自分の記憶そのものではないだろうか。そのような記憶を「廃棄」することによって、他者のみならず自らを語る契機を奪われているのではないだろうか。以上のような問題意識を深めるために、地方都市郊外で生活する山陽コンサルタント株式会社の従業員（計一七名）のうち七人に対して家庭訪問を行った際の、職場では語られることのない在日をめぐる記憶に関するインタビュー調査を検討し、「廃棄」されたそれらの記憶について考察する。

この試みはまた、七人の従業員や彼／彼女らが語る在日が生活している舞台である地方都市の郊外、あるいは日本の郊外化について考えることでもある。郊外とは、近代における都市への人口過剰に対応して二〇世紀初頭にイギリスのロンドンとケンブリッジの中間に位置するレッチワースを嚆矢として発達した、都市でも伝統的共同体でもない場所である。しかし、地方都市である岡山で郊外といった場合には、大都市圏周辺にあるニュータウンや新興住宅街のように場所が人びとに認識されるほど大規模なものではない。筆者の対象者が生活している郊外には、地域の地主が田畑を宅地化したような場所に開発された七－八軒くらいの規模の建売住宅のようなものも含まれている。つまり、本章で述べる郊外とは特定の場所を指すというよりも、郊外化した住環境全般を指す。もういっぽうで、郊外で生まれた文化が逆に都市の中心部へと広がっていることも指摘されている（東・北田二〇〇七）。

そのように広義に郊外を捉えると、日本で生活しているほとんどの人びとは郊外化した環境のなかで生活しているといえるであろう。伝統的共同体とは異なって郊外は根無し草的な性格を持っている（若林二〇〇七）。それゆえに、人間同士のつながりも希薄に感じられ、諸個人の来歴を語ることが難しい。その結果、共同体的なつながりへの欲望が強まり、それが伝統回帰的なナショナリズム的な物語と結びつきやすいのかもしれない。しかし郊外とは、閉鎖的な共同体社会を超えた広がりとつながりに溢れている場所でもある。(2) 私たちは郊外化している日本社会において、無味乾燥としたベッドタウンとしての匿名的な郊外という側面のみに光を照らすのではなく、その舞台の闇に潜んでいる豊饒な歴史・社会的つながりに批判的に介入し、いかに郊外という場所で人びとが歴史・社会的に他者とつながっているのかということを確認するような想像力を持つこともできるのではないだろうか。そのような批判的な想像力を養い、人びとのつながりを回復するためには、豊饒な記憶の断片を「廃棄」するのではなく、いかに向き合うかが重要となってくる。

2　在日を消費する

2・1　水谷さんの場合

岡山市中心市街地から北へ五キロばかり離れた郊外の実家で生活している水谷祐樹さんを家庭訪問した際に、プレイステーション2のサッカーゲームをやりながら、在日についての関心を探ってみた。彼の通っていた中学校の学区は、岡山では唯一存在している昔ながらのバラックが河川沿いに集合したいわゆる「朝鮮部落」が存在している地域であり、同地域生活者はそのことを良く認識している。

筆者自身、その周辺で生活している友人や知人からそのことを聞かされたことがある。

聞き手「在日の人とか学校にいませんでしたか、中学校？」
水谷「ふん？」
聞き手「中学校のとき在日朝鮮人……」
水谷「ああ、いなかったいなかった」

まず、水谷さんの「いなかった」という認識は正確なものではない。先述したように、彼の学区内には「朝鮮部落」が存在しており、たくさんの在日が彼と同じ中学校に通っていた。よって、ここで水谷さんは「在日」がいなかったと主張しているわけではなく、在日など出会ったこともないし、出会っていたとしてもそんなに重要なことではないという程度の意思の表明をしているにすぎない。

しかし、いくら彼が無関心を装ってみても、彼の日常生活が在日と切り離されているわけではない。「パチンコ好き」であり、頻繁に通うと教えてくれたパチンコ屋は、在日によって経営されている。また、彼の部屋には福山雅治、スピッツ、大黒摩季、WANDS、サザン・オールスターズとポピュラーなミュージシャンのCDが並んでいるのだが、サザン以外は全てパチンコの景品として獲得したそうだ。彼は、余暇のギャンブルという消費を通じて、在日の歴史や社会に触れている。そのような彼の日常が在日と無関係であるとは決していえない。彼自身が述べる「パチンコ好き」という趣味も、在日の存在抜きには語りえないものだ。

2・2　谷崎さんの場合

岡山市中心市街地から西へ五キロばかり離れた郊外の二世帯住宅に、彼の両親、妻、一歳の長男と生活している谷崎良和さんの自宅に家庭訪問したときのインタビューでも、水谷さんと似たような反応を受けた。

聞き手「興味おありですか、在日問題とか？」
谷崎　「在日は興味ねえ」
聞き手「知り合いとかいました？」
谷崎　「いやー、おらんおらん」

岡山県総社市にある高校に通った際に、社会問題研究部に所属して被差別部落の問題にとりくんだ谷崎さんだが、在日に対する興味はないという。職場では昼休みも耳栓をして単行本を読んでいる谷崎さんの読書量は、山陽コンサルタントの従業員のなかでは圧倒的なものだ。彼の両親、妻、一歳の長男と一緒に暮らす二世帯住宅の二階の一室は、なかば谷崎さんの書庫になっている。本棚の前で「わい(私)にとっては神にちけえわなあ(近いよね)、大江健三郎」という谷崎さんは、大江健三郎の大ファンだ。筆者は、夥しい数の書籍のなかに在日の作家である梁石日の(3)『タクシードライバー日誌』と『夜を賭けて』を手にとり、谷崎さんに感想を求めた。

聞き手「これ面白かったですか？」
谷崎「ああ、ヤンソギル？あーあ、ふんふん」
聞き手「あっ、この『タクシードライバー日誌』、これ借りれませんか？」
谷崎「あっ、ええよ」
聞き手「この『夜を賭けて』も読んだことないんですけど」
谷崎「知り合いやこー（などは）、みんな読みょんじゃねーん（読んでいるんじゃないの）」

在日に対する「興味はねえ」と筆者に返答しつつも、彼の本棚には在日作家の本が並んでいる。そしてまた楽しく読んだという。しかし彼は、上記の筆者の「在日問題に興味はあるか」との質問に対して、楽しく読んだ梁石日の本について語ることはなかった。水谷さんと同様に、日ごろ楽しく出会っている在日作家の作品の背景にある歴史やそこに描かれている在日について興味を持つというよりも、自分の趣味における消費の快楽が優先されている。つまり、面白いからその本を読んだのであって、在日であるということには強い興味は感じられていない。水谷さんと同様に、在日は消費の対象となっているが、使用済みになると捨てても良いものなのである。しかしそれは、在日の存在を「廃棄」しているのみではなく、谷崎さん自身の存在の「廃棄」とも結びついているのである。なぜならば、日本の帝国主義と植民地支配や戦後の在日に対する差別といった歴史・社会的背景抜きには、梁石日の存在も作品も、さらには谷崎さんの快楽さえも存在しないからである。

3　「廃棄」された在日コリアンをめぐる記憶

日常生活における読書やギャンブルといった消費を通じて出会う在日とは異なり、山陽コンサルタントの従業員のなかには、かつて在日の共同体と隣接して住んだ経験があったり、現在も住んでいたりする者たちがいた。在日に対する認識をめぐり、彼／彼女らが他の従業員と異なるのは、パチンコ屋や文学といったメディアや消費社会的環境などを通じて在日と関わっているのではなく、経験として身体に刻み込んでいるということである。ただ、それは必ずしも、在日に対する豊饒な知識や関心へと結びついているわけではない。それでも筆者が在日に対する質問を投げかけたときには、彼／彼女らの口から在日に対するイメージが、具体的な思い出とともに語られた。

3・1　橋本さんの場合

職場では、拉致事件をめぐって北朝鮮をネタにして他の従業員の嗤いを誘うこともある橋本建一さんは、倉敷市水島で生まれ、現在も両親とともに水島の郊外住宅に住み、車で四〇分近くかけて山陽コンサルタントへ通っている。倉敷市の水島は「全国的にも有数の在日同胞の集住地域、朝鮮語で言うトンネ（洞内…集落の意）として知られています」（崔一九九九：三）と水島在住の在日が語るように、岡山における最大の在日共同体である[4]（倉敷市二〇〇〇）。第二次世界大戦中の水島には、一九四三年九月に設置された三菱重工業水島航空機製作所やそれと隣接して米軍機による爆撃を回避するための疎開先として亀島山地下工場が建設され、朝鮮半島からの強制連行の受け入れ先となった（朝鮮人強制連行真相調査団二〇〇一)。また、戦後の混乱期には「水島一級」といわれた在日によるどぶろくの密造で知られていた(東川町史編集委員会一九八六)。

橋本さんの自宅は、現在の水島の在日共同体の中心で総聯と民団の倉敷支部、岡山朝鮮初中級学校や岡山商銀、朝銀西信用組合などがある亀島、神田、明神町、緑町から東へ一キロばかりのところにある。しかし、橋本さんには在日の知人がまったくいない。橋本さんによれば、彼の住んでいる場所は集住地区と学区が異なるために、同じ小学校や中学校には在日はいなかったのだという。たくさんのトラックが走る岡山最大の工業地帯である水島の道路をドライブして、亀島山地下工場(5)(花房一九九二)を探そうと、在日が集住している地域へ向かっている途中での橋本さんとの会話。

聞き手「そうですか、こんなに近くに住んでいても、そんなに関わりあいないんですねえ」
橋本「そうじゃなあ」
聞き手「なんか話に出てきたりしますか?たとえば高校とか卒業した時とかに、あいつは在日だったんだよ、とか」
橋本「ないなあ」
聞き手「ないですか?」
橋本「ちょっとの違いなんじゃろうけど、うちとかはないなあ」
聞き手「ないですか」
橋本「気がつかんだけかもしれん」

三〇年以上水島で生活している橋本さんだが、わずか車で五分と離れていない在日の共同体がある地域の存在を認識しているものの、実際に訪れることはほとんどなく、歴史的経緯に対する関心も高くない。しかしながら、筆者に対しては、在日に対する特別な偏見を表現するわけではない。北朝鮮を嗤う橋本さんは、自分の生活する場をとりまいている在日に対して、これまでほとんど強い関心を持ったことはなかった。たしかに、中学校・高校時代に本名で日本の学校に通っている在日は多くない。筆者がインタビューした四〇名以上の在日の若者のうち本名で通ったのは、中学校まで朝鮮学校に通った者と現在岡山市内の県立高校に通う李美姫(一九八六年生まれ)だけであった。本名を名乗って学校や職場に通うことが許容されない日本社会では、在日に接していても気づかないことはそんなに不思議なことではない。

しかしもういっぽうで、橋本さんと在日とのつながりはあまりにもあるという事実が残る。学校、スーパー、レストラン、花火大会……列挙すれば際限のない場面で、橋本さんは在日に出会っている。ただそのような偶然の出会いに自覚的であることは社会的に重要であると認識されていないがゆえに、橋本さんにとっては知る必要がなかった。ただし、水島という街に存在する民族学校、パチンコ屋、焼肉屋、朝鮮の食料品店といった橋本さんを育んだ風景は、ポストコロニアルな歴史背景を抱えている。そういった意味で橋本さんが生活している水島は、映画『Truman Show』(Weir 1998)で、ジム・キャリーが演じる主人公トゥルーマン・バーバンクが映画ディレクター・クリストフに管理されて生活しているテレビセットのシーヘヴンと同じような顔のない郊外を想起させる。実は捏造されている記憶を疑うことなく、同じ毎日の風景を疑うことがなかったトゥルーマンのように、自分自身について語る契機を奪われているのである。

3・2 山内さんの場合

山内美紀さんも生まれてから小学校の四年生までの一〇年間を水島で過ごした。父方の祖父が水島で印刷業を営んでいたため、彼女の父親も水島で育った。彼女は二〇〇三年五月に結婚した。結婚相手は水島の会社に勤めているが、通勤時間を犠牲にしてでも「寂しい」感じのする水島に住もうとは思わなかった。実際に水島は空洞化している。かつて彼女が通った水島小学校もピーク時には六八四人の生徒がいたが、現在では一六八人にまで減少している。水島小学校の校長はその原因を「市街地で家を新たに建てられない上、コンビナート企業の採用も以前ほどなく、若い世代が他地域に住み『空洞化』した」と述べている（『山陽新聞』二〇〇三年一二月三〇日）。彼女のアルバムのなかの一九七〇年代前半の水島の写真を観ながら彼女は言う。

山内　「前住んでいた町内というかほとんどが……の方々」
聞き手「知り合いとかいました?」
山内　「だから、私は分かんないです。分からないでしょ、なに、あなた朝鮮人?って友達にはならないから。でも、まあ多分、（小学校）四年生のときに変わって（転校して）いったから、聞くまでもなく転校したんで、聞いたことはないけど、多分ほとんどはそうだったと思いますよ」

そして彼女は筆者に「在日朝鮮人」は、自らの本名を隠しているのでこちらから聞くこともできないし、誰が在日かを知る術がないのだと述べた。

山内「まあ、理由があるんだとおもうけど、理由っていうのは、まあ人それぞれ、今言われたようにあると思う。でも私ももう、こっちに来てから、あの、ほとんどむこうの友達とは連絡がなくて、だから、そういうの聞くことができない。身近にいないから。で、たとえば、朝鮮の人が友達になったとしても、そういうことを聞く間柄というのは、相当深くないと、初対面でどうして隠しているのなんて言ったら、なんか、失礼じゃないけど、なんていうのかなあ。聞いたらいけないことかな、みたいな」

それでも彼女は、「昔住んでるつながり」があり、在日に対して他の日本人とくらべて関心があると思っているそうだ。

山内「だからまあ、どっちかというと、まあ私、昔そういうところ住んでたから、普通の日本人よりは少しは興味があるほうじゃないかな。興味というか……気にする?……ほうじゃないかなと思うけど。でも、だからといって会う人に、みんなにあなたは日本人ですかって聞かないし」

山内さんの在日をめぐるイメージは橋本さんとくらべると具体的だ。しかし、その彼女の在日をめぐる記憶はすでに過去をめぐる想像力の周縁に存在している。現在の彼女の日常において在日はまったく関係ないことであると考えられているがゆえに、重要な意味をもった記憶であると考えられていない。そして、在日の歴史・社会性をめぐる問いは、名前を隠している在日を特定することができないという現実的な問題として認識される。彼女が様々な場所で出会ったはずの在日をめぐる記憶は顧みられることなく棄てられ、過去の自分をとりまいていた人びとや風景に存在するつながりは閉ざされている。いっぽうで、北朝鮮に対してはエキゾチックな眼差しが向けられる。

山内「（北朝鮮へ）行ってみたいと思いますか?」
聞き手「まあ、僕は遊ぶところならどこでも」
山内「でもなんか、行ったら帰ってこれなさそう」

在日共同体の周辺で幼少期を過ごし、在日に対する関心が普通の日本人よりも強いと自負する彼女の「行ったら帰ってこれなさそう」という想像力は、北朝鮮に対する嗤いを支えている。もちろん彼女は、北朝鮮と在日はまったく別の人びとではないかと答えるかもしれない。しかしたとえばメディア報道においては、国内で生活する在日組織である朝鮮総聯や朝銀への銃撃事件と北朝鮮から入港してくる脅威としての「万景峰九二」は地方紙の同じ紙面で語られてしまう（『山陽新聞』二〇〇三年八月二四日）。彼女の棄てた記憶のなかには、そのようなバッシングによって苦しむ人びとへの理解の資源となるものが埋もれたままになっている。

3・3　越中さんの場合

在日共同体に隣接した地域に生活していながらも、まったくその存在に気づいていない場合もあった。越中和子さんは、岡山市の中心市街地から数キロばかり南に広がる郊外の実家で両親と内縁の夫と暮らしている。そこは、岡山県南広域都市計画の西部第一地区に位置しており、戦後に区画整理された地域である。かつては、戦時中に宇野線と工業地帯である岡南地区を結ぶ側線として建設され、戦後になって利用された岡山臨港鉄道の始発駅が設置された交通の要衝であったこともあり朝鮮部落が形成された。かつてその朝鮮部落で生活していた在日一・五世の朴永三（一九二九年生まれ）によれば、たくさんの在日が養豚業などを営み生活をしていた。しかし現在では、「ほとんどが出て」生活している者は少ない。彼が一九四八年に香川県の瀬戸内海沖にある直島から終戦後両親と岡山に渡って移り住んだときには、二四－二五世帯くらいあったそうだ。しかし、一九六五年以後の区画整理事業や一九八四年に岡山臨港鉄道が廃線になったこともあり、かつての朝鮮部落の面影はまったくなく、朴永三が始めて彼の息子が引き継いだ焼肉屋があるのみである。またそこから東に一キロ弱行ったところには、一九五〇年九月一日より強制閉鎖されていた朝鮮学校の仮校舎があり、一九五六年四月には東に七〇〇－八〇〇メートルの場所に岡山朝鮮初中級学校が建設された。

越中さんは、朝鮮部落からわずか五〇〇メートルばかり南にある実家で両親と姉と弟の五人家族で育った。彼女はちょうど区画整理事業の始まる二ヶ月前に生まれた。つまり、彼女の成長とともに、朝鮮部落は郊外の風景へと変化していった。彼女の自宅に家庭訪問した際に、このあたりには朝鮮部落があったことを知っているのか尋ねてみた。「全然知らない」と答えた彼女は、しばらくして急に何か閃いたかのように次のように切り出した。

越中「わかった！新保じゃない、新保」
聞き手「新保？新保ってどの辺ですかねえ？」
越中「新保っていうのはどのあたり……新保っていうのはなんか、なんだろう、当新田のあたりとか市営住宅みたいのがあって、そのビルの市営住宅ではなくて、一軒家のぼろーい市営住宅が残っているところがあるんよ」
聞き手「どこですか？」
越中「どこなんだろう。なんかでも、あそこはいっちゃ駄目だって言われたことがあるような気がするの」

自宅の周辺でチマチョゴリを着て朝鮮学校のバスで通う学生をみたことはあるが、それ以外はまったく在日の存在に気づくことはなかった。その彼女がもし朝鮮部落なるものがあるとしたらと過去の記憶を辿り出会ったのが、両親の「あそこにはいっちゃ駄目」と言われた場所である。しかし、実際には彼女が朝鮮部落であると述べた場所には朝鮮部落はない。ただ、無機質な市営住宅が立ち並んでいるだけである。

3・4 松田さんの場合

石川県根上町出身の松田啓さんは、彼が育った石川と引っ越した先の岡山で二回、合計一五年間、隣の家に住んでいたのは在日だった。現在、妻と二人の子どもと暮らしている岡山市藤田に広がる郊外住宅にも、一九七四年六月末に岡山朝鮮初中級学校が移転してきて以来、在日の家族が生活している。かつて、彼が育った石川県根上町の実家の隣には、小学校の五ー六年生頃まで機織業を営む在日の家族が住んでいた。

聞き手「知り合いとかいました?学校とかにいました?」
松田　「いやー、いないいない。近所、たまたま隣の人が朝鮮の人やったかなあ、石川県の」
聞き手「えっ、家が隣の人?」
松田　「そう。うちの家、石川県におった時、隣の人が朝鮮の人だった。朝鮮って言ったら言いかた悪いけど」

松田さんの母親は、「朝鮮漬」などの朝鮮料理の作り方を教わるなど在日との交流があった。しかし、それでも田舎町であるから在日に対する差別はあった。

聞き手「そのときは（隣人が在日であること）知らなかったんですか？」

松田「知らない、知らない。やっぱ田舎のほうじゃからなあ、やっぱ嫌がられるんよなあ、あっちの人や言うたら」

聞き手「はあ」

松田「抵抗がある人は、やっぱ嫌がるんじゃろうかなあ、と思うよ。うちのお袋は、あんまそんな、まあ嫌がることはないけども、あのー、やっぱ、結婚相手とかそんなんじゃったら考えるわなあ。あんまりようねえなあゆーか（あまり良くないんじゃないのみたいな）。つきあいする程度とか、そういうのであれば、別になんともねえみたいじゃけどなあ（何ともないみたいだったけれどね）」

さらに松田さんと在日との不思議な関係は続く。一九八〇年代末のことで、三年から四年くらい岡山市南部の郊外に住んでいたときの隣人が在日だった。

松田「岡山へ来てなあ、まあ転々となあ、まあ色々とちょんちょんと泊まったりするんだけど（色々なところで生活したけれど）、私が来て、その嫁さんと結婚するときには、須崎の隣の福富っていうところ、福富東っていうところにいたんだけど、その隣が、これまた朝鮮の人だった。焼肉屋やったから」

やはり、母親はここでも朝鮮料理を教えてもらい交流があったそうで、「また隣、朝鮮人やなあ。不思議やなあ」と言っていたそうだ。そして一九九七年に現在の岡山市藤田に引っ越してきた。このあたりに在日の知り合いはいるかどうか尋ねてみた。

松田「そこんとかそうじゃなかったかなあ。「キンちゃん」とこの。名前はまあ違うけど。校長じゃったいうたかなあ?」
松田妻「うん」
聞き手「学校の?」
松田妻「そうそう」
松田「朝鮮学校の校長かなんか言うとったで、そこの何軒かむこうの。うちの通り沿いの、今、名前変わったがあ(変わったんだけれどね)、居酒屋さんになって、居酒屋さんになってな。焼肉屋さんしてたけど、最近、居酒屋さんに」
聞き手「焼肉屋さんから居酒屋に……、(焼肉屋のころの)名前はなんていうんですか?」
松田「焼肉屋いうか、肉を販売しとったんよ」
聞き手「はあー。肉屋?なんていう名前の?」
松田「名前!?聞いたけど、わしも聞いたけど忘れたがあ(忘れたよ)」
松田妻「いつも前通るんだけど、入ったことないから分かんない」
聞き手「今は居酒屋ですか?」

松田　「知らんのや」
聞き手「どこにあるんですか？」
松田　「ここから何軒かむこう」
聞き手「何軒かむこう？」
松田　「煙草屋の自動販売機があるからすぐ分かるんじゃけど」
聞き手「苗字は？」
松田　「知らん」
聞き手「話したことはあるんですか？」
松田　「奥さんとは、前、肉屋さんときなあ、ちょこっと話した程度やなあ」

松田さんの家から一〇〇メートルくらい歩いた住宅街に「焼肉材料一式・キンちゃん」という看板がある。そしてその前にはタバコの自動販売機がある。松田さんとその妻の認識では、タバコの自動販売機と「キンちゃん」は、ある種の日常的な風景の一部として同等に語られる。その在日の経営する「キンちゃん」の背景にある歴史・社会的な広がりについては、特別に関心を抱いているわけではない。それは在日に対するものに限ったことではないのかもしれない。日常的風景には歴史があるのだということさえ関心が払われていない。日常的風景においては、その場所が持つ歴史性よりもむしろ、タバコの自動販売機のように消費者として関わりが深い記号のアピールの方が強いのだろう。

3・5 真田さんの場合

山陽コンサルタントの従業員のなかで、親しい在日の友人がいたのは真田昭だった。彼は、筆者の高校時代の同級生であり親しい友人でもある。筆者と同じように岡山市郊外で育ち、インタビュー当時は両親と同居していた。彼は高校三年生の四月のある日の放課後、同級生で父親が在日で母親が日本人を両親に持つダブルの高村浩に出自を告げられた。ただし、彼は高村を在日としてではなくて「友人」であると受け止めている。たとえば筆者が彼に最初にインタビューした際のことである。

真田　「まあ、在日は結構いるなあっていう。一番最初にすげーおるなー(たくさんいるなあ)と思ったのは、高校の時にバイトした時かな」
聞き手「どこでバイトしたの?」
真田　「倉敷の水島で」
聞き手「バイトしてたっけ?」
真田　「水道の調査行っとった(調査に行っていた)」
聞き手「あーあー、水島ね、うんうん」
真田　「水道の調査行ったときには、韓国人街が、もちろん朝鮮学校があって、韓国人街があって、おばあさんとかが片言だし、庭先は必ずアロエと唐辛子が植えてあるんよ。で、貧富の差がすごいあるっていう。すげーでかい家はでかいし、貧乏なとこは、なに、長屋みたいなところ」
聞き手「へー、そんなのがある?」

真田　「おばあさんとか、そういう所は年寄りが一人で住んでいる」

以上のような真田の水島の在日共同体との出会いの思い出には、エキゾチックな眼差しと、初めて在日に出会った衝撃が入り混じっていることが分かる。しかし、在日の住民がなぜそこに存在するのかという歴史・社会的な背景は語られることはない。もういっぽうで、彼が直接に知っている在日を「友人」として認識している。

聞き手「その前には知り合いはいなかったわけ？」
真田　「高校のとき？は、だからまあ、最初は分からんかったけど、じゃけえ、高村浩とか、あと竹田とか」
聞き手「竹田のことも（在日であることを）知ってた？」
真田　「それは聞いたなあ、誰かに」
聞き手「高校のときに？」
真田　「高校のときに」
聞き手「へー、誰が言ったの？」
真田　「いやー、誰かなあ？」
聞き手「（竹田）と同じ中学校出身とか？」
真田　「いやー、A中出身（同じ中学校出身者）の奴。だからあの辺はそうじゃっていう（部落だよと教えられた）。あの川沿い」

聞き手「あっ、それを高校の時に教えてもらったんだ？」

真田「そうそう、あそこは部落なんよって…部落って教えてもらったかもしれんなあ。在日とかじゃなくて。で言われて（そう言われてみると）、そういうバラックみてえな（みたいな）家が多いが（多いじゃない）」

聞き手「で、竹田がそこの部落出身っていうふうに（教わったの）？」

真田「いや、竹田がそこに住んでるっていうのが後から知ったんか、先に知ったんか、分からんのじゃけど、あー、あいつもあそこ住んどる（住んでいる）なーと思って」

聞き手「ふーん、そっか。で、最初に在日っていうのを個人から聞いたのは、じゃあ、浩？」

真田「そうじゃなあ。本人から聞いたんはな（聞いたのはね）」

聞き手「それはいつぐらい？」

真田「高三じゃなあ。三年の中盤（中頃）かな？」

聞き手「中盤？」

真田「うん」

聞き手「（自動車の）免許取ってから？」

真田「（自動車の）免許取ったの、夏じゃなあ。原付取ったくらい（四月くらい）かなあ、じゃあ」

聞き手「ふーん。どこで、どこで教えてもらったの？」

真田「学校かなあ」

聞き手「学校？」

真田「まあその時はあいつと俺とその二人しかおらんかった（いなかった）けどな。俺、在日じゃけえなあって言いようた（言っていた）。あっ、そうなん（そうなんだ）って感じだった、俺も」

聞き手「その前はなに、家に行ったこととかあったわけでしょ？」

真田「あるあるある。（浩の）ばあちゃんは訳が分からん歌うたようたん（訳が分からない歌を歌っていたこと）は知っとるけど、それが韓国語だというのは分からんから」

聞き手「あー、ただ単に古い歌を歌ってるんだって思ったんだ？」

真田「そうそうそう。ばあちゃんとか韓国語で歌うたよーるじゃろって（歌を歌っているだろうと浩に）言われて、あれそうなんって。で、まあ、その後に、おやじがまあ、ハーフ、じゃなくて二世なんかな」

聞き手「在日じゃな？」

真田「で、お母さんが日本人じゃっていう、そういう話をきいて。まあ、おかんは家族で勘当で、親戚との縁を切って、親父と一緒になったって。ていう話はきいたけど」

聞き手「彼はみんなには話してたの？仲の良い人たちに？」

真田「そうじゃろうな、仲良い一部、というか、ごく一部は知っとったと思う」

聞き手「ふーん」

真田「かといって、みんなが集まっとるところではそういう話はしない。一対一の時だけ、話するみたいなかんじ」

聞き手「ふーん。そっかそっか」
真田「まあ、でも、そん時だけよ。それ以後はもう話もないし。なんで言うきっかけになったかは知らん。覚えてねえ」
聞き手「…（それ以上の深いこと）は尋ねてねん（ないの）？」
真田「俺そういうの疎いから気づかんが？だから尋ねることすらねえ」
聞き手「そっか」
聞き手「高校卒業してから会ってねんかなあ（会ってないんだっけ）、ほとんど？」
真田「会ってねえ」
聞き手「そうか、なるほどね、そうかそうか。他（の在日）には誰も会ってないよね？」
真田「会ってねえ」
聞き手「でも、その浩がそう（在日）だって知って、なんか変わったっていうのはある？」
真田「まあ、そうじゃなあ、身近に、あーそーなんじゃ（あ、そうなんだ）って思って。ただ、じゃーけーなんなん（だからどうした）っていう気持ち」
聞き手「ふーん。じゃー、たとえば水島へ行ったときにはもう知ってたわけ？」
真田「浩のこと？そりゃあ知っとる。でもそことあいつとはつながらんよ」
聞き手「あっ、そう？」
真田「あいつはもう、以前に、それ以前に普通に友達としてつき合っとるし。在日って言っても外人とかいう感覚もないし、たとえばその時（は）知識がないから、選挙権がないということも知らんわ。だからもう全然。それと水島とは別のものみたいな感じなんじゃねんかなあ」

「じゃーけー、なんなんっていう気持ち」によって表現されているのは、真田と高村は友人なのだから違いはないという感覚である。そして、その友人と在日はまったく別のものとして想像されている。このような真田の友人に対する思いは、友情という熱意に支えられているとしても、高村の背景にある歴史・社会性への関心とは結びつかない。なぜならば、植民地や戦後の在日に対する差別の歴史なしには、高村の出自の告白をめぐる語りさえ存在しない。そして、友情という強い肯定の感覚によって、過去の植民地の歴史は後景化していく。

しかし、真田のなかに在日をめぐる棄てられた記憶が存在しないわけではないし、在日について知ること、あるいは思い返すことに対して関心がないわけではない。たとえば、筆者と在日について話をして過去の記憶を捉え返したり、筆者が関わっている朝鮮学校でのイベントへ参加したりした経験について、どのように感じているのかを尋ねてみたことがある。それに対して真田は次のように答えた。

真田　「そりゃあ、全然楽しいよ。会って、新しいことが知識でつくわけだし。知らない世界がね、よりグレーなところが、霧がとれていく」

4　「廃棄」された記憶と向き合う

職場では、潤滑油としての北朝鮮バッシングを共有する従業員たちではあるが、彼／彼女らの北朝鮮バッシングは、その被害者である在日に対する無知から発生したものではない。彼／彼女らの在日との関係性は希薄なものかもしれないが、日常的に出会っている。本章では、郊外で生活している比較的若手の従業員七名を事例としてとりあげたが、他の従業員もまた在日との歴史・社会的つながりを有していた。それにもかかわらず、在日に対する差別へとつながる北朝鮮バッシングが許容されてしまうのは、忙しくてストレスフルな職場において、彼／彼女らが自分たちの帰属感覚の一部を形成している在日をめぐる記憶を「廃棄」することを選択しているからである。しかしそれはまた、自分たち自身の帰属感覚について語ることを「廃棄」していることでもある。無味乾燥として何かと評判の悪い郊外であるが、本章でもその一部が明らかになったように、そこには語られることのない様々な物語が存在しており、実に豊饒な関係性に開かれている場所でもある。そして、ますます個人化し、郊外的な住環境で生活している私たちの現状を踏まえるならば、そこに存在している幾層にも重なった複雑な歴史・社会的つながりについて向き合うことから出発しない限り、自己を語るということは難しい。

日常生活のなかで、私たちが記憶の一部分を「廃棄」する背景には、バウマンが述べるように秩序建設や経済の進歩をめざす政治・社会体制が存在している。自分を語るにあたって社会に適合的な価値ある記憶だけによって形成された自己の帰属感覚とは良い内容ばかり明記された履歴書のようで寂しい。自分について語るということは、ビジネスのプレゼンテーションとは異なるはずだ。

筆者の調査した山陽コンサルタントは地方の中小企業であり、経営状態も非常に厳しいし、従業員の労働時間も長い。日本の他の地方の中小企業と同様にサービス残業もあたり前のようにある。一年のあいだ職場での経験をともにするなかで、彼／彼女らの現状に対する不安やストレスも強く感じられた。しかし、そのような現状に対する不安やストレスの矛先は、その不安やストレスをつくりだした元凶である現在の新自由主義的な政治・社会体制には向かない。むしろ、職場でのストレスを軽減するためのガス抜きとしてナショナルな物語である北朝鮮バッシングが選択されてしまう。そして、彼／彼女らの背景にある自分たちについて語る資源である記憶は取捨選択され、不必要なものはゴミのように「廃棄」されてしまう。

しかし本当に必要なのはどちらなのか。在日との記憶をめぐる対話から無味乾燥とした郊外の風景に存在する豊かなつながりを確認し、郊外住人という故郷喪失者である自己を発見するところから、現状の支配的な価値観に支えられた歴史・社会観ではないオルタナティヴな価値観が生成されるのではないだろうか。本章で試みたように、在日という他者の記憶に焦点をあてることによって、従業員たちの帰属感覚を浮き彫りにすることができる。ここで試みたのはその方法を示すものであって、その記憶をさらに深めていくかどうかの選択は、諸個人に委ねられるものである。そして、記憶を棄てたからといって取り返しがつかないということではない。幸運なことに、産業廃棄物を産業廃棄物処理場に隠すことはできても完全になくならないように、私たちが棄てた記憶は、まだ私たち自身のなかに埋もれているのだ。この埋もれた記憶のなかに、新たなる物語の出発点があるのではないだろうか。

第3部　在日コリアンにとってのジモト

写真4　この航空写真は、かつて朝鮮部落だった場所を1980年代前半に撮影したものである。この場所は、本書にも登場する朴永三が養豚業とともにホルモン屋を営んだ場所である。そこがかつては朝鮮部落であったことを記憶する者は多くない。現在そこで生活する在日はわずか数家族であり、彼が立ち上げ、息子が引き継いだ焼肉屋が1軒だけ存在している。筆者の伯父・伯母夫婦は、この朝鮮部落が郊外化していく過程であった1963年にその周辺に引っ越した。本章でも述べているように、伯母の朝鮮部落をめぐる認識を示す「豚小屋の臭いから焼肉の匂いへ」という台詞に、周囲の日本人の在日共同体に対する理解の変遷を感じることができる。

第5章　豚小屋の臭いから焼肉の匂いへ

解放は祝福なのだろうか、呪いなのだろうか。祝福の仮面をかぶった呪いなのか、呪いかもしれないと疑われる祝福なのだろうか。近代は「解放」を政治改革の第一課題とし、「自由」に最高の価値を付与した（Bauman 2000 = 2001 : 24-25）。

1　はじめに――伯母文江へのインタビューから

筆者がジモトで会った在日の若者の多くが、「とくに差別された経験がない」と語った。ただし、本章でも述べるように、現実には在日の若者たちは差別の経験をしている。なぜ在日の若者は「とくに差別された経験がない」と語るのであろうか。本章では、そのような素朴な問いを出発点として、二〇〇二年～二〇〇三年にかけて行った岡山での在日の若者へのインタビュー調査から得られたデータをもとに、在日の若者の帰属感覚と差別の現実をとりまいているマジョリティによる表象の暴力について考察する。(1)

筆者は、在日の若者の「差別された経験がない」という言葉がまったく理解できないわけではなかった。たしかに筆者は岡山で一八年間過ごしたけれども、岡山で生活する在日に対して差別が存在するというリアリティはなかった。それどころか、筆者には在日の知人や友人が一人もいなかった。実際には学校の同級生や、お気に入りのラーメン屋を経営していた中年の男性が在日であったことが後にわかったのだが、まったく興味やシンパシーを抱くことがなかった。高度経済成長後の一九七四年生まれの日本人である筆者の生活した岡山では、相当に郊外化も進んでおり、差別の対象としてマジョリティによってスティグマ化された、都市や工業地帯を中心に形成された在日共同体がすでに存在していないように感じられたのである。

しかし、在日の若者へのインタビュー調査を通じて、かつてと変わることなく今日でも若い世代には結婚や就職、日常的な差別や誹謗・中傷が、明らかに継続的に存在することに気づかされた(福岡一九九三)。そのような事実は読書を通じて知ってはいたものの、このジモトにおける実態を確認することはとてもショッキングなものであった。それと同時に、筆者がこれまで慣れ親しんだジモトの風景を変えていった。とても慣れ親しんだ懐かしい風景が、まったく異なった風景へと変わっていった。それは、郊外化された平凡な地方都市の風景を構成する時空間に装飾された消費社会のインフラをめぐる筆者の想像力を掻き立てた。在日という他者の視点に出会うことによって、筆者のジモトでの経験や記憶が批判的に問いなおされた。そして、筆者が幼少期から多感な青春時代までを過ごしたジモトにおいて、在日に対する差別が存在しなかったのではなく、差別の対象としてスティグマ化されてきた在日共同体の変容とともに、在日の若い世代の帰属感覚や彼・彼女らに対する差別の形式もまた変化しているのだということに気づいた。これまで在日に対する差別としてテキストに記述されてきたものが根深く存在するとともに、マジョリティによる彼・彼女らに対する表象は変化して新たな装いを帯びている。

そのような在日をめぐる表象の変遷の背景にあるものは何であろうか。山陽コンサルタントの越中さんの実家からも近い、岡山市内の在日共同体に隣接した場所で、一九六三年から生活してきた筆者の伯母文江の、次のようなとても印象的な台詞の背景には、戦後の高度経済成長期におけるスティグマの対象としての在日共同体の変遷を理解するとともに、今日の在日の若者の帰属感覚について考えるうえでの重要な意味が内包されているように思う。

昔は夏になると豚小屋から臭いがしたけれど、今は焼肉の匂いに変わったわね。(2)

この伯母の台詞の背景には以下のような三つの重要な意味が内包されている。第一に、在日の共同体をとらえるイメージが「臭い」から「匂い」へと肯定的なものへと変化していることである。第二にそれは、スティグマの対象であった共同体を代表する豚小屋の「臭い」が、焼肉の「匂い」という消費の対象へと変遷していることを示している。そして第三に、それは在日の共同体全体ではなく、その共同体を代表する、ある成功した焼肉屋とそれを経営する家族のみを表象している。つまり、共同体ではなく、個人の在日のみが表象されているといえる。先述したように、伯父と伯母の近所の在日共同体でかつて家畜業を営んでいた朴永三によれば、そこにはかつて二四－二五世帯の在日の家族が生活していたという(3)。しかし現在そこで生活するのはわずか数家族であり、彼が立ち上げ、息子が引き継いだ焼肉屋が一軒だけ存在している。はたして他の在日たちはどこへ行ったのか。

つまり、在日の若者の帰属感覚について考えるということは、これらの「消え去った」在日について考えるということでもある。ただし、この「消え去った」在日について考えることは、彼・彼女らの帰属感覚について考えるということ以上の意味を持っている。まず確認しなければならないのは、それは在日たちが帰属感覚を放棄しているということではないことだ。マジョリティのみならず、在日たちのコミュニティに対する帰属感覚への希求は、ますます強まっているように感じられる。ジェラード・デランティが述べているように、グローバル化や新自由主義は、社会的なつながりを「断片化」させるいっぽうで、様々なコミュニティ構築の可能性に対する人々の希求を高めているのである。彼の表現を借りれば、「伝統的な社会のくびきから解き放たれた個人は、よりいっそう自由になると同時に、よりいっそうオルタナティヴな社会的絆に期待を寄せるようになっているのである」(Delanty 2003＝

2006 : 269)。

つまり、今日の在日の若者たちの帰属感覚もまた、グローバル化や新自由主義といった彼・彼女らが生活している日本の産業構造の変化や、それにともなう社会の変容に強く規定されている。日本人の若者と同様に、彼・彼女らもまた、高度経済成長期以後における日本型の福祉国家(後藤二〇〇一、渡辺二〇〇四)の終焉と新自由主義が台頭するグローバル化時代を生きているのである。在日の若者たちも、先進資本主義国における情報資本主義のもと、消費社会を享受し、郊外化された街で生活し、個人化したライフスタイルを身につけている。ジグムント・バウマンの言葉を借りれば、在日もまた液状化する近代の日本を生きているのである。戦後に形成された在日の共同体の時空間は流動化しており、以下の事例にみられるように、そのなかで成長した在日の若者たちの帰属感覚も流動的になっているといえる。良い意味でも悪い意味でも、スティグマ化された時空間の呪縛からは解放されたのである。[4]

たしかに、在日やその他のマイノリティ集団は、差別的な制度や慣習に対して自分たちの権利や立場を主張するアイデンティティ政治を通して、植民地支配以降から戦後にも継続した日本の政治・経済・文化から発生した権力構造やスティグマからは逃れた。しかし、その背景にある市場原理による権力構造やスティグマ化された共同体の液状化を、真の「自由」を約束するものとして理解することができるだろうか。むしろバウマンが述べるように、「われわれの生きる近代は、同じ近代でも個人、私中心の近代であり、範型と形式をつくる重い任務は個人の双肩にかかり、つくるのに失敗した場合も、責任は個人だけに帰せられる」(Bauman 2000 = 2001 : 11) ことの意味を問う必要があるのではないだろうか。高度に情報化された消費社会を生きる在日の若者たちが抱える問題もますます個人化している。バウマンの主張が正しいとすれば、液状化された在日をめぐる権力構造やスティグマは、在日の若者個人に帰属することになり、帰属感覚をめぐる政治は脱政治化されてしまうことになる。在日の主体を立ち上げる自由が、新自由主義的な自由によって拘束を受けているのである。つまり、市場原理を中心とした消費社会に適合的な在日の帰属感覚がマジョリティによって要求されているのである。これは、ネオリベラルな政策を掲げる日本社会による個人の在日に対する自由の押しつけである。そしてそれがマジョリティによる在日のスティグマ化をめぐる新たな表象の暴力と親和的な関係をつくりだしている。

以下では、ますます多様化している在日という帰属感覚を生きる五人の若者の事例を検討するなかで、在日共同体が「消え去った」ようにみえる時代における帰属感覚をめぐる政治の可能性を模索する。とりわけ、在日という記号が日本社会のなかで個人化されることによって脱政治化され、消費されるだけの対象になっていく風潮に異を唱えることを通じて、在日の若者が獲得した自由が抱える意味とマジョリティによる表象の暴力についての問題意識を深めたい。

2 「特に差別されたことないから」

金恵美（一九七七年生まれ 韓国籍）は在日三世である。漁師をしている父親、パートで働いている母親、兄と兄嫁と子供、姉とともに、岡山市中心市街地から南へ一五キロくらい離れた、児島湖に面した岡山市の南端に住んでいる。地元の公立の小・中学校を卒業して、岡山市内にある私立女子高校へ進学した。卒業後一度は就職するが辞めて、二〇〇三年の一〇月から以前より憧れていたスターバックス・コーヒーでアルバイトをしている。

彼女が繰り返して筆者に述べたのは「特に差別されたことないから」ということである。彼女は小学生の頃から、自分が在日であることを過剰にアピールすることも隠すこともなかった。とくにこだわりもなく友人たちには自分が在日であることを伝えていた。高校生のころには在日の教員と同じく教員をしていた筆者の高校時代の友人の父親が顧問をしていた社会問題研究サークルに所属して、韓国旅行に参加したり、チャンゴの演奏を行ったりした。そのほかにもアメリカへのホームステイの思い出や海外旅行などの楽しい思い出を話してくれる。筆者の友人の父親も、そのように闊達に女子高生時代を送っていた恵美についての思い出を語ってくれた(5)。しかしそこで彼女が筆者に述べてくれた楽しい思い出に彩られた彼女自身の帰属感覚をめぐる物語においては、現実に彼女をとりまいている差別にかんする出来事を語ることは選択されていない。それでは、彼女が述べる「特に差別されたことないから」という「実感」はどこからくるのであろうか。ここで、ある在日二世の男性作家の言葉を思い出してみたい。

在日朝鮮人の若者と話していると、彼らがしきりに「民族とか、祖国とかいわれても自分には実感がない」と言うのは事実である。だが、その「実感」の由来を検証しないまま、「実感」に依拠して在日朝鮮人社会の未来像を論じていいのだろうか。彼らの「実感」とは、そもそも日本国家の系統的な民族抹殺政策（継続する「皇民化政策」）がもたらしたものではないか。しかし、実際には時間的にも空間的にも「実感」の及ぶところを超えた現実がわれわれの生を規定し拘束しているのである(徐一九九七：一〇八)。

徐京植が述べているように、彼女が筆者に述べた「特に差別されたことないから」という語りそのものが、どこか彼女自身の「実感」の背景を超えた現実によって拘束されているように感じられた。実際に、インタビュー調査を続けているうちに、「特に差別されたことないから」という明るいトーンで語られる帰属感覚をめぐる物語の背景には、むしろそれとは矛盾するかたちで、彼女を「拘束」している差別的な社会の存在を垣間見ることができた。まず、彼女の父親は漁師であるが、世襲制が慣習的に守られている海での漁業権を取得することは実質ほぼ不可能であり、淡水のみでの漁業に制限されている。つまり彼女の家族を支えている経済的な収入源は、日本社会における一部の慣習によって制限を受けている。また、高校を卒業した彼女は海外に出たいと思い「海外青年協力隊」に興味を持ったのだが、募集要項に国籍「日本」と記述されていたために諦めざるを得ず、大変な不条理を感じたのだという。さらにワーキング・ホリデーに行きたいと考えたがこれも無理だった(と彼女は考えていた。実際には、オーストラリアとニュージーランドには行ける)。また彼女の身近なきょうだいは、結婚をめぐって露骨な差別を経験した。彼女の兄は日本人女性と結婚したが、女性の両親に反対されて、子供が生まれるまでは相手の両親と会うことを拒絶された。以上のような差別を経験するなかで生活していながら「特に差別されたことないから」という発言が筆者に発せられる背景では、帰属感覚をめぐる自由と拘束が複雑に絡み合っている。かつての在日共同体に対するスティグマ的な表象から解放され、憧れのスターバックスで生きいきと働く恵美が獲得した自由の背景には、個人的に経験している差別について表現することを許容しないような日本社会の雰囲気が根強く存在している。

3 「そっちかい」

しかしながら、在日をとりまく状況と差別の実態や、「特に差別された経験はない」といった在日の若者の発言の趣旨に納得していない若者もいる。在日三世である金昌浩（一九七四年生まれ 韓国籍）は、岡山市役所国際課の嘱託職員として働くかたわら、岡山の韓国青年会の会長を務め、在日のネットワークづくりのために努力している。

昌浩は、在日二世である酒屋を営む父親と、二〇〇二年から居酒屋「在」を営業している母親と、在日本大韓民国民団岡山地方本部前にある実家に住んでいる。彼には母親の違う三人の兄と、同じ母親の弟が一人いる。現在実家に残っているのは彼一人である。昌浩は、地元の公立小・中学校に通い、岡山市内の私立男子高校に進学した。高校卒業後は、千葉県にある私立大学へと進学する。大学に入学して県外へ出たのを契機に、通名の吉本昌浩（よしもと・まさひろ）から金昌浩（きむ・まさひろ）に変えた。彼がさらに自分の帰属感覚について深く考えるようになったのは、大学三年生のときに、語学習得のために半年のあいだカリフォルニア大学リバーサイド校に留学し、あるコリアン・アメリカンの友人に出会ってからのことである。大学を卒業して、一年間バイトをして費用を稼ぎ、韓国への留学を決意する。そのとき彼は金昌浩（きむ・まさひろ）から金昌浩（キム・チャンホ）に変える。最初の一年間は語学留学で、後の二年間はソウル市内の東国大学へ編入して卒業する。帰国後には大学院進学も考えたが、居酒屋を始めた母親の手伝いをしばらくした後に、岡山市役所国際課に嘱託職員として勤めることにした。

昌浩は、前に引用した在日男性作家と話をすることがあったときに、「同胞、同胞と言ってひとくくりにしないでください！」と「生意気にも」訴えたことがあるのだと語った。昌浩は在日三世代を以下のように整理する。「一世は韓国人であり、二世は在日である不遇を恨んだ時代、そして三世は在日であることがあたり前の世代」であると。彼は日本の小学校と中学校の思い出を話しながら岡山という地方都市で育った在日三世のリアリティを語ってくれた。

彼の話には、同時代に岡山で学生生活を送った筆者の経験と共通するところが多かった。とくに中学校には良い思い出がなく「一ヶ月くらい学校に通わなかった」こともある。また校則で定められた自転車通学でない距離であるにもかかわらず、「自転車、ノーヘル（メット）、鞄を前籠に入れて」通学したために、校門の前に正座をさせられたりしたこともある。そのときは校内放送で「吉本の自転車を没収する！」とアナウンスされた。また、中学校でバスケ部に入ったが、「負けると丸坊主だぞと言われて辞めた」のだそうだ。そのような昌浩の経験は、日本人である筆者自身のものとほとんど変わらない。乖離していくルーツと地方都市の日常的な生活者としての環境、つまり生活者としての私たちの環境はとても似通っていた。アメリカ留学を通しての、帰属感覚をめぐる葛藤への出会い。葛藤と向き合うことから祖国への誘い。韓国人に「パン・チョッパリ」と差別的に呼ばれた経験。たくさんの在日との楽しい思い出。そして自分のルーツを求めて彼が出会ったのは、同じようにルーツを求めて祖国に留学して、「ソウルの屋台で飲んで語り合った」在日だった。現在は日本社会での日々の生活に追われながらも、「ルーツ」への執着、「民族」への距離、日本人ではない自分が、矛盾しながらも同居して、思い出されたり、忘れられたりする。

それでも、日本人は彼が在日であることを忘れさせない。ある日、彼は中学校のころに好意をよせていた看護師をしている女性の友人たちと合コンをした。自己紹介で自己紹介で彼の順番がまわってきた。「金昌浩（キム・チャンホ）です」と言ったらみんな「しーん」となってしまった。彼の順番がまわってきた。そして昌浩の自己紹介を聞いた女性の友人は「そっちかい」と一言発した。つまり、このような場でわざわざ本名を名乗らなくても良いのにというようなニュアンスが含まれていたのであろう。その場にいなかった筆者には、昌浩の友人が発した「そっちかい」に内包されたナイーヴなニュアンスについて判断できない。しかしその女性の言葉は一種の苦味をおびていて、筆者に対して面白可笑しい話として語ってくれた昌浩の身体の深部に沈殿しているかのように感じられた。つまり、自由に在日という帰属感覚を掲げることが許容されていない昌浩の物語が示しているのは、退屈な日常生活を改善するべく、新たな自由を求めての合コン《パートナー》への参加には規則が存在し、その場の雰囲気を乱すかもしれないマイノリティの物語は、マジョリティの許可なしには語ることができないということである。

ただし、同じ地方都市で生きる在日の若者でも、差別された経験や帰属感覚の形成は、育った環境によってずいぶんと異なる。とりわけ、朝鮮学校で学んだ在日とそれ以外の在日の若者から感じとることのできる帰属感覚の形成をめぐる差異はとても大きい。本章におけるインタビュー協力者ではないが、朝鮮学校出身であり、日本の大学院で学んだ韓東賢によれば、就学年齢にある在日朝鮮人の一割にも満たない少数派である朝鮮学校出身者は、在日に囲まれた環境で成長するために、マイノリティ意識が希薄な面があり、「朝鮮学校的感性」を身につけているという。彼・彼女らは、上記の二人が経験している、あるいはそれ以外の在日が経験すると一般化されている日本人でもコリアンでもないという「アイデンティティの揺らぎ」といったものは経験しないのだという（韓二〇〇五：二一四）。以下では、朝鮮学校出身の二人の若者を事例に、同じ地方都市で生活する在日の若者の帰属感覚の多様性と差別経験の差異について検討する。

4 「通学路でからまれて」

朝鮮青年同盟（朝青）倉敷支部の委員長を務める李永徹（一九七五年生まれ 朝鮮籍）は、在日三世である。現在は統廃合された岡山市藤田にあった岡山朝鮮初中級学校、広島朝鮮高校、東京の小平にある朝鮮大学を経て現在に至る。両親ともに朝鮮学校の教師であった。母親は現在、彼と同じ朝鮮総聯倉敷支部で働いている。双子の兄である李貞烈（一九七五年生まれ 朝鮮籍）は、同じ水島北緑町にある朝鮮学校の教師をしている。永徹は広島県福山市出身の在日の李英恵さんと結婚しており、一二月には一児を儲けた。朝青倉敷支部の常任職員は彼一人であり、倉敷市に在住している在日の若者の活動をコーディネートしている。

毎月第一火曜日の午後七時から九時に行われているバレーボール・サークル（ペーグモイム）には、倉敷市に住んでいる二〇人から三〇人くらいの在日青年が倉敷市水島に集まる。参加者のほとんどが民族学校卒業者でお互いに良く知っている間柄である。六人から八人で一チームつくり、和気藹々としたムードのなかでバレーボールを楽しむ。そのような若者たちの集まる場所で、永徹は月刊誌『セセデ』[6]と永徹によって選曲された日本のポップソングを集めてつくられた「朝青CD」[7]を参加者に配布する。それらのエスニック・メディアは、彼・彼女たちの在日ネットワークを支えている。また永徹は、バレーボールのチーム編成やその後に水島周辺の飲食店で行われる食事会など、在日の若者が集合したときの挨拶では、「最近の在日同胞をめぐる情勢」の深刻さと克服の必要性について言及する。そこでは、メディア報道を中心とした北朝鮮バッシングが、在日同胞へのバッシングとして確認・共有される。

永徹の場合、先述の二人とは異なり、メディア報道によるバッシングだけでなく、実際に身体を通した暴力を経験している。岡山の朝銀西信用組合へ銃弾が打ち込まれた後日に入港した北朝鮮船「万景峰九二」に乗って北朝鮮を訪問した際のことである。「万景峰九二」の入港する新潟港では、市民団体や右翼団体のメンバーによる執拗な抗議を受けた。「北朝鮮へ帰れ」という言葉が浴びせかけられた。しかし彼が帰れと言われたのはそのときがはじめてでない。小学生の頃に近所に住んでいて仲良くなった日本人の子供に尋ねられたという。

まあ、何しに来たのとかね。仲良くなった子とかね、僕、朝鮮人やいうたら。いつ帰るん?いつ来たん?とか。で、幼いながらに、この野郎っていう気持ちはありましたね。まあ、やっぱり教育で、連れてこられた、来にゃーおえんかった(来なければならなかった)、っていうのは知ってましたから。小学校低学年でも。

また双子の兄である李貞烈と通った通学路では、旧岡山朝鮮初中級学校の近所にあった藤田中学校の学生たちから暴力を受けることがあったという。小学生の頃などはよく捕まって殴られたり蹴られたりしたという。

まー、あの、こっちも帰りは兄貴と二人で少数だったからね、肩身が狭かった。で、学校がちょうど、こっちが日本の学校、こっちが朝鮮学校だったら、みんなわしらあ、通り過ぎにゃーおえんのよ〔通り過ぎないといけないんだよね〕。行きも帰りも。絶対めんち〔睨み合い〕なんよ。絶対めんちなんよ。中一の頃とか、小学校の頃からちゃりんこで行っとったから、毎日目を逸らして、逸らして。で、中三くらいになったらこう、だんだん偉そうになってくるんよ、こっちも。嫌やったわー、ほんま登校は、登下校は。で、一回、これ昔あったのが、もう、むこうで待っとんよ。二〇人くらい、もう集団で。で、先輩らは逆方向やから、もう帰るわいうて、お前ら気をつけろよみたいな感じなんよ。それでわしと兄貴がまあ、おそるおそる出た瞬間、来なさいみたいな感じになってカラマレタ。なんやー、いうて言うとったら、もうこりゃあ、絶対やられた思うたら、むこうで先輩とかがおりゃーいうて〔助けに来てくれたので〕、〔彼らにからんでいた中学生たちも〕逃げろ逃げろってぱーっと逃げて、助かった記憶もあるなあ。

一九六〇年代後半の京都の朝鮮学校を舞台とした映画『パッチギ』の一シーンを想起させるような過去と現在が混同するような感覚になるこの永徹の物語もまた、高度経済成長後に地方都市で育った在日の若者の物語なのである。この事例が示しているように思われるのは、大阪や川崎などの都市部の集住地区における在日と地方都市を生きる在日のリアリティが異なるように、同時代に地方都市を生きる在日の若者の帰属感覚もまた一様ではないということである。

5 「守られた民族学校の外へ」

しかしながら、朝鮮学校出身者でも様々な立場がある。「朝鮮学校的感性」や文化に愛着を感じながらも、外の広い世界で自分を試してみたいと考えている若者は多い。岡山の朝鮮学校の教師である永徹の双子の兄である貞烈によれば、中級学校を卒業する際の進路をめぐり日本の高校、大学、専門学校などへの進学を希望する学生が増えている。彼・彼女らは、将来に就きたい職業のために積極的に日本学校への進学をめざす者もいれば、とりわけ明確な目標があるわけではないが、日本学校へとりあえず進学したいと考えている者まで、その内実は様々だそうである。筆者のインタビューした河啓淑は、狭い世界の中で満足するのではなく、「外の世界が見てみたい」という理由から日本の高校へと進学することを決意した。

在日本朝鮮留学生同盟（留学同）[8]のメンバーの一人である河啓淑（一九八一年生まれ 朝鮮籍）は、在日三世で三人きょうだいの長女である。ただし、彼女の父親方の祖母は日本人である。インタビュー当時は、岡山市内にある私立女子大学英文科の四年生であり、フライト・アテンダントをめざして就職活動中だった。両親は朝銀に勤めているときに職場で出会い、結婚した。現在岡山市の南西端に住む彼女は、中学校までは岡山朝鮮初中級学校へ通った。しかし、好奇心旺盛で「外の世界」へ出たいと考えた彼女は、県内の私立女子高校へと進学する。彼女が日本の学校へ行く選択をしたときは、在日の知人たちからずいぶんと反対された。彼女は本名で日本の高校へ通い、大学へもそのまま本名で通っている。差別を受けた経験はまったくないという。彼女は大学でも日本人の学生を誘ってチマチョゴリを着て、自らの在日という帰属感覚を堂々と表現し、大学生活を送っている。

しかし、彼女の通う大学で、他に在日であることをカミングアウトしている学生はいなかった。ある日、一人の学生が彼女に、自分も在日であるとそっと告げられたことがあった。彼女が堂々と差別されることなく在日の女子学生として大学生活をエンジョイするいっぽうで、それ以外の在日の学生は出自を隠さざるを得ない雰囲気があった。この出来事に象徴されるように、在日という帰属感覚を掲げる自由は皆に与えられているわけではなく、個人的な器量によってうまくやらなければならないことであることが分かる。彼女の場合、中学校までの民族教育や彼女自身が育てあげた自信から、自らの出自を明かしながらも、快適に大学生活を送っている。そんな彼女は、小・中学校までの民族教育の重要さは痛感するものの、民族学校に通う生徒たちは「守られた民族学校内で暮らすのではなく、外の世界にも出なければならない」と主張する。そのいっぽうで、民族学校と日本学校の二つの世界を経験した彼女は「凄くラッキー」だったと感じている。

その後、啓淑は目標であったフライト・アテンダントになることができた。しかし、カミングアウトすることのなかった同じ大学に通う在日の学生たちの存在が示しているように、在日に対する差別や排除の問題を個人の才能や責任によってのみ乗り越えるべきであるという現代日本社会の風潮には問題がある。そしてまた、自分の出自を隠さざるを得なかった在日の若者の帰属感覚とはどのようなものなのかという問いを投げかけている。

6 「歩いていく自分そのものがコリア」

日本国籍を取得することを選択する在日の数は年々増加している。また、大多数の在日は日本人と結婚している。その結果、多数の在日の親を持つ子供たちの多くが、日本国籍を取得する傾向が強い。最近ではそのような在日をエンパワーする観点から、彼・彼女らは「ダブル」と呼ばれている。[9] 彼・彼女らのなかには、日本国籍を取得しているがゆえの在日としての悩みを抱えるなかで生活している者もいる。「国籍が日本になるだけではなく、名前も日本名に一本化される（通名と本名の使い分けがなくなる）ため、自らカミングアウトしない限り、在日という出自は決して表面化しない」ゆえに、「インビジブル・マイノリティ」になっていく傾向が強い（朴二〇〇五：九六）。

鄭文植（一九七七年生まれ 日本籍）は生まれたときから日本国籍である。在日三世の父親と富山県出身の日本人の母親のあいだに生まれた。「帰化人」は「新日本人」と戸籍に掲載される、という「デマ」を真に受けた両親は、文植の出生届を私生児扱いにして、それから両親は結婚した。保育園までは母方の名前で通っていたという。その母親は七年前に他界している。弟が一人いて、現在は地元の私立大学に通っている。一九七〇年に撮影された山田洋次監督の映画『家族』に描かれていた広島県福山市の工業地帯近郊に広がる郊外型住宅地に、父親方の祖父母、父親、弟と五人で暮らしている。

文植は小学校四年生のときに、「親戚の兄ちゃん」に免許を見せてもらって自分が在日であることに気づいた。担任の教師に「キムチを食べたことがあるもの手をあげろ」といわれて、彼は自分が在日であることがばれると思い手をあげなかった。そして教師が「ビビンバを食べたことがあるもの？」と言ったときに、ビビンバを日本食だと思っていた文植が手をあげたら、手をあげていたのは彼一人だったので、それが朝鮮の料理であることに気づいた。中学生の頃までには、自分が在日であるという意識はあったが、「人に言うことではない」と親に口止めされていた。地元の公立小・中学校を卒業して、地元の工業系の公立高校へと進学する。進学校ではなかったため、学生たちの服装は「タンラン、ドカンっていうのが普通」であったという。また彼は友人と「チーム導火線」という走り屋グループをつくった。(10)

そのような彼の在日という帰属感覚を目覚めさせる契機になったのが、彼を高校の三年間担任した教師だった。「高校の左翼系の先生に引きずり込まれた」。彼の通っていた福山の高校では部落解放運動が盛んであったという背景もあり、その一環で彼も在日宣言を学校でおこなった。卒業式の際には担任教師に「三年間、己を問い続けたお前」という言葉をもらったことが今でも忘れられない。

また高校二年生のときに、両親に反対されながらも、広島の韓国青年会とかかわるようになったのを契機に、朝鮮半島の伝統芸能であるチャンゴに魅せられる。高校を卒業した彼は、チャンゴを学ぶために韓国へと渡る。その際も両親に反対されたが、最終的に彼の留学を後押ししたのは、日本人の母親であった。ソウルに三年近く滞在して、語学学校で韓国語を学びながら、チャンゴを学んだ。帰国した文植は、ウェブデザインの会社に勤めた。二〇〇二年までは京都で活動している歌舞団に所属して、韓国の伝統芸能の世界で生きていこうと考えていた。しかし、二〇〇三年には、パチンコ屋専属でフリーのデザインの仕事を始めてから、「在日芸術界」から離れている。現在は、チャンゴを通じて岡山の韓国青年会、岡山・倉敷朝青、留学同の活動に参加しており、岡山の在日の若者とは深いつながりを持っている。そしてそのために、五〇キロ以上離れた福山市から頻繁に岡山を訪れている。芸術活動を休んではいたというものの、岡山の総聯と民団の両方のメンバーとの交流からチャンゴの指導を依頼されるなど、結局そこから離れることはできない現状を確認した現在、ふたたび「在日芸術界」に戻ろうと決心した。

しかし、在日の父親と日本人の母親のもとに生まれたことに関して「今でもコンプレックスがある」。ここにもまた、自由に在日という帰属感覚を掲げる場合にマジョリティが決定する規則が、複雑に入り組んだかたちで機能している。ときには、朝鮮語の分からない筆者にまで朝鮮語で話かけ、日本語のアクセントが朝鮮語のアクセントになっている文植は、「歩いていく自分そのものがコリア」であると少し照れながら語った。筆者は、この凡庸などこかで聞いたことのある台詞の持つ「迫力」に、言語化されることなく身体化された記憶と自分をとりまく日常とのあいだに「混乱／混成や自明性の喪失」（鄭二〇〇五：二一七）が起きているという感覚を受け止めた。そして在日という帰属感覚を照れながら掲げるが、言葉として筆者には語られることのなかった「コンプレックス」のリアリティの一部を支配しているのは、マジョリティによって与えられた自由によって帰属感覚の選択を強いるという日本社会の日常的な雰囲気である。

7　身近な世界における他者をめぐる想像力

先述の恵美の言葉とは裏腹に、在日の五人の若者の事例を通じて明らかになったのは、スティグマ化された在日共同体が「消え去った」あとの地方都市の日常においても、在日に対する差別は継続しているという事実である。しかし、彼・彼女たちの生きる日常のリアリティは、在日のライフスタイルと帰属感覚の多様化にともない、きわめて複雑になっている。彼・彼女らの記憶や経験によって構成される帰属感覚が一つにまとまることはない。そしてまた、若者たちの生きざまから窺えることは、在日という帰属感覚を自由に掲げることの難しさである。翻ってみれば、それは、液状化する日本社会自体の変化を示しているともいえる。高度経済成長期以後の日本社会に生まれた在日は、かつてスティグマの対象であった在日共同体から解放されたゆえに、集合的で、露骨な差別に出会った経験が少ない。ゆえにそれは、日本人と同じように、核家族化、郊外化するなかで共同体は解体し、ますます個人化する消費社会を、在日の若者たちも生きているということを示している。在日もまた液状化する近代の日本を生きているのである。彼・彼女らは、日本人の若者と同様に居酒屋でコンパに興じ、日本のポップソングを聴き、流行している店で働きたいと願うといったライフスタイルを身につけている。その意味で、高度に情報化された消費社会を生きる在日の若者たちが抱える問題も、ますます個人化しているといえる。

しかし、彼・彼女ら若い在日が個人化しているからといって、在日の若者をとりまく差別の現状は、個人の自己責任によって解決すべき問題としてとらえることができるものだろうか。筆者は「特に差別されたことないから」と疑わない恵美の認識の背後には、在日が抱える問題は個人で解決するべきものであり、社会が積極的にとりくむべき事柄ではないという日本社会の強い風潮が隠されてはいないだろうか。それは、真の意味で個人の権利が保障されている社会というよりは、社会による自由の押しつけではないだろうか。

在日の若者たちもまた、新自由主義の台頭する日本社会において「自己責任」によって自らの悩みや問題を解決するべきことが要求されるという支配的な価値観のなかで日常生活を営んでいるのである。そしてそれが、マジョリティの要求する自由が押しつけられるなかで、自分たちの抱えている多様な感覚、経験、思いなどについて語ることを困難にしている。たとえば啓淑の困難な選択が示しているように、情報化時代に日本社会で成功するためには、民族学校に深い愛情を示しつつも、「民族共同体」としての在日という帰属感覚の構築のあり方を放棄して、個人主義や自己責任といった価値観によって、在日という帰属感覚を構築しなければならないのだろうか（塩原二〇〇五）[11]。そのためには民族学校は必要ないのだろうか。もしくはどのように存続していく必要があるのだろうか。多様な帰属感覚のありかたが尊重され、自由の名の下に引き裂かれた多様な帰属感覚をつなげるような営みを想像し、語るような「場所」が求められている。

高度に情報化した消費社会で生きていくためだけの、個人としての在日、という帰属感覚を立ち上げることとは、マジョリティによって常に都合の良い在日という帰属感覚を掲げるという妨害に出会ってしまう。マジョリティによって都合よく消費され、消費社会に適合的な場合には「包摂」の対象に、そうでない場合には「排除」の対象として。たとえば、筆者の伯母が養豚の「臭い」から焼肉の「匂い」への移り変わりについて述べたように。それは、今はもうかつてのようなかたちでは存在しえない在日共同体を、ノスタルジックに本質化することにより、その消費可能なイメージがマジョリティによって再構築されている。伯母の焼肉の「匂い」をめぐる比喩が象徴的なように、在日を代表／表象するものが、焼肉の匂いだけでは、「消えた」在日、すなわち、変容しつつある在日共同体のあり方がはらむ問題性については問われないままとなる。

グローバル情報資本主義時代と液状化する近代における帰属感覚をめぐる政治を模索するうえで、むしろ私たちが注目しなければならないのは、郊外化、個人化し、従来の在日の共同体や家族が変容するなかで、ますます日本人と在日が身近に生活しているという事実をめぐる想像力である。それは、私たちがマイノリティの帰属感覚をめぐる政治をエンパワーする場合に根拠としている「共同体（コミュニティ）」という考え方をとらえなおす必要があることを示しているように思われる。デランティが指摘しているように、「コミュナルな精神は意味を欠いている場合が非常に多く、常に個別的なものとして創り出さなければならない。そのためコミュニティは、（皮肉なことに）それに対する欲望を生み出している個人主義そのものによって滅ぼされる結果となる」（Delanty 2003 = 2006 : 267）。

ゆえに、個人化によって引き裂かれることに抗して、在日が協働し、各々の帰属感覚について語る場を確保するとともに、ますます日本人と在日が共に生活するなかで存在している歴史や社会をめぐる複雑なつながりについて想像する場所を創出する必要があるのではないだろうか。そのようなつながりに、マジョリティも自らを語る契機が現れるのではないだろうか。それゆえに、在日が都合良く脱歴史化され、消費の対象となり、個人主義的なアイテムとして考えられるような、現代の日本社会の風潮に異を唱える必要がある。私たちは、個人主義が約束する自由の意味について慎重に考えるべきである。新自由主義政策下における自由の押しつけを安易に歓迎するべきではない。そして、日本人、在日、さらに多様な国籍や文化背景を抱える人びとが自由の拘束から解き放たれるためのつながりを発見しなければならない。そしてそのような契機は、マジョリティが平凡だと思い込んでいる、私たちが暮らしている日常生活の風景のなかに存在している。なぜなら在日は日本社会からほんとうに「消え去った」わけではないし、実に多様なかたちでマジョリティとつながるなかで生きているのだから。

第6章　もうひとつの恋

1 恋愛と結婚から「多文化共生」を問い直す

大都市圏と同様に、地方都市における行政・市民を中心とした「多文化共生」の試みは、主にニューカマーを対象とした地方自治体の政策や消費社会と歪なかたちで結びついている。地方都市における開発やまちづくりでは、民・官・産・学が主要なアクターとしてグローバル都市をめざすべく様々な生活・文化インフラが整備されている。そのなかの一つの指標として位置づけられているのが多文化共生である。しかし、神奈川県の川崎市や大阪市生野区のような地域における長年のとりくみから生まれたものとは異なり、最近の地方都市での多文化共生の民・官・産・学の有機的ネットワークはいまだに充実していない。たとえば、筆者が傍聴した岡山県が行っている多文化共生連絡会議では、ほとんどの自治体関係者は多文化共生という言葉への馴染みのなさを表明している様子であった。表面的には多文化・異文化への理解や寛容を唱えるものの、その他の都市の文脈のなかで育まれたモデルを十分に検討することなく導入しているのが現状のように思われる(1)。

また、そのような地方都市の多文化共生の試みは表層的で、コスメティックなものである(モーリス＝スズキ 二〇〇二)。たとえば、地方においても多文化的要素は、エスニックタウンや韓流ブームに象徴されるような文化的消費の対象となっている。岡山の集住地区でもかつては民族的な雰囲気を無臭化していた焼肉屋や朝鮮料理屋が、ハングルやKorean BBQといったエスニックな側面を強調した装飾を施している。このような表層的な多文化消費は多文化・異文化への理解や寛容という視点が持つマジョリティによる同化という側面と関連していることも注意を払う必要がある。たとえば鄭暎恵は、多文化主義が他者化やステレオタイプ化という差別の構造に基づいていることを指摘している。

マジョリティの既得権を脅かさない程度の多様性を認めること、差別に立ち向かっているというアリバイ、公認されたモデル・マイノリティの陳列などの多文化主義に見られるあたり障りのない理念や政策は、ホスト社会やマジョリティを変容させることなく他者を包摂しながら内部に位置づけることを可能とするのである(鄭二〇〇三)。

そのようなうわべだけのとりくみが行なわれているのは、多文化共生が都市の国際化戦略のために必要な資源として考えられているからである。都市の国際化戦略の文脈では、多文化的背景を持った人びとも地域の魅力を高めるための人的資源として活用されると考えられるだろう。つまり多文化共生は、異文化への理解を深めるというよりも、グローバルな都市戦略の一環として用いられているのである。たとえば岡山県がとりくんでいる「おかやま国際化戦略プラン」では、「国際社会に貢献し、世界の人々と共生する「晴れの国おかやま」の創造」が謳われ、そのための五つの戦略の一つとして「多文化共生・協働のまちづくりプログラム」が位置づけられている。同プログラムの重点施策においては、保険・医療・災害時における外国人の危機管理体制や留学生などの「ニューカマー」の言葉や住宅支援などが掲げられている。また、岡山市が設置している岡山市外国人市民会議の提言書においても、多文化共生という視点は「人権尊重の視点」とともに「世界に開かれた政令指定都市をめざす岡山市の政策に合致する」ことを強調している。[2]

以上に述べたような多文化共生をめぐるとりくみやエスニシティの消費という文脈においては、オールドカマーと呼ばれる人びとの存在が蔑ろにされている。なかでも、長いあいだ日本で在日が育んできた歴史や文化、そして現在もホスト社会との関係性をますます深めているその若者たちが、日常生活において営んでいる文化の状況を理解するという視点が多文化共生の議論には欠落しているのである。

人口約二〇〇万人の岡山県には、六四一二人の朝鮮籍・韓国籍の特別永住者が生活している。この数は、他県とくらべてとりわけ多いというわけではない。他の地域と同様に、戦後には、軍需工場関連施設、被差別部落周辺地域、国鉄主要駅周辺等に集住地区が形成された。大阪や川崎などの大都市圏の集住地区と比較するならば、その規模はとても小さい。いくつかの小規模な集住地区は高齢化もしくはその姿を消しているに等しい状態になっている。(3) いっぽうで、岡山県でも他県と同様に、日本人との結婚、日本国籍の取得、在日の郊外化といった状況が進展している。在日三、四、五世である若者に焦点をあてた場合、彼・彼女らはかつてのスティグマの対象であった共同体からは離れて、郊外を生活拠点とし、「個人化」したライフスタイルを享受している。ここでいう個人化には、従来のエスニック共同体（ethnic enclave）から離れて、「非集住的環境」において帰属感覚を形成している主体が想定されている。つまり、諸個人の帰属感覚が形成される際にエスニック共同体が及ぼす影響力は相対的に低くなっていることを示している。もういっぽうで、ジグムント・バウマンが議論するように、消費社会的環境が諸個人に与える影響力は相対的に高い。そのような結果、集団としてのエスニックなものの社会的な存在感が低下するいっぽうで、個人の帰属感覚に対する自己決定の裁量が高まっている（川端二〇一〇a）。

また、日本社会全体における在日の動向に目を向ければ、親の世代と比べて自由恋愛で日本人と結婚する者の方がはるかに多い。一九七〇年代半ばを分岐点として、在日の結婚相手は日本人の方が多くなっている（森田一九九六）。そして現在では、大多数の在日が日本人と結婚している。つまり、今日の在日たちは、その集団的属性を育んできた従来のエスニック共同体や組織からは離散・拡散した消費社会的環境のなかで生活するようになってきている。朝鮮総聯関係者や民族学校出身者を除けば、在日共同体との結びつきはますます希薄化しているようにも見える。

こうした個人化のプロセスを在日共同体の「自然消滅」と捉える意見がある。たとえば坂中英徳は、二一世紀前半中に在日が自然消滅することを前提として、在日の日本国籍取得の必要性を指摘している[4]。坂中の議論を要約すると以下のようになる。現在、毎年一万人の在日が日本国籍を取得している。ゆえに、五〇年経てば五〇万人（一九九九年当時の数）の在日は日本人になる。また、日本人との結婚が大多数となっている現在、在日と日本人との融和が進んでいるというものだ。この主張において、在日の自然消滅を導く主な要因とされているのは、日本国籍の取得者と日本人との国際結婚の増加である。そのような主張のなかで坂中は、在日と日本人のあいだに生れる子＝日本国民と捉え、その増加が在日の消滅を導くとしているのである（坂中 二〇〇二：一九七）。しかし、国際結婚に関する多くの先行研究が明らかにしているように、国際結婚によって、エスニックな帰属感覚がすべて消滅していくわけではない。「ダブル」の子どもについてはもちろん、国際結婚をした当のカップルたちも、おのおのが差異をはらみつつも日常の様々な場面において身近に存在するエスニックなものを拠り所としている（山中他 一九九八）。つまり、在日共同体の紐帯の弱化という状況に対して、私的領域における関係性を重視した日常的実践を通じて、あらたに混淆的な帰属感覚を育んでいるのである。

以上のような命題を検討するために、本章では岡山の非集住的環境で生活する三〇代前半の在日を対象とした聞き取り調査に基づいて[5]、彼・彼女らの帰属感覚を明らかにする手がかりとして、恋愛・

結婚をめぐる物語に耳を傾けてみたい。恋愛・結婚という非常に親密な領域から帰属感覚を考察するのは、国籍や名前の選択など個人化の力学が、恋愛や結婚といった私的領域における営みにおいてより強く働いており、それゆえに、これまでエスニシティの問題に向き合う必要性を感じなかった在日の若者たちも新たに自らの帰属感覚と交渉する契機となっているからだ。本章を通じて明らかになるのは、在日をめぐる環境の個人化の進展は、私的領域における関係性を通じた諸個人のエスニックな帰属感覚への回帰を促していることである。またそこからは、地方都市の行政における多文化共生施策ではしばしば見落とされがちな、地方都市にいまだに根強く存在する差別の現状も明らかになる。

本章で対象とする地域は、従来の在日の研究で頻繁に考察の対象となってきた大阪市の生野区や川崎市などのいわゆる集住地区ではなく、地方都市の非集住的環境である。大規模な集住地区が少ない地方においては在日共同体の溶解の進展がより先鋭化している側面がある。つまり、地方に存在する小規模な集住地区は一足先に再開発や郊外化を通じて無臭化されることにより生活者としての在日の存在をかき消してしまう。こうした地方都市は、在日をとりまく環境の変化や多文化的状況のダイナミズムを考察する対象としては、大都市に比べて規模的には迫力不足である面は否定できない。しかし、日常における多文化的状況を地方という場所から捉え返すならば、かつてスティグマ化されていたエスニック共同体から離れ、日本人との結婚、郊外での混住、国籍の変更などを通じてますます個人化した状況のなかでエスニックな物語を紡ぐ今日の在日の姿を映しだすことができる。そのような平凡な日常的実践において営まれていく非常に複雑な文化変容の過程と交渉に目を向けるならば、集住地区の在日の考察からは見え難くなっている、新たに若い世代をとりまいている現実や課題を発見することができる。

2　個人化の力学とエスニシティの回帰

ここでは在日の個人化を促している二つの力学を踏まえたうえで、個人化された問題が決して自然消滅するのではなく、諸個人にエスニシティの問題として回帰していく状況を考察する。

個人化を促す力学の一つのベクトルは、冒頭で述べたように従来のエスニック共同体における結びつきの希薄化という歴史的過程である。在日たちは共同体的な生活から離れることによってかつてのようなスティグマからは解放された。少なくとも、共同体から一歩外へ出て通名を使えば、在日であることを不可視化して生きることは可能となった。岡山県の場合、戦後の闇市であったＪＲ岡山駅東口周辺と戦前に軍事関連施設のあった倉敷市水島が戦後に構築された二つの大きな共同体である。そのうち前者には民団や総聯の地方本部が存在している。かつての闇市は、その後商店街を形成し、たくさんの在日が商売を営んでいた(6)。しかし一九七八年にダイエーが出店するとともに立ち退き、多数の店舗が郊外へと移転した。また後者の水島にはいまだ多くの生活者が居住している。しかし水島は、高度経済成長の終焉とともに人口の空洞化が著しい。そもそも水島という場所は江戸の末期から干拓された埋め立て地である。戦中には三菱重工業水島航空機製作所が存在するなど日本の軍事産業を支える拠点であった（朝鮮人強制連行真相調査団編 二〇〇一）。戦後は高度経済成長を支える地方の開発拠点と位置づけられるとともに無秩序に郊外住宅が建設された。そのような背景ゆえに、水島には朝鮮学校もあるし在日の人口が集中しているという意味では集住地区とも呼べる。しかしそもそも郊外化した住環境であり、人口の流動性は高い。その証拠として、水島の朝鮮学校は統廃合を繰り返しており生徒数も著しい減少傾向にある。その他にも岡山、倉敷、備前などには小規模な共同体が存在していたが、ほとんどは高齢化するか、のっぺりとした郊外の風景のなかに埋もれている。岡山県内全域で、かつてスティグマ化されたバラックが残っているのは一つのみである。しかしそこも新たに道路が建設されており立ち退くことになっている。それぞれが非集住化した環境で生活することは、衣食住を共に助け合うような生活空間の解体、就職差別の相対的な解消、民族組織の求心力の低下を招いた。またすでに述べたように国際結婚や日本国籍取得者の増加といった要因もある。筆者がフィールドワークをしている岡山でも、民族学校に通った経験がなく、民団や総聯といった組織との関係が薄い在日の若者たちの多数が、家族・親戚以外の在日の知り合いがいないのだと述べた。

しかし、エスニック共同体のつながりが弱まることは、日本社会における彼・彼女らに対する差別が解消したということではない。にもかかわらず、彼・彼女らのあいだには、自分たちを集団的な帰属感覚によって意味づけたり、エンパワーしたりするのでなく、個人的な感覚や解釈に都合が良いように自由に帰属の感覚を変容させるという自立性を相対的に高めているかのような傾向がみられる。そこには一枚岩で均質なエスニシティに捕われるのではなく、多様なエスニシティの営みが肯定されるという積極的な意味合いがある。金泰泳は、一九八〇年代には「民族」という枠組みのみで自分たちの存在を説明されることに違和感を覚える在日たちが登場しており、所与のものとしてではなく、必要に迫られて生じる「戦術的アイデンティティ」を擁護する必要性を指摘している。「戦術的アイデンティティ」とは、自分と民族という一枚岩の帰属感覚を同一視するのではなく、「柔軟でしなやかなアイデンティティ」であるという（金一九九九：一二四）。たとえば、本名から日本名への変更を従来のように日本社会への同化やエスニシティを放棄するものとして捉えるのではなく、日常生活をうまく乗り越えるための処世術として柔軟に捉えるようなあり方である。つまり、日常における様々な出会いや経験が入り混じるなかで差異をともないつつ形成されていく雑種的な帰属感覚を、ハイブリッドな要素として積極的に捉え返すことにより、彼・彼女らにとってのエンパワメントとなる。しかしこれが以下に述べるような個人化のもう一つの力学と結びついた場合には新たな問題が生じる。

個人化を促す力学の二つめは、政府によって推進されている政策を反映したものである。小泉政権が登場してからより明確になった新自由主義的政策では、「小さな政府」というスローガンに示されているように、国家の財源や福祉の負担を軽減し、個人の負担の割合を高めた。この二つめの力学は、既存の差別構造を根本的に変えることなく、エスニックな帰属の問題や葛藤をあくまで諸個人の問題＝自己責任として解決することを奨励する。この二つめの力学である新自由主義とエスニック・マイノリティの個人化は、多文化主義の先進国であるオーストラリアにおいても見られた。塩原良和は、多文化主義理念のなかに新自由主義の論理が組み込まれることにより、集団としてのエスニシティが解体され、エスニックに多様な人びとが一個人として国民国家へと包摂されるべきこととなったことを指摘している。つまり、彼・彼女らは個人としては多文化的であるとみなされるが、構造的不平等の是正や社会福祉政策に対して集団として要求する権利を持たないことになってしまうのである（塩原二〇〇五）。そのような力学と、共同体における結びつきの弱まりと帰属感覚をめぐる自由な選択という発想が歪に結びついた結果、帰属感覚や差異の問題を個人の責任として認識させるような力が作動するのである。この力が強く働けば、本来は集団のエスニシティの多様性を示すハイブリッドな要素は、個人に属するものとして個別に分断される。そのような結果、あくまで個人の問題としてハイブリッドな帰属感覚が奨励されて、いまだに続くエスニック・マイノリティをとりまく差別などの諸問題から切り離されてしまう。たとえば戴エイカは、現代日本社会において新自由主義の自己責任という発想によってマイノリティの人権擁護や不平等解消のとりくみが、個人の問題として個別に分断され、マイノリティの政治を弱体化させていることを指摘している（戴二〇〇九）。これら個人化の力学が作動する結果として、在日たちは多文化共生政策言説から見落とされるのみでなく、問題が自然に解決するという発想と結びつくのである。

また自然消滅するという発想とは逆に、ハイブリッドな主体という新しい在日をめぐるメディア表象や言説も登場している。そのような在日のイメージとは、ハイブリッドな帰属感覚を個性的なものとして表現していくようなイメージである。たとえば、『ニューズウィーク』日本版の二〇〇三年一一月号の特集記事では、外国人記者によって自らのエスニシティを力強く掲げる在日たちが「ニュー在日」＝コリアン・ジャパニーズとして紹介されている。「経済的に恵まれ、差別体験も比較的少ないニュー在日。いっぽうで若い日本人の間では、異質であることがむしろクールという価値観も広まりつつある。ニュー在日は帰化したり日本人と結婚しても民族名を維持し、ハングルを学び、消えゆく在日文化をよみがえらせようとする」（『ニューズウィーク』二〇〇三：一八―二五）。このような在日をめぐる表象においては、個人とハイブリッドなエスニシティが力強くかつ破綻することなく成立しているように描かれている。そのようなクールなイメージは、消費社会に適合的なものでもあろう。しかしそのいっぽうで、力強いかつクールなイメージからは、日常生活における他者との関係性や歴史・社会的な文脈が切り離されているような印象も受ける。そして何よりも重要なことは、実際に誰もが力強く自分自身のエスニシティを表明できるわけではないということだ。

また、戴が指摘するように、個人化が強調されるいっぽうで、エスニック・マイノリティへの差別がいまだ続いていることは、現在の経済的・政治的危機がマジョリティのナショナリズムを強化していることにも明らかにみられる（戴 二〇〇九）。つまり、第3章でも考察したように、新自由主義下におけるマジョリティの不満は、マイノリティに対するバックラッシュとして作動するのである。その矛先は、グローバル化といった外的要因に向かうのではなく、またそれに対応する新自由主義政策を進める政府に向かうのでもない。自分たちよりも得をしているのではと想定される外国人住民やマイノリティ、もしくは北朝鮮のような「危ない」と認識されてしまう国に向けられるのだ。これは、ガッサン・ハージが「パラノイア・ナショナリズム」と呼んでいるような被害妄想的な排他主義である（Hage 2003 = 2008）。ゆえに、そのようなマジョリティの目に見えない敵はいかようにもつくりあげられる。たとえば北朝鮮バッシングの矛先は国内の朝鮮学校へ通う子供たちに向けられた[7]。水島にある朝鮮学校にもたびたび怪文書が届いたり、右翼団体も「北朝鮮へ帰れ」と学校の周りで街宣車を走らせたりした。岡山の総聯や朝銀にも嫌がらせが続いた。岡山朝銀には「朝鮮征伐隊」と名乗る集団による発砲事件も起きた（『山陽新聞』二〇〇三年八月二四日朝刊）。当然そのような朝鮮バッシングは日常生活を送る在日にとっても非常に厳しいものである。たとえば第3章で言及したように、筆者が北朝鮮バッシングの激しかった二〇〇三年に聞き取りした際に、ある岡山の企業に通名で働いていた金村成美は、職場で北朝鮮の話題がのぼると「気が気ではない」状態であった。

それでは、在日の帰属感覚が私的な問題として捉えられるようになるなか、それはいかにして在日の生の営みや、在日としての意識とかかわっているのだろうか。聞き取り調査からも明らかになったが、そのような状況にたいする一つの反応は、やはりエスニックな問題は在日自身にとって、もはや共同体的な帰属感覚の問題であるというよりも自己責任で乗り切るべき問題であるというものである。

たとえば、在日三世である木村京子（一九七四年生まれ 韓国籍）への聞き取り調査からは、「日本人」との恋愛を通じて差別にあいながらも、それを自分で乗り切るべき問題として受け止めていることが伝わってくる。彼女はかつて交際していた日本人男性の両親に差別を受けた経験がある。交際していた男性を通じて、在日であるということを告げたとたんに態度が急変した。「お邪魔しまーすって言っても無視やから」。それでも彼女は怯むことなく、彼の家に通い続けた。彼女は民族学校に通った経験もなく、また家族・親戚以外に在日の知り合いがいる環境に育ったわけではない。しかし、これまで自分の出自を明かすことにさほどの抵抗を感じることはなかった。ところが最近になって、就職で受けた差別や恋愛での経験を通じて、自分の出自を「オープン」にすることに対しての躊躇いが出てきた。彼女はこれまで、親戚以外の在日と交流することはほとんどなかった。しかし二十代後半になってから、韓国青年会が主催するクリスマス・パーティーに参加したことをきっかけとして多数の同年代の在日と知り合い、友人ができた。個人化した環境で育った彼女にとって他の在日との出会いは在日としての自分に向き合うとても貴重なものとなった。年を経て様々な経験を重ねていくとともに差別の実態に直面する機会が現われては消えていく。そのような彼女がもういっぽうで語った台詞は、前章で扱った恵美の発言と似通ったもので、私の出会ったたくさんの在日の若者たちの口から発せられたものだ。「本当に私は何もない。大変な思いもしてないし」。親世代の在日と比較して自分はそんなに苦労をしていないというニュアンスが込められているのだろう。しかしまたそこには、エスニック共同体とのつながりが希薄化するなか、個人の自由を享受できるようになった代償として、様々な問題はすべて個人で解決しなければならないという意識が植えつけられていることが示されている。

しかし、彼・彼女らのより個人化された帰属感覚をめぐる傾向をそのまま日本社会への完全な同化や自然消滅と捉えるのは早急だろう。現代社会における共同体の溶解によって帰属感覚をめぐる流動性は高まるが、それに対してエスニックな共同体や帰属感覚への希求も高まっていることを京子の事例から窺い知ることができる。彼女のように、エスニック共同体からは離れて育ちつつも、日本社会のなかで差別など様々な経験を重ねるうちにエスニシティへの結びつきを求める者も多い。ジェラード・デランティが述べるように、伝統的な社会のくびきから解き放たれた個人は、自由になるとともに、オルタナティヴな社会的絆に期待を寄せるようになっている（Delanty 2003 = 2006）。京子の例を見ても、日本人との恋愛で生じたトラブルを契機として、いっぽうでエスニックな問題を自己責任の問題として受け止めていることを感じ取ることができるが、それに対してもういっぽうでは私的領域における関係性を通じて、エスニシティへと回帰するなかで帰属感覚を模索しているように思われるのだ。つまり、エスニックな問題を個人的な問題として引き受けなければならないというプレッシャーを抱えつつも、まさにそうであるがゆえに、新しく出会った在日の友人たちとの関係性をとおしてエスニックな帰属感覚を維持したいという願望が芽生えているように感じられる。

ここで重要なのは、自己責任といってもマジョリティとマイノリティの関係性は決して対等ではないという点である。なぜなら、日常の個々の場面において少数派の在日の諸個人の帰属感覚の混淆性が自由な状況で承認される状況ばかりではなく、常にそれは権力と支配関係のなかに位置づけられているからだ。四〇％以上が外国出身であるニューヨークの混淆的状況を参照してジョック・ヤングが述べているように、「雑種混淆性とは対等な関係を表すものではない」だろう（Young 2007 = 2008 : 25）。そうであるがゆえに京子の例のように、個人化の力学に圧倒されて自己責任で日本人とのパートナーシップをめぐる困難を乗り越えようとしつつも、私的領域からエスニシティを芽生えさせていこうとする人びとの語りが汲み取られ、広い社会的な文脈のなかで理解される必要がある。

3　私的領域で営まれるエスニシティ

エスニックな結びつきの希薄化と自己責任という個人化をめぐる二つの力学を批判的に考察することは、とくに地方都市におけるエスニック共同体が置かれた状況や、マイノリティのもつエスニシティや帰属感覚を考えるときに重要である。前述したような岡山などの地方都市に存在する相対的に小規模なエスニック共同体の溶解は、大都市の共同体に先行して起きており、エスニックな関係性が一層希薄化しているからである。たとえば、前章で考察した筆者の伯父・伯母夫婦が住んでいた、金村成美が育った岡山市の郊外にある住宅地は、かつては岡山市と岡山市南部の工業地帯をむすぶ岡山臨港鉄道の始発駅が設置された交通の要衝であったために、二四－二五世帯の朝鮮部落が形成された。(8) しかし一九六五年以降には区画整理事業が着手されることにより急速に郊外化していき、一九八四年には岡山臨港鉄道もその役割を終えて廃線となった。現在では、そこには彼女の両親が経営している焼肉屋が一軒あるのみで、ほとんどの在日は引っ越していった。前章でも言及したように、その周辺地域で生活する筆者の伯父・伯母夫婦に行った聞き取り調査では、地域住民が残された一軒の焼肉屋周辺にはかつて豚小屋が存在しており、そこが在日共同体であったころの記憶を想起させることもあるが、かつて存在していた「豚小屋の臭い」が「焼肉の匂い」へと変わったという印象を与えるくらいである。それはまた、かつてのスティグマの対象が消費の対象に変わったのだという事実をはっきりと象徴している。そのようにして消え去ったかつての朝鮮部落は全国の地方にたくさんあることだろう。この地方の小さな朝鮮部落が辿った軌跡は、エスニック共同体との関係性の希薄化がより進展していることを象徴しているように思える。規模の小さい地方のエスニック共同体では、中心市街地における再開発や郊外化にともなった区画整理事業によってもたらされる影響は致命的なものとなるのである。

それに加えて地方では、エスニックな問題を諸個人の責任の範疇へと還元する力がより強く働いている。岡山での在日の若者に対する聞き取り調査でも明らかになったが、上記のように在日の生活共同体との関係性が希薄化した非集住的環境で育った在日の若者たちがエスニックなものを帰属感覚の準拠点としようとする場合、総聯や民団の青年グループなどの既存の民族組織しか残っていない。都市部の新大久保や鶴橋のコリアンタウンのように、ホスト社会によって可視的なものとして認識されることを通じて、自らのエスニックなものを育む契機となるような準拠点としての消費社会的資源はほとんどない。つまり、コミュニティのハブとしての機能が低下しつつある総聯や民団のような組織が掲げる均質的な民族という理念やルールからはみでてしまうもの、また非集住的環境に育ったゆえにそのような組織との関係性が薄い圧倒的多数の「隠れ在日」にとっては、エスニックなものを育むような場が存在しないため、家族や親戚といった親密な関係性のみが唯一の受け皿となっているのである。

この「隠れ在日」という言葉は、岡山の韓国青年会の会長を務めていた筆者の友人の在日三世である金昌浩が命名したものである。彼は、これからの在日のネットワークを形成していくうえで、民族というキーワードのみで一括りにするような方向性では難しいと考えている。自分の出自に向きあう機会の少ない大多数の在日たちのニーズに向き合い、いかにネットワークを形成するかということが重要であると考えている。この言葉に込められているのは、民族という均質的なイメージには違和感を覚えつつも、自分のリアリティと合うような準拠点が身のまわりにない日常生活のなかで、自分は何者なのかを問い続けた彼自身の思いであるのだと思う。そして何よりもそれは、岡山駅前の在日共同体が溶解していった一九七〇年代に生まれた彼自身がかつて「隠れ在日」に他ならなかったという実感に依拠したものなのである。そのような地方で生活している「隠れ在日」という視点から在日の帰属感覚のリアリティを考えてみると、日本社会に同化しているわけでもない、かといって公的領域で強いエスニシティを掲げるわけでもない、また自分たちのリアリティに合ったエスニシティを育むことも難しいなかでも、私的領域において、それぞれが新たにエスニックな帰属感覚と向き合い、自らをエンパワーしようと試行錯誤している姿が見えてくる。個人化によるスティグマからの解放が在日の存在を不可視にするいっぽうで、既存の差別構造は維持されたまま、エスニシティをめぐる問題は個人の責任によって解決するべき問題とされてしまう地方における在日の個人化の力学とエスニシティをめぐる現状においては、在日たちの日常実践という私的領域における問題を考察することによって、現在の在日たちが抱える帰属感覚をめぐる葛藤やそこに生じるエスニックな主体の構築のプロセスを見ていく必要があるのである。次節の聞き取り調査で明らかになるように、地方の在日の若者たちは個人化しつつも、私的領域で営まれているエスニックなものを拠り所としており、その両者の折り合いを模索する結節点において帰属感覚が形成されていくのである。

4　もう一つの恋愛と結婚をめぐる物語

恋愛や結婚は、もっとも身近な他者とのパートナーシップを構築する過程であり、マジョリティやホスト社会とのタフな交渉を通じてエスニシティが形成される。もういっぽうで、私的領域における関係性を通じて、エスニックな帰属感覚はよりたくさんの人びとへと波及する。

以下では、岡山で生活する在日三世、四世の恋愛とパートナーシップをめぐる経験に関する聞き取り調査の五つの事例を通じて、彼・彼女らの帰属感覚に個人化の影響が色濃くみられることが明らかとなる。しかし彼・彼女らは、完全に個人化されているわけではない。また、消費社会的な型枠に適合的なものとして表象される「ニュー在日」でもない。それぞれの出自や生活環境、そして地域社会における他者との出会いや交渉を通じてエスニックな帰属感覚が育まれている。最初に考察する二つの事例は、朝鮮学校出身者である。在日共同体とのつながりが強い者たちにも、異なった水準で個人化の影響がみられる。かつては同じように「日本人との結婚はありえない」と考えていたが、その後の二人の方向性はとても対照的なものとなる。残りの三つの事例はより個人化した環境で育った者である。いずれの場合も、個人化が促されることは、エスニシティが消滅するというよりはむしろ、異なった要因、方向性、課題をともないながらもそこへの回帰をはらんでいることが明らかとなる。

4・1「朝鮮人との結婚しかありえない」

かつての在日の共同体が溶解しつつあるなかで、総聯と朝鮮学校を中心としたネットワークは組織の縮小化と学校・学生数の減少にともない縮小再生産の傾向にある。とはいえ、まだまだ地域社会においては在日の若者たちに強固なエスニシティを供給するハブとして機能している。韓東賢はそのようなエスニシティの在り方を「朝鮮学校コミュニティ経験」と呼んでいる（韓二〇〇六）。しかしそれは、彼・彼女らが個人化の影響を免れているということを意味しない。以下に登場する、前章で紹介した李永徹の双子の兄である李貞烈が勤める朝鮮学校も生徒数の減少は著しい。

貞烈にはエスニシティの問題を自己責任と考えるような態度はほとんど見られない。しかし共同体の溶解という現実を通じて個人化の影響を確実に受けているのである。たとえば、数年前まで彼の学校のもっとも大口の投資主であった水島で遊戯業を営んでいた男性は、学校の教育制度の改革をめぐって意見が合わなくなり、スポンサーから撤退した。彼はある取材に次のように答えている。「地方の朝鮮学校はみな少子化という共通の問題を抱えている。一〇年後に生き残るためにも、全国の子どもたちが『行ってみたい』と思うような特色ある学校づくりを目指したい」。この経営者はその後、コリア国際学園の設立に携わることになる。学校の圧倒的に大きい収入源だっただけに、その余波は運営にとても大きなダメージを与えた(9)。スポンサーの撤退など経営困難から、彼はいくつもの仕事をこなさなければならない。朝鮮学校の教員の給料では家族を養うのが苦しいという理由で辞める者もいる。また、教育のほかにもこなさなければならない仕事はたくさんある。彼の場合、朝鮮学校のサッカーチームのコーチ、さらには学生数が減少する朝鮮学校の学生募集のための広報活動と、日々の仕事に追われている。共同体が溶解していく現実を強く感じ、まただからこそ自分が「朝鮮人」と恋愛・結婚することにより在日の民族性を守らなければならないという使命感も高まる。

倉敷市水島で岡山朝鮮初中級学校の教師を務める貞烈は「朝鮮人」としての強固な帰属感覚を有しており、筆者の聞き取り調査においても「朝鮮人との結婚しかありえない」と何度も強調した。岡山朝鮮初中級学校、広島朝鮮高級学校、朝鮮大学を卒業し、朝鮮学校で教師を務めている彼のバックラウンドを考えれば当然のことなのだろう。また、彼の父親も岡山の朝鮮総聯地方本部の幹部をしている。地域社会の在日共同体でエスニシティの再生産機能を果たしている教育に携わる彼の口からは、民族性を守ることへの熱い思いとともに恋愛観が語られた。

そんな彼は独身である。彼が理想としている「朝鮮人」のパートナーを探すのは大変だ。「日本人と結婚することはありえない」という。もういっぽうで、「僕からすると川端さんなんか、いくらでも相手を探すことができるから羨ましいですよ」という。あたりまえのことだが、日本社会にいて在日のパートナーを探すのは難しい。それはまた、在日共同体の溶解や民族組織の求心力の低下を象徴しているのかもしれない。

これまで彼が交際してきたのは在日の女性だ。しかし、結婚するには至らなかった。その理由は特別なものではなく、すれ違いやお互いに満足できないなどの通常カップルが別れるときと同じようなものだ。朝鮮総聯や民族学校のネットワークはとても強固である反面、とても「狭い社会」でもある。お互いにお互いのことをすべて知っている。彼が誰と交際していたのかということさえもそのネットワークを通じて伝達してしまうというわけだ。家族を含め在日の社会に深く関わっているということもあるし、また本人も「朝鮮人」としてのあり方の模範であるべきという自負もある。個人化の影響を受け、縮小化する地域社会のエスニシティのハブを守ることに奔走する日々に追われるなかで、いつかは現れるのかもしれない「朝鮮人」女性との運命的な出会いを待っている。

4・2 「在日との結婚しかありえない」と考えていたが……

しかしながら、朝鮮学校で教育を受けて、かつては「在日との結婚しかありえない」と考えていたが、日本社会で生活するなかで、日本人との結婚を選択している者もいる。このことは、もっとも強固な在日共同体のネットワークも個人化の影響を免れることはできないことを示している。また、貞烈のような民族性を頑なに守るという立場も、状況に応じて変化することを示している。このように民族教育を受けた在日の帰属感覚は、恋愛や結婚という私的領域における関係性を通じて絶えず変容している。また、在日の女性の場合は男性と比較すると日本人と結婚する割合は三倍弱と高くなっている。

朴琴美(一九七四年生まれ 韓国籍)は、在日三世である。父親の仕事の都合で小学校三年生までを名古屋と姫路で過ごした。小学校三年生になったときに母親の出身地である岡山へと戻ってきた。岡山の朝鮮初中級学校へ通い、広島朝鮮高級学校を卒業した。高校を卒業後は、広島朝鮮歌舞団に六年間所属していた。それまでは在日共同体のなかで生活してきたため、「日本人に対する恐怖症」があったという。もちろん、「日本人とは絶対に結婚しない」と考えていたし、日本人と結婚する在日を軽蔑していたところがあった。

しかし、そんな彼女に転機が訪れたのは広島朝鮮歌舞団を辞め、岡山に戻ってアナウンスとブライダルの専門学校に通い始めた二四歳のときだった。岡山市内のあるカフェ・レストランでアルバイトしていたとき、その店を経営している飲食店グループで正社員として働き、店長を務めていた四歳年上の日本人男性と出会った。これまでの日本人に対する考え方は「恋愛によって変わった」。相手の男性は、彼女が在日であることを最初から知っていた。最初は「感じの良い人」という程度であったが、仕事や飲み会を通じて打ち解けあい、半年も経ったころには交際するようになっていた。彼女が在日であることに対する彼の「そんなん関係ないじゃん」という言葉に「信頼できる」という印象を持った。

交際を始めて一年半くらい経ち、親戚や友人たちに結婚することを打ち明けた。「最初は引かれた」けれど、最終的には理解してもらえるようになった。彼女は、「反対する人は視野が狭い人」なのだと受け止めている。母親は、「心理的なレベルで」反対するところもあるようだったが、「びっくりはされたけれど受け入れてくれた」という。また、彼女の両親は離婚しており、「必ずしも朝鮮人どうしだからといってうまくいくわけではない」とも思っていた。一番の理解者は祖母だった。「好きな人と結婚したらいい、お前らは自由だから」と後押ししてくれた。

専門学校を卒業して以来、彼女はフリーランスのアナウンサーとして結婚式の司会などを務めている。いっぽうでパートナーは、二〇〇四年に独立し、岡山市の郊外でパスタ屋を経営している。お互いに「夢を持っているどうしだから考え方や生き方」を共有できている。

小学校三年生になる男の子が一人おり、日本の学校へ通っている。朝鮮学校には通っていないが、朝鮮学校が行っている朝鮮語教室には通っている。「子供は日本人だから日本の教育を受けるべき」であり、「日本社会で立派に育って欲しい」と願っている。子供には、在日という出自を持つことは「公の場で見せて欲しくない」。「公と私を分けてもらいたい」と考えている。ただそのような発言とは矛盾するかのように、「大きくなったときに、僕の母親は韓国人だからと自然に言ってもらいたい」というふうに思っている。しかし仮に彼女が在日であるということが息子にとって不利になる場合があるとすれば、「帰化しても良い」という覚悟を持っている。息子にとって在日の母親を持っているということが人生を豊かにするための「引き出し」になってくれることを願っている。

彼女のようにかつては日本人との結婚を考えてもみなかったような在日も日本人と恋愛し、結婚に至るという場合もある。日本人と結婚し、そのあいだに子供をもうけることによって、「朝鮮人」・「韓国人」・「日本人」といった様々な記号が折り重なり、それらと交渉する日常のリアリティが何よりも守るべきものとなっていることがわかるだろう。彼女の場合、民族性を頑なに守るというかつての姿勢が、日本人のパートナーや子供との関係性という日常のリアリティをより重視するという方向性にシフトしており、その狭間でエスニシティが育まれている。

4・3 「在日と結婚して良かった」

貞烈や琴美のように朝鮮学校に通う者は全体の一割程度であるといわれており、ほとんどの在日の若者は日本の学校に通う。そのため、教育を通じて強固なエスニシティが育まれるという契機は乏しい。また、大多数の在日は日本人と結婚している。しかしそのような環境で育ちつつも、在日どうしの結婚という理想を持つ者も少なくない。また、在日の人口が日本の総人口の〇・五％以下であることを考えれば、まだまだ在日との結婚志向は強いともいえる。ただ、日本社会での偶然の出会いを通じた個人的な関係というよりは、現在でも在日共同体とのつながりが存在している人たちどうしであることが多いと予想される。以下の金村成美のケースでは、個人化した環境で育ちつつも、家族や親戚といった親密な関係性がエスニシティへの回帰に重要な役割を果たしていることがわかる。

金村成美は、市内にある短大を卒業後、地元の企業に勤め、祖父母・両親とともに暮らしていた。三年前に結婚してからは、彼女が育った岡山市郊外の実家の近くのアパートでの新婚生活を営んでいる。彼女の両親はかつて朝鮮籍であり、祖父も朝鮮総聯との関係が深かった。近くに朝鮮総聯の支部があったために、成美は幼いころから朝鮮総聯の行事に参加していた。彼女の祖父は成美が朝鮮学校へ行くことを希望していた。しかし、自ら就職差別に会った経験のある彼女の父親が反対して、彼女は公立の日本の学校に通った。それでも、小・中学校時代には近所の朝鮮総聯の支部で夏休みに行われていた夏期講習へ通ったこともあった。また、朝鮮総聯主催の「サマースクール」[10]にも参加して、たくさんの在日の友人ができた。しかし、朝鮮学校出身者を中心とした朝鮮総聯の青年活動は、「すでにグループ」ができているので馴染めないと感じた。二〇〇一年に長年のあいだ活動を休止していた韓国青年会が発足すると、その設立のメンバーとして携わり、同年代の在日の知人や友人が増えた。

彼女は以前、日本人男性との交際、結婚について悩んでいた。両親は彼女が幼いころから、在日と結婚するように繰り返し伝えてきた。青年会活動を始める前までは交際していた日本人男性がいたが、「結婚する気がないのなら、つきあわなくても良いのではないか」という母親のアドバイスで別れた。またその日本人男性と交際しているときにもたくさん難しい問題があった。二〇〇二年の日韓共催ワールドカップの予選で日韓戦を観戦していたときのことだ。日本人の彼氏からは、在日である彼女が目の前にいるにもかかわらず、韓国代表チームに対して「かなり野次が飛んだ」ことを彼女は鮮明に覚えている。

市内の公立の学校へ通った彼女は、青年会の活動に参加するようになってはじめて同年代の在日の友人ができた。「日本人の友達とは共有できないところまで共有できる」から急速に親密な関係になった。岡山市内で二店舗の焼肉屋を経営しており在日共同体との関わりの深い祖父母や両親の影響からか、やはり結婚するならば在日どうしが良いという思いが深まった。在日とのお見合いも三度した。そして、青年会活動を通じて出会った同年代の在日三世の男性と結婚した。結婚相手の祖父母や両親もまた市内で飲食店を経営しており在日共同体と関係がある。さらに、日本の公立の学校で学び、現在は青年会活動をやっているという、非常に似通った境遇であったといえる。彼女はそのように「環境が似ていた」ことを結婚へと至った大きな理由としてあげた。今では、「在日と結婚して良かった」と思っている。

筆者がこれまで岡山で行ってきたフィールドワークでは、在日どうしの結婚は少数派である。成美の場合も、在日共同体とまではいかないものの、親戚や家族を通じて育まれているエスニシティが回帰を促すうえで重要な役割を果たしている。このようにそれぞれの地域社会の事例を一つひとつ見ていくと、日本の会社で働き、かつては日本人としか交際したことがないという個人化した環境で育ったという場合でも、在日というエスニックな結びつきを希求し、パートナーシップを形成していくという選択をする者たちも存在するのである。しかし、成美やそのパートナーたちが、かつてよりは弱いながらも、民団や総聯といった在日の共同体との関係性が存在している人びとであることを考えると、その他のマジョリティである在日が在日どうしで恋愛・結婚するという機会はもっと少ない。そこで次の事例では、成美と同じようにエスニシティへの回帰を果たしつつも、日本人と結婚した在日の事例をみていくことにする。

4・4 「慰安婦は日本が強制したわけではない！」

圧倒的な多数の在日の若者たちは、日本人と結婚している。恋愛や結婚で差別を経験しながらも、またそれなりにうまく行っている場合でも、家族といった身近な関係性を通じて様々な葛藤が存在している。

大山浩一（一九七六年生まれ 韓国籍）は、在日三世である。二年半前に日本人女性と結婚するまでは、岡山市内で両親と弟と一緒に暮らしていた。現在は両親が経営しているビデオ屋で店長を務めている。浩一は小・中・高と岡山市内の公立の学校へ通った。それまでは、自分の出自について考えることが面倒で、無意識のうちにそのことに触れないように生きてきた。親戚以外に在日の知人や友人はいなかった。そんな浩一が自らの出自を明かしたのは近県の私立大学に進学して、今までの自分を知らない人びとに出会ってからのことである。それまでの自分を知らない大学の友人へ出自を明かした経験を経て、浩一は岡山に帰省した際、かつて出自を隠していた高校時代の部活動の友人と再会して自分が在日であることを告げる。そのときに彼に帰ってきた返事というのが、「だから、どうした」、「お前全然変わらないじゃないか」、「お前は日本人だ！」というものだ。浩一への友情と信頼を感じるからこそ発せられた言葉は、それ以上自分と日本人との違いについて語る道を閉ざすことになってしまうようにも感じられた。

それをきっかけに、浩一は徐々にエスニックなものへと回帰していく。大学を卒業した後にはソウルに語学留学した。その過程で自らのエスニックな帰属感覚が形成されていった。しかし語学留学を終えて日本へ帰国した後に交際した日本人との恋愛をめぐっては苦い経験をした。浩一は、看護師をしている日本人の女性と交際していた。彼女とは高校の同級生の結婚式の二次会で出会い、意気投合した。交際を始めてからしばらくしたある日、彼は自分が在日であることを告げた。それを聞いた彼女は突然泣き出した。浩一がなぜ泣くのかと尋ねると、「彼女と一緒にお風呂に毎日入るというくらい親密な母親」がいつも、在日と「結婚することは許さない」というふうに言っていたということだった。しかし別れたその日に彼女から電話があり、在日ということが理由で別れるというのは嫌だから、もう少し交際を続けてみようということになる。二人は努力を重ねたものの、彼女の両親は執拗に反対した。遂には彼女に対して「お前が結婚するなら自殺する」とまで脅した。彼と一緒になることがなぜ許されないかと彼女が問うと、両親は「血が違う」と答えた。浩一は「一緒に食事でもしながら話し合おう」と提案したがうまくいかなかった。このことがトラウマとなって浩一は「日本人の女性とつき合うのが怖い」と思うようになった。

しかし、そのような経験を乗り越えて、その後に大学時代の後輩に紹介された日本人女性と結婚した。現在は、岡山市の中心市街地から数キロ離れた郊外のアパートで生活している。彼女は、浩一の母親の仕事を手伝っており家族とも良好な関係を維持している。

彼女の日本人の両親は結婚には反対しなかった。彼女の父親は、「結婚したのは自己責任だ」と娘に伝えた。いっぽうで、彼の両親は日本人との結婚をすんなりと受け入れることはできなかった。しかし強い反対の意思を示したわけでもなかった。最終的には「好きな人と結婚したらええ」と母親は言った。

それほど大きなトラブルもなく結婚した。しかし、なかなか解消することのできない問題もある。それは結婚前に彼女の父親の本棚に小林よしのりの本があるときから薄々感じていたことだった。友人が経営する焼肉屋でのこと。彼は半ば冗談交じりで安倍元首相が慰安婦問題をめぐってメディアに批判されていることに言及した。それに対して義父は「慰安婦は日本が強制したわけではない！」という持論で応戦した。お互いに険悪な雰囲気になるわけではない。しかし、両者に存在する大きな認識のギャップを埋めるための交渉は一筋縄ではいかないかもしれない。浩一としては、義理の父親やパートナーとの日常的な関係性を維持することを最優先し、それから時間をかけて認識のギャップを埋めていくことができればと考えている。

まだ子供はいない。しかし子供ができたら「韓国籍より日本籍の方が良いのではないか」と考えている。ただし、自分の出自を隠すつもりはないし、在日という出自は自分の子供にちゃんと伝えたいと思っている。彼女の父親にもそのことを尋ねられた場合にはさしあたり「日本人にするつもり」というふうに答えている。本当のところどうなるのか、またその子供がどのような選択を取るのかは誰にもまだ分からない。そのような選択をめぐっては、彼、彼のパートナー、家族、友人、そして子供たちが地域社会の生活世界における様々な出会いや経験を積み重ねられることによってこれから何度も問い直していくものであると想像できるだろう。

4・5「在日とも日本人とも結婚できない」

近年、在日のなかで日本籍を取得する人びとの数は増加している。その数は一九九五年以降、毎年一万人前後で推移している。その理由は様々であろうが、日本籍を取得することですべての悩みが解消されるわけではないし、それゆえに在日というエスニシティへの回帰が起こる場合もある。

秋山浩子（一九七六年生まれ 日本籍）は在日三世であるが、二〇歳のときに両親、妹、弟と共に日本籍を取得した。両親は岡山市内で父方の祖父から引き継いだスクラップ屋を営んでいる。両親の方針で、日本で生活していくのだから、日本籍に変えれば良いではないか、という「軽い」感じで日本籍を取得した。

しかし日本籍を取得したことによって問題も生じた。韓国籍の在日とお見合いをしたが、日本籍であるということがネックとなって破綻した。相手の両親が結婚するなら日本籍から韓国籍に変えて欲しいと主張したため、親どうしが対立した。男性からは個人的に誘いがあったが「無理だろう」と思い断った。日本人の男性ともうまく交際できるのかという不安もある。そんな彼女は「在日とも日本人とも結婚できない」と悩んでいる。統計上で在日が消滅することによってエスニックな問題が解決することを意味しないのは彼女の例を見れば明らかである。

彼女はこれまで、在日系の民族組織とは距離をとってきた。しかしあるとき、同じ職場の日本人の女友達に誘われて韓国青年会のクリスマス・パーティーに参加した。その日本人の女性は韓国文化に興味があり、韓国でハングルを学んでいたのだった。そのような出会いを通じて、彼女は「初めて民団に足を踏み入れる」ことになった。最近では自分と在日は「切っても切り離せない」問題であると感じており、韓国語を勉強しようと考えている。在日と日本人のいずれにも強い帰属感覚を持つことができない。彼女の事例は、在日の共同体が日本籍への帰化による共同体の溶解を通じて個人化していても、在日としての帰属感覚が自らのエンパワーに必要となる場合があることを示している。家族や親戚でなくとも、ときには職場で出会った日本人との交流が偶然に自分の出自に向き合うきっかけとなる。このような偶然の出会いによって在日へと回帰するような彼女の経験はそんなに珍しいことではないのだろう。

5 地方の多文化共生をめぐる理論と実践の方向性

これまで見てきた地方で生活する在日の若者の事例からは、個人化している環境のなかで、恋愛や結婚、仕事のこと、将来の悩み、子供の未来、そして根強く存在する差別へのとりくみが必要であることが示唆されている。彼・彼女らのなかには、在日が自然消滅するという認識を支持するものはいないことは明らかであろう。むしろ、在日的なものへと回帰している三つの事例は、現代社会における帰属感覚をめぐる流動性が高まるなかでエスニックな共同体や帰属感覚への希求が高まっていることを明らかにしている。また、朝鮮学校出身者の二つの事例は、強固なエスニシティを教育によって身につけた者たちにも、個人化の力学が大きな影響を与えていることが明らかになった。そのような影響に対する両者の方向性は異なる。しかし、決してエスニックなものが消滅するわけではない。

本章では、それぞれ立場や境遇の異なった在日が恋愛・結婚という私的行為を通じて、既存の差別構造とあらためて向き合うことを余儀なくされていることが明らかとなった。またその過程においていかに自らのエスニックな帰属感覚を新たに構築しているのかという視点から、地方都市における多文化共生をめぐる認識において抜け落ちているように思われる多文化的状況を描き出した。しかし、それぞれの物語を一つに収斂することはできないし、もとより彼・彼女らの共通の帰属感覚を描き出すことは試みていない。むしろ本章では、個人化の効果としての在日のエスニシティの変容過程において、日のあたらない部分や両義性や矛盾に焦点をあて記述することを試みた。つまり、共通の物語としての岡山在日物語なるものは存在しない。

むしろそれぞれの事例が示しているように思われるのは、マジョリティとマイノリティという非対称的な関係性のなかで作動する個人化の力学と向き合うことで、彼・彼女らの日常にエスニックなものがいわば不可避に回帰、あるいは新たに立ち上がってくることであり、それに対してそれぞれの言葉や物語が思い思いに紡がれているということだ。たしかに、恋愛で受けた差別を個人の責任で引き受けようという京子のように、エスニシティを個人の問題として理解している場合もあった。しかしその場合でも、私的領域におけるエスニックな関係性を拠り所としつつ、エスニシティを再構築していることも読み取れただろう。また浩一のように、子供は日本籍にするという選択をする者は多い。

しかし、その場合でも在日という出自を隠すとか、自然消滅してしまえば良いということではない。むしろパートナーや小林よしのりの著作を愛読する義父の顔色をうかがいながら、自分の出自についてはしっかりと子供に伝えたいと考えている。また、民族教育を受けたが、我が子のためなら自分の国籍を変えてもかまわないという琴美のような場合もある。しかしその場合でも、在日という母親の出自を人生に役立てるための「引き出し」にしてもらいたいと考えている。つまり、同化の力学に順応しつつも、私的領域における交渉を通じて国籍や帰属感覚を変容させる。

個人化の力学が高まる地方では、恋愛や結婚という私的領域においていまだ続く差別との交渉、そしてそれを通して新たなエスニックな意識がどのように生じているのかを丁寧に見ることが重要である。しかしこうした状況に対して、冒頭でも述べたように、地方の多文化共生をめぐる行政・市民によるとりくみは有効な解決策を提供していない。オールドカマーとしての在日の若い世代が新たな帰属感覚を育むことを奨励するような地域社会の再構築という観点から多文化共生について考えるという視点が欠如しているからである。岡山をはじめとする個々の地方都市の文脈に即した多文化共生のあり方を考えるためには、その前提として、それぞれに多少の差異をはらんだエスニックな帰属感覚を持った人びとの混淆的な現状が地域社会のなかに間違いなく存在しているというあたり前の事実が確認されるべきである。それらは、かつてのエスニック共同体のように集合的に存在しているわけではないが、周囲の人びとを巻き込み、新しい帰属感覚をめぐる連帯へのエネルギーを放っている。本章に登場した朝鮮学校出身者たちも、エスニシティへの回帰を経験している在日たちにとっても、個人化した日常生活の雑多な事情と折り合いをつけながらも、構造的な差別を乗り越えていく必要性があることは明らかである。このように個人化が先鋭化している地方の在日の帰属感覚をめぐる交渉の過程に目を向けるならば、個人化の進展の帰結を、日本社会への同化とか自然消滅という側面のみから予想することはできないはずだ。むしろ、岡山のような地方において、在日であることと市民としての権利を享受することを対立させないような新たな帰属感覚を育むようなネットワークの形成と指標が明らかにされることが欠かせない。そのような準拠点が地域社会に存在するという認識が共有されるならば、筆者の友人が切に願っているように、共同体からは距離を置いた「隠れ在日」たちが自己責任の論理によって悩み苦しむのではなく、いかに差別構造を乗り越えていくことができるのかを想像する必要があるだろう。そのような新たな、エスニシティを固定化することも否定することもせずに、多様な差異が自分のなかで交錯するような帰属意識を肯定するようなビジョンが社会に顕在化することによって、在日の若者たちも自分たちの未来を語る言葉を得ることができるのである。

　重要なことは、共同体の流動的な現状やそれにともない形成される帰属感覚を一枚岩なものとして捉える、あるいは「ニュー在日」のように蛸壺化した類型として捉えるのではなく、それぞれのローカルな時空間のなかに位置づけてみることである。それは、それぞれの地域社会における日常生活の空間に帰属感覚の根拠を根づけるとともに、この時代を生きる在日というものを日常的な視点から再想像してみるということである。つまり、個人化の力学に対して、いかにそれぞれが日常の場面で工夫し生きていくなかで多様な帰属感覚を維持しているのかという営みに、かつてとは異なったかたちでの多様なつながりの可能性を見出すことができるのではなかろうか。それは、エスニシティを個人化された閉鎖的な領域に留めるのではなく、それを突き破り新たなる帰属感覚をつくりあげていく力へと変えていくだろう。またそれは、日本人を映し出すネガとしての在日像を変容させるとともに、ホスト社会やマジョリティそのものが多文化的状況の中で変容しているという想像力につながるであろう。そのような地平に、「箱物」の多文化共生というグローバル都市戦略を越えるための、地域社会における理論と実践の方向性を定めることができるのではないだろうか。

第4部　ジモトの再解釈

写真5　この写真は、これまでの章でも登場した金昌浩の母親が経営している居酒屋「在」のメニューの看板である。このメニューには、カキ入ケランチムやゼンマイナムルのようにエスニックなイメージが前面に出されているものと一緒に、ナンキンそぼろ煮やレンコンキンピラといった日本料理が入り混じっている。このように、エスニックなイメージを付与された場所は混淆的なのであり、境界域であるといえる。このことを強調したいのは、研究調査に基づいた記述では、ある事例対象を濃密に描く過程において既存の理論的枠組みを強く意識するがゆえに、その枠組みに合わないものや齟齬があるものを取り除く傾向があるからである。筆者自身も、博士論文を執筆する過程でこのような境界的な事例を数多く削ぎ落としてきた。しかし、現在の地点から回顧してみると、そのような境界的な事例を削ぎ落とした記述はどこか現実と乖離しているように思えてならない。

第7章　「隠れ在日」の日常的実践

伝統的に、文化的な深遠さは洗練の度合いと関連づけられてきたが、力の概念を導入すると、高度に洗練されたりされなかったりするかたちでおこる人間の行動のなかに、いかに不朽の激しさが永続しているかが注目される（Rosaldo 1993 = 1998 : 35）。

1 フィールドでの出来事を捉えなおす

本章では、岡山での在日の若者へのフィールドワークで得られたデータや経験を振り返り、理論とフィールドの互酬性を通じて不可視化されてきた彼／彼女らの日常的実践を考察する。ここで述べる日常的実践とは、いわゆるアイデンティティ政治を通じた戦略的なエスニシティのあり方ではなく、マジョリティとともに生活するなかで確固とした戦略を練る居場所を持つことが不可能な状態において遂行される戦術的な営みである。具体的には、筆者自身のフィールドワークの失敗事例や記述から取りこぼれたデータに着目し、改めてフィールドワークの過程や理論的な準拠枠組みを問いなおし、筆者が捉えきれていなかった日常的実践について検討する。

まず、在日の戦術的な日常的実践に関する具体的な考察に入る前に、第2節から第4節までは個人化した環境で生活する今日の在日のエスニシティ形成をとりまく状況について理論的に整理する。第一に、非集住的環境で育った在日の個人化を促す二つの力学である、エスニック共同体の溶解という歴史的過程と、自己責任的主体の構築を促す新自由主義的な価値観について考察する。第二に、戦略的なアイデンティティ政治によって描き出される主体のイメージに内包されることなく、かつ日本社会に同化していく存在として捉えられることによって二重に不可視化されている在日の状況について考察する。第三に、そのような二重の不可視化に対して、戦略的なエスニシティを基盤としつつ営まれる、戦術的な日常的実践の領域と両者の相互補完性について検討する。これらの今日の在日の現状を考察するうえでの分析枠組みを踏まえたうえで、第5節から第9節では、筆者のフィールドワークのデータや経験を振り返り、戦略的なエスニシティと戦術的な日常的実践のあいだで不可視化された領域で営まれるエスニシティの即興的なあり方を、レナート・ロサルドの「迫力」(force) という概念に依拠することにより明らかにし、調査者と対象者の関係性を問い直すことによって深まるフィールドのリアリティについて述べる。

2　在日の個人化を促す二つの力学

他の地域と同様に、岡山の在日の若者はより個人化した環境で生活している。ここで述べる個人化とは、従来のエスニック共同体から離れて、非集住的環境で生活しているような状況である。筆者がこれまでインタビューしてきた在日の若者にも、郊外育ちで、民族学校に通った経験がなく、民団や総聯といった民族組織との関係性が薄いものが多かった。彼／彼女らのほとんどが、家族や親戚以外の在日の知り合いがいない、という環境のなかで生活してきた。このような個人化の進展は、日本人との結婚、日本国籍の取得、共同体や居住生活空間の郊外化によってますます促されている。以下では、第6章で論じた今日の在日の若者の日常的実践の営みをとりまく環境について考察するうえで重要だと思われる、個人化を促している二つの力学について改めて確認しておく。

個人化を促す一つめの力学とは、エスニック共同体における紐帯の弱体化という歴史的過程である。在日たちは、共同体的な生活領域から出ていくことで、かつてのようなスティグマからは解放された。少なくとも、共同体から一歩出て通名を使用すれば、在日であることを不可視化して生きることが可能となった。しかし、在日の非集住化は、衣食住を共に助け合うような生活空間の解体とともに、民族組織等のコミュニティの求心力の低下を招いた。このような環境で育ったならば、自分が在日だということを知りながらも、果たしてそのことが何を意味するのかについてお互いに確認し合う契機は限られてくる。在日というエスニシティを確認する作業は、家族や諸個人の内面といった領域に限定されることになる。

個人化を促す二つめの力学とは、新自由主義的な価値観によるものである。戴エイカが指摘しているように、現代日本社会では新自由主義の自己責任という発想によって、マイノリティの人権擁護や不平等解消のとりくみが個人の問題として個別に分断され、マイノリティの政治を弱体化させている（戴 二〇〇九）。また、塩原良和は、オーストラリアの多文化主義の新自由主義化について、マイノリティたちが個人としては多文化的だと見なされるが、構造的不平等の是正や社会福祉政策を集団として要求する権利を喪失してしまうことを指摘している（塩原 二〇〇五）。エスニシティの自己責任化は、集団としてのエスニシティの存在を無効化するとともに、社会問題を個人的な問題とすり替える効果を発揮する。このような風潮が、諸個人の在日の帰属意識と結びつくとき、エスニシティを自己の裁量によって決定するという多様性をめぐる自由は高まるものの、そのことが決定される歴史・社会的背景は捨象されてしまう。個人がエスニシティを決定するということが、当事者の能力の問題に還元されてしまうのである。

以上のような二つの力学によって推し進められる個人化は、いっぽうで、第6章でも紹介した『ニューズウィーク』で描かれていたような「ニュー在日」＝コリアン・ジャパニーズとよばれるような強い主体像を構築している。しかし、先行世代と比較して民族名を名乗る比率が高まっているといわれているものの、圧倒的多数の若者が通名を用いて日常生活を送っている現状に鑑みれば、戦略的なアイデンティティを前面に押し出すことが可能な場面ばかりではないことは明らかである。たとえば、筆者がインタビューした在日三世の山本春江（一九七四年生まれ 韓国籍）は、これまで自分の出自については、「信頼できる」と思った人にだけ伝えてきた。特に、一八歳のころから四年間交際した日本人男性との結婚を相手の両親に反対されてからはとても慎重になった。交際したとしても、「長いつきあいになりそうにない」と感じた場合には、自分の出自を伝えてこなかった(1)。彼女のように、個人化した環境のなかで育った在日の若者たちの多数は、時と場合によっては民族名を隠しつつも、日常的実践を通じてエスニシティを育んでいるのである。

3 エスニシティの二重の不可視化

春江のように、個人化した環境で育った在日の存在や日常的実践は、地域社会のなかでは見え難くなっている。先述したように、個人化によって在日というエスニシティが個人の問題として分断されることによって、日常的実践は個人の判断で遂行されるものとして認識される。そのような日常的な場面でエスニシティを表明していく場合には、社会と個人という二つの異なる水準における実践がありうる。第一には、在日のアイデンティティ政治を通じて構築された民族的主体を参照しつつ、対抗的なエスニシティを形成するという実践である。第二には、日常生活の場面や状況に応じて、個人のみの判断によってエスニシティを表明していくという実践である。

第一の実践は、人権擁護や不平等解消、日常的な差別や排除に対して社会的な在日というエスニシティを表明していくものである。これは、いわゆるアイデンティティ政治として、様々な権利を勝ち取るための、そして個々の在日の自尊感情に対するエンパワメントとして機能してきた。在日というアイデンティティは、当事者や賛同する社会運動家によって立ち上げられていき、それはまた、研究者にとっては分析の対象でもあった。理論と現場の互酬性を通じて、差異を強調する対抗的アイデンティティが構築されてきた。しかし、民族という一枚岩的で硬直的なアイデンティティ理解に対して若い世代からは違和感が表明された(鄭一九九六、金一九九九など)。そこで、均質的なアイデンティティには収まらない、戦術的で多様なエスニシティのあり様が表明されていったのである。しかし、先述したように、そのような多様性もまた個人に帰属するものとして回収されてしまうと、社会集団と個人を結びつける紐帯は弱体化するという意図せざる結果を招くことになる。

第二の実践は、個人としてエスニシティを引き受ける場合である。そもそも、個人として分断されている日常生活の場面では、自分の出自を最後まで隠し通すか、あるいは、自分の出自を表明することによって相互理解を形成していくしかないという、二者択一を求められる場面というのは多分にある。つまり、エスニシティを結果として個人の責任で引き受ける場合である。ゆえに、自己責任の発想によってエスニシティを引き受けるという行為は、個人がサバイブするための最後の切り札であることがわかる。しかし、自己責任という発想が社会によってあらかじめ準備されるという矛盾した現在の状況では、当事者たちにはより一層の強さを求めるという結果を招くことになってしまう。

在日の個人化という現状に鑑みれば、二つの実践にはいずれも困難がつきまとっているといえる。そしてまた、この二つをバランスよく管理する能力が、当事者に要求されてくることが想像される。しかし、このアイデンティティを管理できるものとして把握する視点は、管理できない人びとの存在を不可視化する。つまり、社会的なものと個人的なエスニシティが二項対立的に対置されて、並列的に結びつけるべきものとして再設定され、改めて個人的な能力へと還元されるわけである。そしてこの場合、アイデンティティを管理できない当事者たちは二重の意味で不可視化されることになる。第一には、アイデンティティ政治によって構築されてきた社会的なエスニシティにあてはまらないという意味においてである。そして第二には、自己責任の発想や消費社会的な個人化された力強い主体のあり方にもあてはまらないという意味においてである。

このような在日の不可視化は、大多数の在日が日本人と結婚し、日本国籍取得者が年間一万人に及ぶなかで、在日は「自然消滅」するという論理を正当化するように機能してしまう（坂中一九九九）。第6章でも論じたように、混淆的なエスニシティの生成のあり方を排除したこの論理によれば、在日の問題は社会問題として解決したという判断によってまず不可視化され、さらにそれは、日常的に営まれている混淆的なエスニシティも存在しないという前提に基づいているわけだから、両者にあてはまらない在日は二重に不可視化されるということになる。しかしながら、「自然消滅」の論理に措定されているように、この二つの戦略は二項対立的に捉えることができる類のものであろうか。むしろ、在日のエスニシティをめぐる社会と個人という二項対立的枠組みを、戦略と戦術という二つの概念によって両者の相互補完的な関係性として位置づけ、二重に不可視化された領域における日常的実践の営みのあり様を論じる必要がある。

4 戦略的なエスニシティ、戦術的な日常的実践

日常的実践は、日々の生活のなかで、その場の状況に応じて即興的に紡がれていくものである。そこに、全体を見渡すような俯瞰的な視点や、しっかりと練られた戦略は存在しない。在日にとってのエスニシティの形成とは、そのような日々の日常的実践を通じて遂行されるのであり、アイデンティティ政治が志向する戦略的なものとは異なる位相で営まれている。セルトーが述べるように、戦術とは、「これといってなにか自分に固有なものがあるわけでもなく、したがって相手の全体を見おさめ、自分と区別できるような境界線があるわけでもないのに、計算をはかること」である。セルトーは、このような戦術における頭の働きというのは、言説化されるものではなく、それそのものが決断であり、機会を「とらえる」行為であり、その際の捉え方であると述べている（de Certeau 1980 = 1987 : 24-26）。

このような在日の戦術的なエスニシティに関しては議論されてから久しい。一九八〇年代には、「民族」という言葉で在日の存在を説明されることに違和感を覚える若者たちが存在しており、個人と民族を一枚岩のものとして同一視するのではなく、「柔軟でしなやかなアイデンティティ」を育んでいることが指摘されている（金 一九九九）。また、安田直人は、日本国籍を取得した日本籍朝鮮人や日本人と在日の両親を持つダブルたちの社会運動において、かつての在日のアイデンティティ政治に象徴されるような「本名を呼び名のる」というスタンスではなく、「名前を守る自己決定権を守り育てる」ことが重要だと指摘している。ダブルという「一つの言葉に収斂」するのではなく、ルーツをめぐる諸個人のあり方を自分の言葉で語ること（＝「叙述的な自己の語り」）が重要だとされる（安田 一九九七、安田 二〇〇〇、李 二〇〇九）。これらの社会運動を通じて垣間見えてくる日常的実践にお

けるエスニシティの形成を重視するような視点においては、硬直したアイデンティティ政治を乗り越えることが意図されているといえる。

ただし、在日の二重の不可視化という現状を踏まえるならば、戦術的な多様性もまた、個人の多様化へとすり替えられて解釈される機制に曝されている。そこで、本章で考察を深めたいのは、戦略的なものと戦術的なものとの対立的関係性ではなく、その相互補完性についてである。金も、高槻むくげの会で活動する若者に対する聞き取りにおいて、若者たちの一枚岩的な民族に対する語りに対する「違和感」とは、エスニシティの「全面否定」を示すものではないことを指摘している（金一九九九）。たとえば、先述した春江の場合、相手によって自分の出自を明かすかどうか窺うという行為は、まさに戦術的な日常的実践であるといえるだろう。そのような行為は、当事者のエスニシティを鮮明に打ち出すタイプのアイデンティティ政治の規範からは逸脱している。しかしだからといって、アイデンティティ政治によって構築されてきた在日というエスニシティを否定しているわけではない。実際に、機会を見計らって、しかるべき相手には自分の出自を告げるわけである。そしてそのときに依拠することができるのは、戦略的なエスニシティに他ならない。つまり、両者は相互補完的な関係性にあるのであり、決して対立しているわけではない。しかしここで重要なのは、両者を一直線に結びつけることではなく、両者がいかに、一体どのような文脈において相互補完的なのかという、個人の数だけ開かれた文脈について慎重に理解してみることである。そこで次節以降では、筆者のフィールドワークのデータを振り返りながら、在日たちの日常的実践における戦術がどのように営まれているのかを具体的に検討してみる。

5 「隠れ在日」という戦術

第6章でも述べたように金昌浩は、春江のような在日を「隠れ在日」と呼んでいる。彼は、岡山市駅前町で育った在日三世である。駅前町で育った昌浩と酒を飲みかわしながら感じられたエスニシティのあり方は、自己責任の発想に基づいた個人というパッケージとも、クールに力強く生きる在日という枠組みに回収されたものとも異なるものであった。彼の日常的実践に寄り添いつつ見えてきたものは、不可視化されたエスニックなものを希求し、そこに自らの帰属感覚を模索する姿であった。

彼曰く、「隠れ在日」とは、家族や親戚以外の在日との関係性はなく、孤立した環境において生活するなかで自分自身の帰属意識に向き合っている在日の若者である。既存の民族団体が掲げる一枚岩のエスニック・アイデンティティでもない、自分自身のエスニシティを力強く掲げることにも多少の躊躇を覚えてしまうような、在日の姿である。昌浩が育った駅前町は、小規模ながらもエスニック共同体である。しかしながら、実際には、春江のように多数の在日の生活者たちはそこから離れ、郊外化した住環境のなかで生活している。第5章でも論じたように、このことはかつてのスティグマからの解放を意味するが、その代わりに得られた自由には様々な困難もつきまとっている。ただし昌浩もまた、小さなエスニック共同体に育ったとはいえ、韓国青年会の活動に携わる以前には、親戚以外の在日の知り合いはいなかった。これは、筆者がインタビューした朝鮮学校出身ではないほとんどの在日の若者に関しても同様であった。

第5章でも言及したように、彼が自分自身のエスニシティに自覚的になったのは、県外の大学へ進学してからのことだった。これまでとはまったく異なる生活環境に身を置くなかで、自らのルーツを捉えなおし、本名を名乗るようになった。さらに、アメリカの大学への留学、韓国の大学への留学を通じて、コリアン・アメリカン、韓国人、在日の若者たちと出会い、エスニックなものへと回帰していったのだった。とりわけ、ソウルでの同年代の在日との出会いを通じて、在日としての自分へと向き合う機会が増えていくこととなった。二〇〇一年に帰国してからは、同じような仲間を求めて、しばらく休止していた岡山の韓国青年会の活動を立ち上げたのだった。そんな彼が、筆者との会話のなかでしばしば口にしたのが、「隠れ在日」という言葉だった。自分のルーツをめぐる旅を通じて、かつての自分自身もまた隠れていた存在であったということが発見されたのだろう。

今日では、そのような若者たちが圧倒的に多数派なのであり、「隠れ在日」という昌浩の言葉には、彼／彼女らの日常的な実践や抱え込んでいる悩みへの関心が窺える。春江のように、時と場合によって民族名と通名を使い分けること――「隠れ」ること――は、エスニシティを育みつつ日常を生き抜くための戦術として機能しているのだ。隠れるという行為は、「消滅」してしまうことではなく、見つからないように潜伏することであり、チャンスがあればその正体を明らかにすることである。そしてまた、民族名が存在するからこそ、隠れるという行為も可能となるのである。しかし、彼の表現する「隠れ」という言葉がまさに示しているように、そのような在日の姿は不可視化されているものであるということがわかる。筆者もまた、岡山での在日のフィールドワークを通じて、この「隠れ在日」の存在が現代の在日を理解するうえでもっとも重要なものであるという認識を形成していった。しかしながら、いったいこの「隠れ在日」の日常的実践がどのようなものなのかとなると、やはり隠れているわけだから、発見しようと思っても見つかるものではないのだ。また、インタビュー調査や参与観察を通じてそのような日常的実践について教わることがありながらも、調査者の思惑とうまく合致しないように感じられて気づかない場合も少なくなかった。そこで次に、筆者のそのようなフィールドでの経験を象徴している一つのエピソードを振り返ってみる。

6　ある警察官志望の在日の若者

博士論文執筆のために行っていた一年間のフィールドワークも終わりを迎えていた二〇〇三年の一二月のある日のことである。筆者は、オーストラリアの大学院に所属していたが、自分の出身地である岡山で部落や在日の若者のフィールドワークを行っていた。その日の夜に、岡山の韓国青年会が主催する「☆二〇〇三年在日コリアン青年たちのクリスマス・パーティー☆」に参加するために、会場である民団岡山県地方本部へ出かけていった。フィールドワークの間に知り合った在日の若者たちとイベントを楽しむという目的とともに、オーストラリアに戻る前に自分に不足していると感じられていたデータを補う最後の機会だと考えていた。フィールドワークの日記を振り返ってみると、このパーティーについて記録してあるのは、「午後七時三〇分よりクリスマス・パーティー。三六名参加。一〇時にはすべて終了して、解散する」のみである。日記にさえも記録されていないが、当日に話をし、アポの約束を取りつけた在日の若者たちの顔や会話の内容が蘇ってくる。

そのうちの一人に、三〇分くらい話をした在日三世の朝鮮籍の若者がいた。彼は、岡山の朝鮮初中級学校を卒業し、高校を卒業してから岡山市内の職場を転々として携帯電話のショップで契約社員として働いているということだった。韓東賢が「朝鮮学校コミュニティ経験」と呼んでいるように、朝鮮学校出身の若者たちは、地域のネットワークが強固で、スポーツや料理サークルから花見や飲み会まで、地域での活動が盛んに行われている。しかしそれはまた狭い社会でもある。そのような狭い社会のなかで違和感を覚え、他の在日の若者たちとの出会いを求めて韓国青年会主催の集まりに参加したのだった。そのような彼は特殊というよりは、筆者がこれまで何度か出会ったことのあるタイプの一人である。居場所を求めていたということに関しては、その場にいた他の在日の若者たちと変わらない。クリスマス・パーティーに集まった大半の若者たちは、エスニック共同体がリアリティを失いつつある時代に非集住的環境で育ったのであり、自分たちが帰属する場や出会いを求めてやってきていたのである。

しかしなぜ彼のことが執拗に思い出されるのか。それは、彼が筆者に述べた将来像をめぐる世界観がとても不可思議に感じられたからだった。当時の彼は、日本社会で不安定雇用のなかで生活しながらも自己実現を夢みる他の若者と同様に、自分らしさが感じられる職業に就くことを願っていたようだった。しかし、その彼が就きたい仕事というのは警察官だった。何かしらの使命が明確な職業に就きたいという程度のことだったのかもしれない。もしくは、自分にとってあえて不可能な選択肢を表明することが、不安定な現実のなかで夢を見続けていることを継続していくための術なのかもしれない。実際に彼が続けて、「心理分析官も良いかも」と述べたように、警察官というイメージはとても曖昧なものである。むしろ筆者が彼から感じたのは、新自由主義的な価値観が要請するような自己責任的、能動的、自己実現を尊重するような世界観であった（渋谷 二〇一一：六一）。博士論文のためのデータ収集に必死だった筆者は、どこか引っかかる事例だが、到底論文に用いることはできないだろうと判断していた。つまり、筆者にとって、彼は在日という戦略的アイデンティティを全面に出しているわけでも、また戦術的な日常的実践を遂行しているようにも感じられなかったのだ。しかしまた、フィールドワークを通じてこのように奇妙でどこか凡庸な事例や語りにどのくらい出会ったことだろう。そのようにフィールドの出来事を捉え返してみると、テキストに書かれた理論とフィールドを往復する過程で、調査者は何を「平凡」なものとして切り捨てているのだろうか。そしてまた、選び抜かれたデータやエピソードによって、いかに理論や主体を構築してきたのだろうか。

そのようなフィールドワークの失敗を示すデータやフィールドでのエピソードにも着目してみると(三浦 二〇〇九)、それらを削ぎ落とすことによって成功したフィールドワークやモノグラフ、そこで構築されている主体や場所の意味は問い直されていく。つまり、筆者がこれまで理論とフィールドとの互酬性のなかで構築してきた主体とフィールドの境界を、データとして採用しなかった事例から改めて問い直してみると、もう一つのフィールドのリアリティが見えてくる。そのように捉えるとき、自明の存在として調査者が把握するフィールドの境界や主体のイメージは揺らぎ、個人化した在日たちが営んでいる素朴な日常的実践が遂行されるフィールドが立ち上がってくる。

7　シソ巻きアジフライが問うフィールドの境界

クリスマス・パーティーの会場である民団岡山県地方本部は、岡山市駅前町にある。戦後に、ここにはエスニック共同体が形成されてきた(「岡山民団四十年史」編纂委員会 一九八七)。岡山市駅前町周辺地域は、JR岡山駅の東側に面しており、民族組織の地方本部や金融機関、在日が経営する朝鮮食料品店、焼肉屋、居酒屋、ビジネスホテルなどが立ち並んでおり、大阪や川崎などの集住地区に比べればかなり小規模であるが、ちょっとしたコリアンタウンの雰囲気がある。他の地域と同様に、戦後に、祖国に帰国するための乗船地にも通じた幹線鉄道の主要駅周辺では、バラックが林立し、闇市が形成されていった。そのなかでも、岡山駅前中筋通りから西川にかけてのものが岡山市で最大のものであった。一九七八年にダイエー岡山店が商店街の南側に招致されるまでは、中筋商店街にはたくさんの在日が経営する店舗があった。現在では、商店街の西側にビックカメラを誘致するなど、いかにも地方都市のターミナル駅周辺らしい再開発によって装飾されているものの、焼肉屋、パチンコ屋、喫茶店など一〇数件の店舗が残っている。

一九四六年生まれで、戦後の中筋通りで育った、在日二世の男性によれば、区画整理される前の中筋商店街は「雑然としていた」ものだった。その「雑然としていた」中筋商店街で在日が「食堂、靴屋、衣料、飲み屋」を営んでいた。また、「お金がある人」は旅館業を営んだ。在日が経営する旅館やビジネスホテルは、現在も数軒残っている。彼によれば、中筋商店街の北側は「九三番地」と呼ばれていて、朝鮮人の居住区であることを象徴していたそうだ。彼は「迷宮」のように入り組んでいた「九三番地」を遊び場とした。彼の推測によれば、この中筋界隈に、「多いときには五〇〇－六〇〇人くらい」の在日が居住していた。

筆者は、二〇〇二年の八月にフィールド予備調査を始めて以来、この駅前町周辺に足繁く通うこととなった。そのなかでも良く通ったのが、民団地方本部と駐車場を挟んで隣にあった「在」（現在はその南側に移動）という一九七〇年代に神戸から嫁いできた在日二世の女性が経営する居酒屋だった。在日のフィールドワークを開始した初日に、民団の事務局長に調査についての相談をしていたところ、ちょうど部屋の前を通りかかった昌浩を「良いサンプルがいますよ」と呼びとめてくれた。在の経営者は彼の母親であり、早速に営業時間前に在の二階の座敷で調査を開始したのだった。二時間くらいは話し込んだであろうか。そのときの私たちの会話はお互いの自己紹介のようなもので、彼の在日という出自とこれまでの経緯と筆者が調査に至るまでの経緯とをつき合わせていく過程で展開していったのは、共通の知人や場所、それらをめぐる記憶であった。第5章でも論じたように、偶然にも同じ岡山市に同学年で育った私たちのあいだには、いくつも交わる記憶があった。岡山市駅前の風景と目の前にいる同年代の在日の語りが混じり合い、自分が育った岡山の風景や記憶が問い直されていく。故郷という想像の共同体と在日共同体の双方の歴史が交錯していく「歴史実践」（保苅二〇〇四）である。フィールドワークを通じて、ときには両者に明確な境界線が引かれているような印象を受けるが、また別の会話や経験を通じて、その境界線の揺らぎに気づかされざるを得なかった。テキストを通じて学んだ在日のアイデンティティという枠組みを参照しつつも、それとはどこかが違う彼の帰属意識や日常生活、さらには差別と排除の現実がある。

しかし、個人化された在日たちの日常的実践における些細な出来事や私的な思いが持つ迫力をそっくりそのまま伝えることは容易ではないし、戦略的なエスニシティと短絡的に結びつけることはできない。調査者の思い込みで、戦略的なエスニシティや文化と日常的実践を同一視すると、日常的実践の戦術的な多様性は脱文脈化されてしまう。ここには、レナート・ロサルドが指摘しているように、調査者がフィールドにおいて分析的「深遠さ」と文化的「洗練」を同一視するような解釈をもとに、文化を描き出してしまうことと同様の問題が存在している。つまり、社会分析の枠組みに準拠するような事例やインフォーマントとの関係性を濃密にしていく過程で、フィールドが「視覚的に仕切られた場」として立ちあがる（Rosaldo 1993 = 1998 : 23）。その場合、既存の理論的枠組みがフィールドと対象に適応されるとともに、論理的、倫理的、政治的に不必要だと考えられるものが削ぎ落とされていくことによってフィールドの境界が設定される。ゆえに、調査者が分析を深める行為が、対象者の文化の多様性のリアリティとは乖離していく事態が発生する。

たとえば、筆者が足繁く通い、たくさんの在日と出会った在という場所の境界的性格について論文のなかで言及することはない。むしろ、地方都市の中心市街地の在日が経営するコリアン居酒屋という場が暗に設定されることによって、舞台は整う。しかし在を構成しているものの一つひとつに目を凝らしてみると、その境界的な性格が浮かびあがってくる。たとえば、在の看板メニューに目を向ければ、チジミ、キムチチゲ、テンジャンチゲ、チャプチェ、ビビンパ等の「韓国料理」であることを容易に想像させるメニューが並ぶとともに、シソ巻きアジフライ、コロッケ、茄子の煮浸し、キンピラ牛蒡、イカアスパラバター炒め、アサリの酒蒸しなど、日本の家庭料理も定番である。キムチやチャプチェとともに、和風ソースにつけたシソ巻きアジフライを食べながら、マッコリ、チャミスルとともにアサヒ生ビールを飲み、昌浩や他の在日の若者たちと交流するなかで想起されるのは、在日の日常的な食卓の風景である。昌浩の家庭の食卓にはキムチとともに、近所のスーパーで調達可能な食材を用い、「カレー、八宝菜、豚カツ」などが並んだのだった。このような日常的な場を「境界域」

(borderland)(Rosaldo 1993 = 1998、川端二〇一〇d)として捉えるとするならば、今日の在日はこのような混淆的な日常の中でエスニシティを育んでいるのである。またそこで営まれる文化とは、桜井厚が部落で生活する人びとの生活史を記述する試みのなかで述べる、大きな物語やポリティカル・コレクトな言説とは必ずしも直線的には結びつかない「境界文化」とも呼べるだろう(桜井二〇〇五)。このように、対象者の日常的実践の多様性にもう一歩踏み込むことによって、調査者はさらに分析を深めていくことが可能となる。分析的「深遠さ」と文化的「洗練」を同一視しないことによって、「境界文化」がリアリティを持って立ち上がってくるのである。

8 「隠れ在日」たちの偶然の出会い

日常的な実践が営まれる境界域は、レストランなどのエスニックな意味を付与された場所にのみ発生するわけではない。日常生活の様々な場面で、あるいは偶然の出会いを通じて、混淆的なエスニシティは営まれている。以下では、岡山で同じ短大に通っていた二人の在日の偶然の出会いの場面についての語りから、「隠れ在日」の実践について考察する。

春江に紹介された木村京子と三人で、京子の母親が経営する居酒屋で行った聞き取り調査のときに、筆者が彼女らに何がきっかけで二人が友人になったのかについて尋ねたときのことである。春江は岡山市の郊外、京子は倉敷市の郊外で育ち、二人とも家族や親戚以外の在日の知り合いがいない環境で育った。二人は、民団や総聯などの民族組織の集まりで出会ったわけでもない。しかも、通名で生活する二人が偶然にも出会い、親しい友人関係を形成するに至ったわけである。

彼女たちは、岡山市内にある同じ短大に通った。当然、お互いに在日であるということは知らなかった。また、お互いの第一印象も決して良いものではなかった。

京子：でも、そのときはすごく仲悪かったんだよ。ね、山本さん？仲悪いっていうか、怖い者どうしだったんだよね、お互いに？お互い怖いと思ってた。私は絶対しゃべれない人だと思ってましたね。でも「春江」だけだもんなあ、今は。

春江：二年になって、同じクラスになって、で、しゃべるようになった。

しかし、お互いに在日だということが分かって、関係は急速に親密になった。最初にお互いに在日であることに気づいたのは、春江だった。だけれども、そのことを知りつつも、しばらくはそのことを黙っておいた。

春江：何で私が在日か言ったのは……、ふふふ。

京子：あっそう、この人汚いやろう。ずっと黙っとんたんよ！あたし全然知らなかった。

春江が京子も在日であることに気づいたのは、短大の書道の授業で、履歴書を書く練習でのことである。近くの席に座っていた京子の履歴書の本籍欄には、「でかでかと韓国と書いてあった」。同じ欄に「岡山」と書いた春江は、堂々と韓国と書いている京子に驚いたが、このことがきっかけで、春江にとって京子との距離が近くなったのだった。その後は、春江も京子に自分が在日であることを伝え、二人は韓国旅行の話や恋愛関係についてなど、何でも話せる関係になっていったのだった。二人とも、交際していた日本人男性との結婚を相手の両親に反対されたという経験を共有できる、数少ない友人である。たしかに、京子の多少大胆な性格ゆえに、お互いに在日だということを確認することができたのだろう。しかし、そのような偶然の場面というのは、そんなに稀有なことでもないのかもしれない。日常生活とは、そのような偶然性や即興性に満ち溢れているのであり、戦術とはまさにそのような文脈においてもっとも発揮されるのである。そして、「隠れ在日」が日常生活で出会うとき、それまで個人で経験していた様々な出来事が、在日という共通項を通じて瞬時に共有される。「怖い者どうし」であった二人が無二の親友になっていくプロセス。偶然とはいえるものの、その一瞬の衝撃が個人に与える力はとてつもなく大きい。このような出会いの持つ迫力は、文化的「洗練」と同一視した分析視点からは見えてこない。つまり、エスニック共同体やネットワークの外部で生じる偶然の出会いが持つ意味の何かしらの重要性を捉えることはできない。今日の個人化された在日の日常的実践の領域を明らかにするには、春江と京子の語りが醸し出す迫力を捉えるような分析枠組みが必要となる。そこで、ロサルドの迫力の概念を頼りに、フィールドのリアリティをさらに一歩深める分析を試みてみる。

ロサルドは、自らのパートナーをフィールドワーク中に喪失するという体験を踏まえて、フィリピンのルソン島で首狩りの儀式を実践していたイロンゴット族の言葉の意味を理解する。自らの喪失体験を通じて、悲しみのなかに怒りがあることを確認し、そのことが対象者へと開かれていく過程で、対象者の言葉の持つ迫力を受け止めることが可能となるのである。このことは、分析の対象となっている客体もまた、調査者を批判的に問い直す分析する主体であることを意味する。ロサルドの場合、フィリピンのイロンゴット族の儀式に象徴される文化の深遠さを描くことを、その洗練の有無とは切り離す必要性を指摘している（Rosaldo 1993 = 1998）。

筆者が、春江と京子の語りから見落としていた迫力とは、日常生活の一場面で個人化された在日が戦略的なエスニシティと結びつく一瞬の契機に生じる即興性である。その迫力は、ロサルドが経験した激しい喪失の経験とは異なるものである。しかしその迫力の持つ質・量的なインパクトが重要なのではなく、一つひとつの経験が醸し出す迫力を調査者が自身のなかに見出すとき、対象者に対する理解をさらに深めたいという知的好奇心が芽生えてくる。調査者がそのような、一つひとつの即興的な生の営みの真摯さに自分を開示していくとき、対象者の言葉は迫力をともなって立ち上がってくる。個人化した非常に入り組んだ文脈における、戦略的なエスニシティと戦術的な日常的実践の刹那的な出会いから生じた彼女らの語りに秘められた迫力は、筆者が練り上げた理論的枠組みや思惑に問いかけてくるのである。

9　不可視化された主体の「迫力」を分析する

本章では、今日の在日エスニシティの二重の不可視化という状況に対して、地域社会で生活する在日の日常的実践に光をあてることによって、既存の社会調査や分析枠組みからは見過ごされてきた人びとが戦略的なエスニシティに依拠しつつ、日常的実践を遂行していることを明らかにしてきた。

アイデンティティの政治においては、それに関わる様々なアクターである活動家や組織、調査者、調査対象者、そしてときには政治家が連携し、そのアクターによる営みによって常に現場から問い直されるテキストや理論、さらには両者の互酬性が継続していくなかで形成されていくフィールドが立ち上がっていく。それは、それらのアクターが具体的に生きている場所であり、筆者と読者のあいだに共有される想像上の場所でもある。しかし、本章で描いてきたような、アイデンティティ政治の舞台としてのフィールドには登場しない当事者やその実践が存在することが問うているのは、互酬性を通じて見放されてきた戦術的な営みをいかに個人化された文脈を担保しつつ、戦略的エスニシティと結びつけて再構成することができるのかということである。むすびとして、不可視化された領域を対象化していくために、第6節に登場した警察官志望の在日の若者を、昌浩が日常的実践のなかで編み出した「隠れ在日」という分析視点から捉え直してみることとする。

なぜ、彼は筆者に「警察官になりたい」と答えたのだろうか。すでに述べたように、彼は朝鮮籍で、民族学校出身者である。しかし、インタビュー時点で交流が継続している友人は一人のみであった(その友人と一緒にパーティーに参加していた)。派遣の仕事を転々として、何か目的のある仕事に就きたいと考える彼の姿は、どこにでもいる不安定雇用の日本の若者を想起させる。恋愛相手も探したい。クリスマス・パーティーに参加した目的の一つもそこにあった。自分と同じ境遇を有する在日の友人も欲しい。その意味で、彼もまた「隠れ在日」の一人なのだ。

「隠れ在日」とは、その言葉が明示しているように、自らの在日としての存在を明らかにすることへの躊躇いが存在している。しかしそれと同様に、在日というエスニシティへの希求が読み取れる。そのような立場にいる者が「警察官になりたい」ということの個人的な含意は別として、その語りの社会的含意は、在日と日本人の境界線がかつてよりははるかに曖昧なものになっているということや、個人が望めば（彼は日本国籍の取得を考えていると述べた）論理的には実現不可能ではない（実際に可能かどうかは別として）というリアリティとともに、それでも在日というエスニシティとの複雑に絡み合った関係性によって支えられているという事実が横たわっている。隠れているからこそ、また在日という戦略的なエスニシティが存在しているからこそ、このような一見矛盾したようなことを言えるのである。その意味において彼の台詞と、日本の若者が「警察官になりたい」という言葉の意味は同じものではないことがわかる（もちろん、日本の若者も多様であり、その動機は一様ではない）。ここでは、かつてのエスニック共同体が個人化していく過程で、エスニック集団が個人のアイデンティティを決定するのではなく、個人の裁量によって、流動的かつ混淆的な自らのエスニシティが語られている。そして、この個人の裁量によって自らの帰属感覚を紡ぎだすことは、その裁量が非対称的な権力構造に埋め込まれたものであり、自由には限定があることが明らかになる過程でもある。実際に彼は、警察官になることはできない可能性、日本国籍を取得することをめぐる様々な問題や諸手続き、そして日本国籍を取得しても警察官に採用されることの不確かさについても同時に述べているのである。つまり彼の言葉は、彼の属性や、彼をとりまく現実をリアルに語っていたのだ。

　在日の若者たちの語りの迫力に着目することによって明らかになったのは、非集住的環境＝個人化した環境における差別・排除の現実と、それに対抗して、個人化され複雑な文脈で営まれる日常的実践の持つ迫力である。個人化を通じて、それぞれのエスニシティは高度に文脈化されているがゆえに、調査者は個々の語りの意味を見落としがちになる。筆者が感じた迫力とは、非言説的な回路を通じてでも切実な何かを即興的に伝える行為であるといえるだろう。このように、個人化の力学が差別・排除として作用する領域においては、無数の工夫が試みられている。そしてそれらの日常的実践は、戦術的なものであると同時に、戦略的エスニシティと分ち難くむすびついている。本章では、筆者がこれまでテキストに記述することを躊躇ってきたフィールドワークの舞台裏での出来事や事例を手掛かりとして検討してみた。調査者が理論とフィールドの互酬性のなかでテキストを紡ぎだす行為のなかで消えてきた事例は、日常的実践の多様性と戦略的エスニシティの入り組んだ回路を結びつけることによって迫力をもって立ち上がってくる。そしてその迫力とは、調査者が調査を通じて受ける衝撃であるとともに、当事者自身の営みが醸し出しているものである。その意味において、フィールドワークとは調査者自身の主体性が対象者によって試され、問い直される過程である。フィールドで経験される迫力の持つ衝撃を真摯に受け止め、対象者と共有し、記述すること。このようなフィールドからの試みを、二重に不可視化された状況にあるマイノリティ性を分析するための枠組み(1)へと再構築していくことが今後の課題である。

第8章　ジモトを歩いた軌跡

僕は、本来の目的や、もののついでや、方便や、偶然や、義務なんかが複雑に絡みあって行われている日常的実践のなかで、身体的、精神的、霊的、場所的、物的、道具的に過去とかかわる＝結びつく行為、つまり歴史実践という側面にとくに注目しているにすぎないんです（保苅二〇〇四：二一〇－二一一）。

1　地方都市近郊のある部落の風景

本章では、筆者のこれまでのジモトにおける調査を振り返ってみることにする。部落のフィールドワークに始まり、在日コリアンの若者の調査、ホームレスの若者の調査へと至った経過、調査課題や調査方法、インフォーマントとの関係性の構築を検討しつつ、現代の地域社会においてマイノリティ性を不可視化する力学とそこで発生している帰属意識の形成と差別・排除のリアリティを考察する一つの方向性を導き出すことを試みる。そこでまず、ジモトの部落をめぐる個人的な記憶を出発点としてみる。

小学校の六年生の時のことだった。一九八六年のことである。同級生の友人と隣の中学校区にある郊外型スーパーの玩具屋に自転車で買い物に出かける際に、その友人の父親が私たちに次のようにいった。「あそこの峠の下り坂の辺は面倒なんが多いけえ、気いつけーよ」。友人と二人で峠の坂を登り終えた私は、どこからそのような「面倒なん」が現れるのかと想像し、峠周辺にある集落を眺めては妄想を膨らませ、坂を下って目的地であるスーパーへと向かったのだった。これが、筆者が個人的に経験した部落差別の原体験である。

この記述にある筆者の記憶には、部落の存在も、「面倒なん」と友人の父親が述べた部落の人びとの姿はない。つまり筆者の部落差別の原体験には、部落もそこで生活する人びとの姿も不在なのである。それにはいくつかの理由がある。第一に、友人と自転車で降りた峠の坂道は部落と隣接しておらず、私たちの目に映るはずがなかった。第二に、峠の坂を下ってしばらく行くと遠方にその集落を見渡すことができるのだが、それは地方都市近郊の農村的風景に二階建ての市営住宅が入り混じったような郊外的風景で、小学生だった私たちの目には地方都市の郊外的な風景の延長線上としか映らなかった。この筆者の体験は、部落差別の「わけのわからなさ」とともに、ある場所を部落であるかどうかを決定する根拠が「地域住民の観念のなか」にしか存在しないという事実を物語っている（三浦二〇〇九：二六九）。このことに加えて、同和対策事業以後の市営住宅の風景は、筆者を含むそれ以前を知らない人びとにとってある郊外の風景以上の意味を込めて理解することは難しい。

部落差別の問題を、先述の体験よりもより具体的なものとして想像することになったのは、大学生のときだった。別の高校に通っていた友人の同級生の男性が、筆者の通っていた高校の同級生の女性と交際していたのだが、この女性が部落出身ということで交際が反対された、ということだった。いまだに存在する差別にショックを受け、またこの不条理な出来事とその「わけのわからなさ」に腹を立てたが、その女性とは話をしたこともなかったし、交際していた男性にも会ったことはなかった。その事実を確認したわけでもないので、噂の水準で知ったに過ぎない程度のものである。

より明確な認識と目的を持って部落を訪れたのは、二〇〇二年の大学院博士課程のフィールドワーク以降のことである。現代社会における日常的な差別・排除やナショナリズムの問題に関心を持っていた筆者は、冒頭に述べたような原体験の記憶を頼りにしつつ、岡山の部落の調査にとりくみたいと考えた。しかし、部落に関して右も左も分からない状況であった筆者は、当時所属していたオーストラリアの大学院の研究室で岡山部落解放研究所のホームページを検索し、研究所の所長とアポを取り、博士論文のためのフィールドワークの予備調査のために帰省した際に岡山部落解放同盟のスタッフや研究所で働く人びとに出会ったのだった。このことが契機となり、部落解放同盟の活動等に関わっていくこととなった。筆者が事例研究として部落の調査を試みたいと思ったのは、それが冒頭に述べた程度ではあるが筆者が実感を持って知っている差別・排除の問題であるということ。また、筆者が長年のあいだ海外から日本研究（Japanese Studies）という枠組みのなかで焦点化してきた、日常生活のなかにおける差別と権力のメカニズムというテーマともっとも深いところで結びついているのではないかと考えたからだ。

しかし結論から述べるならば、筆者は部落の調査を短期間でとりくむことを断念せざるを得なかった。ジモトでのフィールドワークはその後、本書で論じている在日の若者の調査、さらに博士号を取得して岡山で開始したホームレスの若者の調査へと展開していくことになる。これらの研究調査の過程で明らかにしようとしてきたことは、部落の問題と通底している地域社会に存在するが見え難くなっている被差別者の帰属意識の形成と差別・排除の現実についてである。部落の問題を地域社会における他のマイノリティの問題と越境して結びつけて考えるとき、部落差別の「わけのわからなさ」という問いは、差別者側の根拠としての「わけのわからなさ」の解明に求められるのみならず、研究調査や運動において把握されてこなかった（あるいはできなかった）部落から転出入した者たちや部落外で生じている差別・排除の領域との関係性について考えることを意味することになる。

2　部落の個人化／混住化とアイデンティティ政治（二〇〇二年四月～）

部落の調査にとりくもうと考え岡山部落解放研究所に電子メールを出したのは、ちょうど同和対策事業も終焉を迎え、特別対策から一般対策へと移行する二〇〇二年四月のことだった。部落出身の若者の帰属意識や差別・排除の経験に関するフィールドワークを行いたいという内容のメールを出し、アポを取り、二〇〇二年八月に同研究所の所長であった松本広樹氏にお話しをうかがったのだった。松本氏は、彼自身の生い立ちと運動との関わりあいについて語るなかで、一般対策へと移行する過程で、これまでとりくんできた部落の問題や政治について改めて問い直しをしている時期であるのだということが伝わってきた。具体的には、これまでとりくんできた部落の若者たちに部落民宣言することを出発点とするようなやり方が本当に正しかったのか、と彼が回顧したように、まさに部落解放同盟のアイデンティティ政治を反省的に総括していた。また、この頃の彼の関心や研究所の方向性としては、部落の近世起源説を批判的に捉えるとともに、中世起源説へと傾いていることが参加していた読書会や研究会の趣旨からうかがえた。またこの間、渋染一揆のフィールドワークやシンポジウム等の各種イベントを通じて、部落の運動や教育に関わっている人びとや部落出身者との出会いがあった。これらの出会いを通じて、自分が生まれ育ったジモトの部落をめぐりいまだに存在する差別や排除の現状について身をもって実感していくことになったのだった。

しかし、筆者が出会って話を聞いてみたいと考えていた部落出身の若者に出会う機会はなかなか訪れなかった。筆者と同年代やそれ以上に若い人たちで部落の運動に携わっている者はほとんどいなかった。これは、それから一〇年以上経過した現在でもあまり変わりはない。そしてまた、この若者の不在という事実が、よりいっそう若者についての研究調査が検討されるべきであるように筆者に感じさせたのだった。また岡山では、他の地域にくらべて部落解放同盟に対抗して立ち上げられた全国部落解放連合会の活動が盛んであった。歴代の中央執行委員長にも岡山県出身者が多い。同組織の青年部には、二〇～三〇代の若者の活動家が数名おり、そのうち三名にはインタビュー調査をすることができた。一九七〇年に立ち上げられた同組織は解散し、二〇〇四年に全国地域人権運動総連合と名称を変更して再出発している。名称の変更に象徴されるように、部落問題に特化するのではなく、人権一般の問題へのとりくみと転換した。このような組織的な変遷の只中にあったということもあり、若者たちの語りも、部落問題に特化したとりくみというのは終わったという認識が強く、現存する部落をめぐる問題という筆者の思惑と合致するものではなかった。また、部落問題に関わるなかで、圧倒的多数の者たちが、部落を離れて生活しており、都市の中心市街地に近い部落においては、混住率が高いことが明らかになっていった。いずれにしても、部落出身の若者の調査は難航していた。

ここで筆者は、自分自身の部落の原風景に向き合うという、とても素朴な出発点へと戻ってみることを考えた。冒頭に述べた、岡山市の近郊にあるA地区の隣保館の館長に電子メールを送り、フィールドワークについて相談することにした。期せずしてこのA地区は、同和対策事業以前の一九五七年一〇月から一九五九年一月にかけて実態調査が行われた地域でもあった（Cornell 1967）。調査当時の世帯数は二〇四におよぶ大部落であり、近郊的性格を持つと位置づけられている。地区の基幹産業は農業で、地区の中上層を占める三分の一弱が農地改革後に独立自作となり、温室葡萄をとりいれて多角的な経営を行っており、他は金魚・鯉行商、衣類行商、花売り、土建関係労働者および失業対策事業の従業者であるとしている。実態調査をコーディネートした大阪市立大学（当時）の山本登によれば、他の岡山県と高知県の調査地と比べると比較的暮らし向きが豊かであったようだ（山本 一九八四：二七四）。そもそもA地区の調査は、ミシガン大学の人類学教室（当時）のジョン・コーネルの委嘱によって試みられたものであった。コーネルの部落差別に関する描写からは、同和対策事業以前のA地区や住民に対して存在していた部落差別の「わけのわからなさ」とともに、欧米のレイシズムの概念で捉えることの難しさを窺い知ることができる。コーネルがA地区の調査のために訪れたのだが、「一般」(ippan)の人に「部落民」(burakumin)に対する考えを尋ねても直接な差別発言・中傷はほとんど聞けないし、何が部落や部落民を根拠づけるものであるのかを具体的にあげられる者がいなかったような状況であったと述べている。コーネルはA地区の部落差別の実態を次のように描写している。

ある若い妻がA地区にある夫の家から逃げ出した。そしてその数時間後には、その噂は他のコミュニティ(部落外)にまで広まった。この出来事は、ふだん部落について話すときに働く抑圧ぬきに、自由に議論された。このおもしろいニュースの一片は、まるで(その事件に)関わっている人びと(部落民)に特に変わったところはないかのように扱っているようにも思われるかもしれない。しかし、その議論のあり方そのものが、そのようないい加減な行動は賤民には当然のものであるという印象を前提としていた(Cornell 1966 : 163)。

しかし、二〇〇二年にA地区を訪れた筆者の目の前に広がっていた光景とは、かつて山本とコーネルが実態調査を行ったものとは異なり、地方都市近郊の郊外と田畑が入り混じった風景に、小規模な二階建ての市営住宅が四か所ばかりに存在しているというものである。おそらくこの地区から離れた場所で育った若い世代はそこが部落であると気づくことはないだろう。A地区を歩いてみても、貧困の実態を示すようなものに出くわすことはない。しかし、A地区の学区で育った同級生などに話を聞いてみると、やはりそこが部落であるということは知っているのだった。まさに、学区というコミュニティのなかでのみ観念的に存在しているかのようである。隣保館の館長とアポを取り一時間くらい話をしてみたが、筆者が同地区で調査をしたいという考えには消極的な様子で、なかなか調査を始めるようなエピソードとか、若者を紹介してもらえるような雰囲気ではなかった。その背景には、A地区では、部落解放同盟と全国部落解放連合会を支持する人びとに緊張関係があったこともあった。また、筆者自身、インタビューする対象もテーマも漠然としたままだった。つまり、部落をめぐる問題をなかなか掴むことができないでいたのだ。

そこで筆者は、地域の状況を把握することから始める必要があると思い、A地区を把握するために住宅地図で調べてみることにした。そしてこのことが、博士論文のための一年間のフィールドワークというごく限られた時間で、A地区の若者に関する調査をまとめるというプロジェクトを断念させる決定打ともなったのだった。それは、住宅地図を眺めているうちに、高校時代の同級生がA地区出身であるということが分かったからだった。調査を継続するということがどのような影響を与えうるのだろうかと様々なリスクを考えた瞬間、思わず腰が引けてしまったのである。何よりも、筆者が調査したことが何らかのかたちで伝わることが心配でならなかった。それは調査者自身のコミットメントや勇気といった次元におさまる問題ではないように感じられた。後述するが、在日やホームレスの若者の研究でも過去に直接に知っていた人や共通の友人・知人を持つといった人びととの出会いが生じたが、このときにはジモトでマイノリティを調査することの意味が非常に深められるケースとなったのだった。そしてまさに、ここに部落問題の「わけのわからなさ」の核心がある。つまり、同級生が帰属意識を育むということの戦略的（政治的）な意味を、その出自とのみ結びつけて把握することの難しさと限界を感じたのだった。

そしてこの「わけのわからなさ」から、研究調査と運動の実践を通じて部落をマイノリティの共同体として措定する際の以下の二つの問題について考えさせられた。一つめは二口が「部落関係者」と定義している人びとの問題である（二口 二〇一一）。ますます個人化する社会において、部落出身の個々人が部落外へと転出して経験する差別・排除の実態こそが、研究調査や運動において捉えきることができていない問題ではないかということ。二つめは、部落が混住化している現状を踏まえるならば、水平社運動から同和対策事業まで、近代における部落のアイデンティティ政治を通じて構築されてきた主体から排除されているように思われる存在にも向き合う必要があるのではないだろうかということ。その後、この二つの問いは、在日とホームレスの若者の調査へと引き継がれていくことになる。このような筆者が経験した困難は、「部落の若者」という調査の対象設定の困難や甘さを示しているのみならず、マイノリティに関する調査方法や対象者との関係性、表象／代表性、政治性やポジショナリティをめぐる困難について考えるうえでとても示唆的なものである。これらのことを、その後のジモトでのフィールドワークの経験から引き続き検討してみることにする。

3　変容する「非集住的環境」で育った在日の若者の帰属意識（二〇〇二年八月〜）

部落の若者の帰属意識と差別・排除の実態に関する調査が難航しているころ、在日の若者たちと知り合う機会が増えていった。二〇〇二年の八月のある日のこと。やはり在日の知り合いがいなかった筆者は、岡山市役所の国際課に勤めていた高校の同級生に相談し、民団の岡山県地方本部の事務局長に会うことを薦められた。事務局長に在日の若者を紹介してもらいたいことを伝えるために話をしていたときのこと。ちょうど一人の在日の若者が部屋の前を横切ったところを、事務局長が「良いサンプルがいますよ」と呼びとめてくれたのだった。

このフィールドワークの第一日目に出会った在日三世の金昌浩が、その後のフィールドワークを継続・発展させていくなかでキーパーソンとなるとともに、親しい友人関係が構築されていくことになった。その後、彼との出会いを通じて、岡山の在日の若者たちと出会っていくことになった。彼は、一九八〇年代後半から実質的に活動を停止していた韓国青年会を二〇〇一年に立ち上げたばかりであり、常時集まるメンバーは一〇数名程度であったものの、その活動は活気に満ちていた。また、彼の実家と母親が営む居酒屋が、民団の地方本部があり、かつては在日の集住性が高かったJR岡山駅前にあったことも、調査をするにはとても良い条件であった。彼と居酒屋で酒を飲み交わしているだけで、訪れる在日の若者と出会い、その過程で多数の若者たちと知り合うことになったのだった。

彼の母親の経営する居酒屋には、民団関係者ばかりではなく、やはり近くにある総聯や朝鮮西信用組合で働く若者たちやその知人たちが利用していた。そのような過程で、総聯の留学生同盟で働いていた在日三世の李俊一（一九七九年生まれ 朝鮮籍）と出会うことにより、岡山県内の総聯の青年活動や朝鮮学校関係者との関係性も深まっていったのだった。二〇〇三年の六月には、現在も続いているダイアローグ[1]というイベントを岡山市藤田にある旧岡山朝鮮初中級学校で行い、民団と総聯といった垣根を越えたとりくみも行うなど、二〇〇三年の九月にインタビュー調査を開始するまでには、数え切れないくらいの在日の若者に出会った。同年一二月までには、その中から信頼関係を構築した四〇名以上を対象としたインタビュー調査が可能となった。

このことに加えて、時代的な追い風もあった。二〇〇二年の日韓共同開催のワールドカップ、さらには韓流ブームなど、在日というエスニシティを掲げることを推進するような雰囲気がそれらを可視化していったころでもあったのだ。かつて掲げられていた中心市街地や郊外の焼肉屋の看板も、Korean BBQや韓国料理というエスニシティを前面に出すようになっていった。在日の若者のインタビュー調査からも、そのような、消費社会を通じたエスニシティの都市空間への広がりが、在日の自尊感情に何らかの積極的な影響を与えていることが強く感じられることも多々あった。以上のような調査経過のなかで、部落の若者に関する調査よりも、在日の若者との調査や人間関係が深まっていくことになった。また、多数の在日の若者に出会うなかで、彼/彼女らの問題が、先述した現代の部落が抱える差別・排除をめぐる二つの問題と関連することにも気づいていくようになった。第一の問題は、在日の若者の多くがエスニック共同体から離れた郊外で育ち、かつての在日共同体に対するスティグマや差別からは解放されたが、それらが個人の裁量で向き合う問題となっていることである。第二の問題は、調査方法に関連するもので、民族組織等を通じた対象者との出会いは、トップダウン的な性格を持ち、組織の政治性やネットワークから遠く離れて生活する者たちが抱える問題を扱うことができないことである。以上の二点についてそれぞれ論じてみることにする。

第一の問題は、島崎藤村の『破戒』の主人公である瀬川丑松の問題にも通底するものであろう。近代化を通じた共同体が溶解していく過程で、スティグマ化された部落から出た者が得る自由は、そのルーツが抱えるスティグマを個人的に背負っていく必要性を発生させる。部落出身者の場合であれば、地域住民が本籍地と名前を観念的に結びつけることによってそのスティグマは再生産され、部落を出ても個人的に引き受ける必要が生じる。在日の場合、在日共同体を出た諸個人が背負っていくものは、国籍と名前である。在日共同体ではなく非集住的環境で育った在日の若者たちの差別の経験やそれに対する認識にもそのことが色濃く反映している。第5章で考察した、在日三世の金恵美が放った次のような台詞は、非集住的環境で育った在日の帰属意識や差別に対する認識を見事に示している。

「私、特に差別された経験がないから」

たしかに彼女が筆者に伝えてくれた物語には、個人的な差別を受けた経験は直接的には語られない。また、彼女自身が醸し出す陽気な雰囲気からもそのような経験を感じとることはできない。彼女以外からもこれと同じような趣旨のことを筆者に語ってくれた若者がいた。それらの語りが前提としているように思われるのは、まず、在日一世や二世が受けたような集団に対する露骨な民族差別を経験したことはないということ。さらに、日常生活のなかで出会う差別に関しては、個人の裁量で解決する問題であり、そのような気概こそが自分自身に対するエンパワメントとなっていることである。しかし第5章で述べたように、彼女の家族や親戚の話を聞いているうちに、兄が日本人と結婚する際に反対されたことなど、差別というものがそこには厳然と存在しているのである。つまり、自らのエスニシティを自由に語るという裁量の高まりが、エスニシティに対する差別の現実を社会化することを疎外するような状況が発生しているのである。部落とは異なり在日の場合、国籍と名前を変更する手続きを経ない限り、次世代にもエスニシティが継承されていくこととなる。さらに、これまで行ったダブルや日本国籍を取得している若者へのインタビュー調査からも明らかになったが、国籍や名前が変わったとしても、自らのルーツとしてのエスニシティへと回帰するケースも多々みられることがあった。そのようなかつての共同体からは遠く離れた場所において生じている帰属意識の回帰を敷衍解釈してみるならば、たとえルーツを知らせていなかった場合においても、あるいはルーツとの関係性を自覚していないにしても、ある世代における差別経験やその闘いというものは、その時々の個人が置かれた社会的文脈のなかで継承されているのではないだろうか(2)。

第二の問題は、大学といった教育機関の持つ権威や民族組織のヒエラルキーといったトップダウン的な要素というフィールドワークにはつきもののことである。このようなヒエラルキーから生じる研究調査や運動のネットワークは差別の解明や闘争を力強く支えてきたわけだが、そこから立ちあがってくる主体やその政治性には代表されていない多数の人びとの実態を見え難いものにしてしまうことには注意を払う必要がある。これは一つめの問題とも関連しているが、在日の若者の調査をしていて筆者が出会ったのは、何らかのかたちで自らのエスニシティや民族名を公表することができる者、韓国への留学などを経た者、民族学校に通った者など、郊外で育ったとはいっても、自らの帰属意識とエスニシティが強く結びついている場合が多いように感じられた。そしてそのような人びとが全体を代表／表象する場合、その他の見えてこない在日の若者たちの代表性の問題が生じるのである。前章でも言及したように、昌浩はそのような在日を「隠れ在日」と位置づけ、彼が会長としてとりくんできた民団の青年会の活動のなかでも、そのような自らの出自に向き合う契機のない若者たちといかにつながることができるのかということを重視していた。そのような彼の意識は、これまでも多数の論者が指摘しているように先行世代がアイデンティティ政治によって築きあげてきたイメージに対する違和感の表明であるとともに、今日の若者の帰属意識に向き合う場合の孤独な戦いというものに対するシンパシーでもあるように感じられる。すでに言及したように、それは何よりも、彼自身がかつてスティグマから解放された集住地域で育ちつつも、家族と親戚以外の在日に出会うことはほとんど皆無で、自らの帰属意識を育む機会を失っていた「隠れ在日」であったからである。このことは、冒頭に述べた長年のあいだ岡山で解放運動に携わってきた松本氏の反省とも結びついている。同和対策事業や本名宣言に象徴されるようなアイデンティティ政治は、時代的あるいは政治的な要請に応えるかたちで頑強なアインディティを構築してきた。しかしそれは、マイノリティのアイデンティティに対する個人の裁量が高まる時代においては実態の多様性と乖離・矛盾するような状況が生じている。そしてまた、運動組織と密接に関わるなかで展開していった研究調査もこのことと共犯関係にあることは疑う余地がない。差別・排除をめぐる研究調査と運動は、常に大文字の政治との緊張関係のなかにあることに自覚的であらねばならないし、そのことが生じているフロンティアに介入していく必要がある。これは多数の在日の若者に出会うなかで感じたことだが、前章で論じた警察官志望の若者のように、インタビュー調査をしていて、既存の社会科学的なカテゴリーにはあてはまらない事例や、エンパワーする視点からいえば好ましくなかったり矛盾をはらんだりしている事例、倫理的に正しくないと思われる事例がいかに多いことか。それらをあえて挑発的に「平凡な事例」と呼ぶとするならば、そのような平凡さが持っている独特の「迫力」をいかに抽出することができるのだろうか。ますますグローバル化する地域社会に存在する差別・排除のフロンティアに介入していくためには、そのような研究調査や運動の実践では扱われることのなかった「境界域」という不可視化された諸領域を越境して考えてみる必要性があるのではないだろうか。

部落の調査から在日の若者へと推移した筆者のジモトのマイノリティをめぐる研究調査は、その後ホームレスの若者の調査へと展開していくことになる。それは、博士課程を終えてジモトへと戻った筆者が、地域社会のグローバリゼーションの問題として可視化されていた郊外化、中心市街地の再開発やまちづくりの過程で生じる差別・排除の問題を批判的に検討していくなかで出会ったテーマであった。また、現代社会における排除・差別が公共の場で明確に生じる事例を検討する必要性を強く感じていた。これらのことに加えて、部落と在日の若者に対する調査に通底している不可視化された領域で生じる差別・排除の問題という枠組みもさらに明確なものとなっていったのだった。

4　ジモト出身のホームレスの若者と二重の不可視化（二〇〇七年五月〜）

オーストラリアでの博士課程を終えて、二〇〇六年の四月に地方都市の社会学的調査の必要性を強く感じた筆者は、ジモトの岡山へと戻って、研究調査を進めていくことを決意した。博士論文では扱うことのできなかった部落の調査にも時間をかけてとりくめると考えていた。しかし久しぶりに岡山での生活を再開した筆者の目に違和感を持って飛び込んできたのは、第2章で述べたような、まちづくりに代表される地元現象であった。グローバル化のなかで疲弊する地域社会、ファスト風土化する郊外の均質な風景（三浦二〇〇四）に対する危機感から、中心市街地の再開発とともに様々なまちづくりの試みが行われていた。そしていわばこの地域住民を包摂する概念としての地元現象からは排除されているホームレスの存在が浮き彫りになっていった。まさに、地域の再開発やまちづくりといった地域社会のエンパワメントの過程で、ホームレスや貧困というテーマが岡山のような地方都市でも可視化されていったのであった。これまでは不可視化されていたホームレスという存在が、社会的に解決されるべき問題として立ち上がっていた。

ホームレスの自立の支援等に関する特別措置法が制定されたのは、同和対策事業が特別対策から一般対策へと移行した二〇〇二年のことである。筆者がボランティアとして参加した岡山・野宿生活者を支える会（発足時は、岡山の野宿生活者の冬を支える会）が発足したのも、二〇〇二年末のことである。二〇〇七年の五月、筆者はこのボランティア団体の炊き出しに参加することになった。当時、同団体は岡山市内の公園と中心市街地の地下広場で週一回の炊き出しの活動を行っていた。炊き出しに訪れるホームレスの大半は中年の男性だったが、若者や女性の姿もあった。それぞれ様々な問題を抱えているのであろうが、見た目でホームレスであると判断できるものは少なかった。しかし、中心市街地の再開発やまちづくりが進められていくなかで、彼／彼女らの居場所が失われているのは明らかなことだった。彼／彼女らの寝床や居場所であった駅や地下商店街などの商業地、空ビルや裏寂れたゲームセンターなどはまさに地域社会の魅力を高めるために再活性化されるべき場所でもあるのだ。そのようなとりくみの過程でホームレスはどうにかしなければならない対象として可視化されるのであり、同時に解決＝不可視化したい対象として存在するわけである。すでに言及したように、ホームレスの多くを見た目で判断することはできない。そうであるにも関わらず、二〇〇三年度から厚生労働省が行っている「ホームレスの自立の支援等に関する基本方針に基づいて実施される施策の効果を把握するための調査」は、「都市公園、河川、道路、駅舎その他の施設を故なく起居の場所とし、生活を営んでいる者」（第一章総則第二条）に限定しており、「目視」による調査方法でホームレスの数を把握している。それに加えて彼／彼女らの生活空間である都市の中心市街地から排除することによって、まさにホームレスの大半は私たちからまったく見えない存在として、そして解決された問題となってしまうことが予想される（実際にホームレスの数は減っていることが報告されている）。このようなホームレスの二重の不可視化ともよべる差別・排除は、スティグマから解放されてもなお、差別・排除を個人で引き受けざるを得ない部落出身者や前章で論じたような在日の姿ともどこかダブる。二重の不可視化とは、（1）社会問題として解決した（たとえば「部落差別の解消」、「在日コリアンの自然消滅」、「ホームレスの自立」）という認識によって問題視されなくなる、（2）これまで／これからも社会的には可視化されない水準における日常的実践を通じて排除・差別に向き合っているという事実が存在しないものとされることである。この二重の意味で不可視化されるホームレスをめぐる問題について、筆者がジモトで出会ったホームレスの若者に対する調査から考えてみたい。

筆者が炊き出しの初日に出会ったのが、ジモト出身のホームレスである河島君（一九七五年生まれ）だった。ホームタウンのホームレスという河島君の存在そのものが、筆者のジモトという捉え方、過去の記憶や経験までをも問い直すものであった。ジモトという空間がまったく別の様相を持って立ち上がっていき、批判的に捉え返されていくのだった。同年代の河島君は、同時代に同じジモトで育ったというだけではなかった。彼は隣の中学校区で育ち、共通の知人が何人かいた。私たちは、共通の知人について語り合い、懐かしんだのだった。しかしまた、私たちの生い立ちやジモトでの経験はまったく異なるものでもあった。河島君が岡山で育ち、紆余曲折を経てまたジモトへと戻ってきた経緯は次のようなものである。以下は少し長いが、拙稿からの引用である。

河島君は、一九七五年に大阪で出会った岡山市出身の父親と九州出身の母親のあいだに生れた。しかし、河島君の母親は彼が幼い頃に亡くなってしまった。物心ついたときには、岡山市郊外の住宅街で父親と継母とともに暮らしていた。彼には腹違いの弟と妹がいる。郊外の一軒家の暮らしのなかで、前妻とのあいだに生れた河島君は冷遇を受けた。小学生の頃から、週末になると美装業を営む家族の仕事の手伝いに彼だけが駆り出され、手伝いをした。近所の同級生や友人たちが楽しそうに遊んでいる傍ら、彼は家族の仕事の手伝いをしなければならなかった。

地元の公立高校を卒業した彼は、一九九四年に岡山を出て、東京の大手建設会社に就職した。二年間勤めた後、彼は転勤で大阪に引っ越すことになる。そこで仕事を通じて知り合った他の建設会社の知人に誘われて転職するが、一年も経たないうちに辞めた。そしてここから、水商売で働くようになり、「ヒモ生活」が始まった。大阪での生活も五年が経ったころ、彼は、同居していた女性とのトラブルが警察沙汰になり、岡山に帰ることになった。

実家での生活に馴染めなかった彼は数ヶ月で実家を飛び出し、岡山県の県北の街へと引っ越した。

そこには、かつて大阪で知り合い交際していた彼女が身を寄せていた。まもなく、男の子も授かった。しかし、彼女との関係がうまく行かなくなり、彼はその街を出た。

岡山へ戻った彼は、住み込みで風俗店での仕事を始めた。しかし一年間働いた後に、「要領の良い奴ばかりが出世する」ような人間関係が嫌になり仕事を辞め、そこから現在にまで至る長いホームレス生活がスタートすることになる。公園、河川敷などを転々としたのちに、六年にもおよぶホームレス生活を続けている。今や彼は、岡山滞在歴がもっとも長いホームレスの一人である（川端二〇一〇c：四六）。

このような彼のジモトでの経験は決して楽しいものではなかった。河島君にとってジモトとは「消したい存在」であるという。家族や同級生たちとの良い思い出はない。家庭や学校に自分の居場所を見つけることができなくて寂しかった孤独な自分の姿が思い出される。しかし、ホームレス生活を通じて出会った知人や友人、それらの人びとと共に生きるなかでささやかながらジモトとのつながりのなかで生活している。彼の日常的な人や場所とのつながりや仕事に着目してみると、再開発やまちづくり、あるいは政府によるホームレスの自立支援のとりくみにおいては不可視化されている人びとの存在やつながりや場所の意味が立ち上がってくるのだ。

河島君やその他のジモト出身のホームレスの若者、また彼らとつながりのある人びとに出会うなかで気づいたのは、彼／彼女らの日常的な営みやネットワークは、都市の再開発やまちづくりにおいてはもとより、ホームレスの自立支援という文脈においてさえ捉えられていないということである。たとえば、河島君が足繁く通っていた中心市街地の外れにあるゲームセンターには、ニートの若者、UFOキャッチャーの商品でコスプレする少女たち、ゲーム好きのサラリーマンなど、居場所を失った者たちが集い、携帯電話のメールアドレスを交換し、ジュースや煙草、ゲーム料金やコインを融通しあうなかで、ゲームセンターを意味ある場所としてメンテナンスしている。裏寂れたゲームセンターも、相互扶助的な営みを実践し、自己が承認され、文化を営む場所となっているのだ。

また、地域住民とのつながりも、力強いとは決して言えないかもしれないが、存在している。たとえば猫を飼いながら野宿生活を続けている野中さん（四〇代、男性）は、自分の生活のことも顧みずに寝床近くに集まる猫に餌を与えていたところ、近くに住む猫の飼い主の女性と親しくなった。今では彼女に信頼され、昼のあいだは猫の世話を依頼されている。自転車の前籠に何匹も猫を入れて移動する野中さんは、そのような経緯から近隣の人とひっそりとしたコミュニケーションを成立させている。

これらのつながりの他にも、ホームレスに対する差別的な言動とともに、地域社会には彼／彼女らに親切に接している人たちも多い。いわゆるボランティアではない、日常的な営みのなかでのちょっとした親切行為である。親切行為とは、個人化する社会のなかで、親密な領域と私的領域の対抗関係のなかで営まれている、相互扶助を志向する日常的実践であるといえる。通常、研究者や活動家がそのような人びとに出会うことは少ないかもしれないが、それらの行為を個人的なものとして理解するのではなく、社会的な行為であると捉えなおすような視点も重要である。そのように考えるとき、それぞれの親切行為を支えている人権意識とアイデンティティの政治がもたらした社会的な啓発や教育の成果は、地域社会のなかで分かち難く結びついているのである。名もなきやさしい人たちの存在に、コミュニティへの集団的差別から解放されたものの、個人として各々の出自を引き受けて生活している人びとの姿をダブらせて想像することもできるのだ。それは決して、部落解放運動や同和対策事業、在日たちの反差別・権利獲得のための闘争の成果として客観的に把握できるものでもないし、マイノリティのアイデンティティ政治やポリティカル・コレクトな言説からは正しくない実践として見過ごされてきたものが含まれるであろう。研究調査においても、そのような日常的な生活実践を捉えるような試みは多くない[3]。次節以降で具体的に検討するが、社会の様々な場面で同時多発的に生じているであろう親切行為は、人びとが抱える何らかの差異やマイノリティ性が共鳴し合う契機となっている。

このような研究調査からも運動の実践からも不可視化されてしまった領域と、地域社会において二重に不可視化される差別・排除の領域と結びつけていくような構想力と想像力が重要となってくるように思われる。つまり、地域社会において不可視化される排除・差別について考えるといった場合、マジョリティとマイノリティあるいはマイノリティ間どうしの分断を越えて（そもそも分断しているのだろうかという問いも踏まえつつ）、多様なマイノリティ性を越境的に結びつけて考えていくような方法が求められてくるのではないだろうか。しかしそのためには、アイデンティティ政治や主体の構築がマイノリティの歴史社会的な固有性を核として展開されてきたことの意味について捉えなおす必要がある。本章では、この難問に対する十全な解答は用意されていないが、再び冒頭のA地区へと戻り、部落をめぐるアイデンティティ論を参照としつつ、マイノリティ性を社会化する協働の可能性を模索してみることにする。

5 「足を踏んでいる者」／「足を踏まれた者」の関係性を捉えなおす（二〇一〇年九月〜）

二〇一〇年の秋、人権セミナーの講師としてA地区で講演することになった。「在日コリアンと自尊感情」をテーマに講演してくれという依頼だった。これまで岡山で行ってきたフィールドワークをもとに、現代の在日の若者の帰属意識のあり方について一時間ばかり語った。聴衆は三〇名ばかりだったが、やはりその中に若者の姿はなかった。後日談であるが、概ね参加者には好評であったとの報せを主催者側から伝えられた。

しかし、聴衆からの質問の時間のことである。ある中年男性が筆者の報告に対して次のような趣旨のコメントをした。それは、筆者は在日の若者をめぐる差別や排除について語っているが、その前に部落の問題について考える必要があるのではないかという内容であった。さらに、報告者の筆者は差別された経験がないから、そのことの意味を本当に理解していないのではないかということが指摘された。この男性のコメントに対しては、筆者が答える前に、会場にいた先述の山本氏が、そのことを主張したら、これからの運動は発展していかないのだとの趣旨の返答をし、会場の聴衆も概ねその主張を受け入れた様子であった。

この「足を踏んでいる者に、踏まれた者の痛みがわかるのか」という男性の言葉が内包する論理は、特定の差別を受けた被差別者が、差別をする側に立ち得る者に対して対話する際に表明されるいわば最後の切り札である。そしてこの言葉を発する主体の特定の歴史社会的文脈を示すものでもある。この言葉を発することは、差別をする側に立ち得る者（問題意識を共有している者も含めて）を敵に回すという大きなリスクを抱えている。この言葉はその投げかけられた問いの切り口の鋭さと引き換えに、「足を踏んでいる者」を困惑させてしまう場合がある。とりわけ、「踏まれた者」の立場を理解しようと試みている「足を踏んでいる者」の立場が明らかにされる場合に、両者の葛藤は非常に大きなものとなる。また、そのような葛藤を解消することを模索しようとすると、「踏まれた者」の痛みはより普遍性の高いものとなるわけだが、今度は「踏まれた者」が生きてきた特定の歴史社会的文脈がもつ意義は薄らぐ、という新たな帰属意識をめぐる特殊性／一般性という二項対立を導き出す。

「部落外出身者」という立場から、この二項対立的図式を挑発的に問い直そうと試みたのは、長年のあいだ部落解放運動に携わってきた藤田敬一『同和はこわい考――地対協を批判する』であった。同書で藤田は、一九八六年八月の地域改善対策協議会（地対協）の「基本問題検討部会報告書」、一二月の「今後における地域改善対策について（意見具申）」が、「部落解放運動を否定、弾圧しつつ、国家主義的融和運動をすすめようとするもの」であると批判しつつも、それに対する運動側の批判のあり方に疑問を呈している。すなわち、部落解放運動は一般市民の共感を得ることに成功しておらず、「同和はこわい問題」であると考える人びとを生み出しているということに対する自覚の欠如を批判したのだった（藤田 一九八七：二一-三）。ここで藤田は、部落解放運動に携わるなかで経験した様々な経験に触れつつ、部落出身者であるということの「資格・立場の絶対化」したアイデンティティ政治や活動の実践に対して、「部落外出身者」と部落出身の「両側から乗り越える」ための「「共感と連帯」に支えられた共同の営み」の重要性を説いている（藤田 一九八七：五八-七六）。

この挑発的な議論に対しては様々な批判が向けられた。部落解放同盟中央本部は、「『同和はこわい考』にたいする基本的見解――権力と対決しているとき――これが味方の論理か」として、「傍観的、第三者的な客観性を装った理論が、差別を擬装じ《ママ》て台頭してくることに警戒」する必要があるのだと締めくくっている（『解放新聞』一九八七年一二月二一日）。また、藤田の論理は、同和対策事業をめぐる不祥事など、部落解放運動の政治に対するバックラッシュを助長するものとして受け止められた。稲田勝幸は、同書は「同和教育運動、部落解放運動に対する「逆風」」を助長するもので、地対協の論理を正当化する方向性へ向かっていると批判している。藤田の主張する「両側から乗り越える」という発想の前提に、差別者と被差別者が対称的関係によって捉えられていることを批判している（稲田一九八七）。稲田が指摘しているように、「足を踏んでいる者」と「踏まれた者」の非対称的な関係性においては、いかに真摯な思いや戦略的な意図があったとしても「両側から乗り越える」という論理は成立しない。この論争の背景にある、部落解放運動に対するバックラッシュが生じた一九八〇年代後半ころの政治的潮流のなかでは、「踏まれた者」の痛みは、部落共同体と本質的に結びつけて論じられている。しかし、同和対策事業が終わった現在の地点から振り返ってみると、「踏まれた者」の痛みの主体とは誰のことを指していたのだろうか。そう考えてみると、藤田の問いは、「足を踏んでいる者」と「足を踏まれた者」という両側として実体化するべきではなく、その二項対立の枠組みによって見え難くなっている領域や関係性、つまり部落解放運動や研究調査が捉えることができなかった、不可視化されている領域や関係性をめぐる問いとして再定式化する必要性があるのではないだろうか。そのような主体とは、部落と部落解放運動という歴史社会的特殊性に時空間の軸を置きつつも、それらの主体をとりまく多様なつながりや実践へと射程を広げる地平に立ち現われてくるのではないだろうか。

このことを踏まえて、筆者がA地区の調査を断念した決定打となった同級生の話に戻ってみよう。筆者は同級生が部落出身者であると直接に確認したこともないし、また本人が部落出身であると受け止めていることを知らない(本人も自分の出自を承認していない可能性も高い)。ただ、同級生がもうA地区には住んでいないということは知っている。そして筆者が同級生のことを想像するとき、もしくは同級生が経験し得る痛みについて想像するとき、これまでインタビューしてきた昌浩をはじめとした在日の若者たちの顔やエピソード、河島君やホームタウンのホームレスたちの現実、さらには自分自身がアメリカの中西部に留学したときに受けたレイシズムの経験とともに思い出されるのだ(本書第1章参照、Kawabata 2006)。部落から出て行った者たち、在日共同体から出て行った者たち、行き場を失ったホームレスの者たちについて知るすべはないし、研究調査することは不可能だ。しかし、調査者が出会った様々な不可視化されたマイノリティたちを結びつけて考えるとき、そのようなスティグマから解放されて、諸個人で自らの帰属意識に向き合う孤独な戦いを強いられている人びとのことを想像できるのである。そしておそらくそれらの人びとは、研究者や活動家の見えないところで、親切行為を実践しているのかもしれない。親切行為には、特殊な歴史社会的な背景は存在していないかもしれない。しかしまた、そのような行為の背景に歴史社会的な背景が存在しないともいいきれない。少なくとも日常的実践を通じた親切行為は、特定の歴史社会的背景やマイノリティ性を抱えた人びとが共鳴しあう契機となっているのだ。しかし本章では、そのような親切行為をめぐるマイノリティの越境性を結びつけて説明するだけの準備はない。ただ、そのような研究調査を行うための出発点としてここで確認したいのは、たしかに存在するであろうそのような親切行為が、理論と実践、研究と運動といった互酬的関係を通じて構築されてきたフィールドでは見え難く、不可視化されているということにある。最後にそのような親切行為のあり方について具体的に想像するための一助として、ジモトの部落出身の女性との対話をヒントとしてみたい。

6　親切行為を想像する——ジモトのある部落出身の若者の場合

山本晶子（一九八五年生まれ）は、岡山県北のある部落で生まれ、高校を卒業するまで過ごした。この地区の世帯数は五〇ばかりで、市営住宅も隣保館も存在しない。現在では、部落解放運動に関わっている者はほとんどいない。笑福亭鶴瓶が『家族に乾杯』で訪れてもおかしくないような美しい自然に囲まれた中山間地域の集落である。彼女は現在、岡山市内にあるＮＰＯに専従のスタッフとして勤務している。

彼女が自分のルーツに自覚的になったのは、小学校四年生の習字の時間のことである。机を汚さないために何気なく持って行ったのが『解放新聞』だった。そのことに関して、周りの生徒が何かを言ったわけではない。ただ、帰宅して母親がそのことに気づいたときの対応から、彼女はそれを学校に持って行くべきものではないんだな、と感じたのだった。ただ、そのことが家族のなかで大きな話題になるわけでもなかった。年上の姉が二人いるが、特にそのことについて語り合うわけでもなく、自分の心のなかにひっそりとしまっておいた。また、学校や日常生活においても、直接的な差別を受けた経験があるわけではない。「ここ、部落ですって、確信的に言われたことはない」。部落と自分自身の帰属意識についても、「焦点をあてないと、部落の問題は出てこない」。

とは言うものの、自分の周りで差別事件が発生したことはある。彼女が中学生のころだった。家族同然のつきあいをしている近所に住んでいる従姉が、交際している男性との結婚を男性の祖父に反対された。その男性や家族は、同じ学区に住んでいることもあり、従姉が部落出身であることを知っていた。この騒動は彼女にとって、「まだあるんだ、ほんまにあるんだ」と部落差別の存在を認識させる出来事となった。

中学生、高校生時代の彼女は活発で向上心の高い女子学生だった。中学校ではブラスバンド、高校ではバドミントン部とESSに所属していた。勉強も好きで、高校卒業後は、他県の国立大学へと進学した。大学ではアメリカ文学を学んだ。「コンビニでのアルバイトを渡り歩き」、大学の勉強やサークル活動に追われるなかで充実した日々を過ごしていったのだった。サークル活動では、高校時代から引き続きESSに所属した。また、大学一年生のときに先輩に誘われたことがきっかけで、ホームレス支援のNPO団体にも参加することになり、事務局の中心メンバーとして活躍した。やはり、「差別問題には興味があった」。そのことと自分の出自は、どこかで結びついて、どこかで離れているような問題であると感じている。同じ差別される側に立つ者として、「なんとなく興味」が湧いて活動に参加していった。

その後、彼女は岡山に戻り、子供の自立支援と人権救済を目的とするNPO団体のスタッフとして現在に至っている。様々な事情で居場所のない子供たちとの目まぐるしい生活に追われるなかで、子供の人権に関わる仕事が自分に向いているのかどうかを自問自答しながらも、日々が過ぎていく。自分のルーツ、ホームレス支援の経験、居場所のない子供たち、そして漠然として掴みどころのない自分の将来に夢を求めるなかで、彼女の帰属意識は生成されていく。どれか一つに還元するほど、自分の帰属意識も将来像も定まっているわけではない。そのような忙しい日常的実践を通じて彼女の差別・排除との闘争は遂行されていく。彼女の姿はもう、彼女が出身の地区にはない。おそらくそこに戻ることもないのかもしれない。彼女のすべてが自分のルーツへと還元されていくわけでもない。しかしまた、彼女の差別問題への関心とは、ルーツが抱える歴史社会的背景と分かち難く結びついている。それらは、日常の様々な偶然の出来事やそこから生じる喜怒哀楽と結びつき、彼女の生の営みを通じて社会へ広がっていくのである。近代における部落解放運動は、まさにこのような彼女の日常的実践を通じて現在も生きられている。それは、部落というアイデンティティ政治のカテゴリーや学術的な理論的枠組みを越境し、その他の様々なカテゴリーや理論的枠組みと結びついているのである。ジモトの研究調査にコミットするという視座に立つとき、部落をめぐる問題は現在そのような多様な社会問題と結びつき、往復して考えることを要請する問題として筆者の前に立ちあがってきている。

7　不可視化されるジモトの領域への介入

本章では、筆者のジモトでの部落に始まり、在日の若者、ホームレスの若者へと展開した研究調査の軌跡を追う過程を通じて、地域社会という場において不可視化されているマイノリティ性や差別・排除の構造について検討してきた。このことを通じて見えてきたのは、社会運動やその動向と結びついて展開されてきた研究調査において構築されてきた共同体のイメージや政治性を捉え返す必要があるということだ。部落問題や在日などのオールドカマーの問題などは、社会的に解決された、あるいは自然解消していくといった考え方も根強いし、ホームレスをめぐる政策においても、同じようなことが現在進行していると考えられる。マイノリティに対する排除、それに対するアイデンティティ政治によって達成された成果もまた、かつての共同体から放たれ、地域社会のいたるところに存在している。しかしそれらの私的領域において実践されている試みを再政治化する際には注意が必要である。かつてのアイデンティティ政治がその力を失いつつある現在、それらが解消した問題であると見なすことと、そのような政治性が失われたという考え方は結びつきやすいのである。たとえば、地域の社会統合や包摂を試みるまちづくりの背景にある「失われた絆」であるとか「共同体の崩壊」という認識がその典型である。たしかにグローバル化と流動性の高まる現代社会においては、かつてのような絆や共同体が存在しないように感じられるのかもしれない。しかし、かつての共同体で培われたものが現代にも異なったかたちで脈々と引き継がれているという事実、この存在をないものとすることを前提とする社会工学的な考え方そのものが、実は排除を前提としている論理である。本章ではそれを二重の不可視化の問題として論じた。そもそも、絆や共同体から排除されてきた人びとの存在がそこからは抜け落ちているからである。とするならば、本章で繰り返して述べてきたように、部落の現在を調査するとは、現在も生活している人びととの直面している問題を基盤としつつ、そこから越境して存在する様々な問題と結びつけていくような試みとなっていくべきであると考える。たとえば部落をめぐる差別は、同和対策事業後の共同体とそれに対する地域住民の「わけのわからない」差別意識を対立させて考えていくだけでは見えてこないのだ。それよりもむしろ、部落の内部で現在生じている問題（高齢化、差別問題の継承）やこれまで問題視されなかった様々な問題に向き合うとともに、そこから越境して生じているマイノリティ性を抱える人びとの日常的実践と結びつけて考えていく過程で浮き彫りになっていく差別・排除の問題へと結びつけていくことも重要である。すなわち、「足を踏まれた者」の痛みを越境的に考えていく日常的実践や研究調査が、地域社会において不可視化されるマイノリティ性の領域へと介入する一つの方法ではないだろうか。

終　章　ジモトで「夢をみる」ことの困難と希望

もし家のもっとも貴重な恩恵はなにかとたずねられたならば、家が夢想をかくまい、夢みるひとを保護し、われわれに安らかに夢みさせてくれることだと、わたくしはいうだろう（Bachelard 1957 = 2002 : 48）。

写真6　この写真は、岡山市中心市街地を流れる旭川の河川敷から撮影したものである。この場所は、第8章で登場した河島君たちの溜まり場であり、他のホームレスたちが寝床としていた場所でもあった。ここは、夜釣りや散歩を楽しむ人も訪れ、ささやかな人びとのつながりが営まれている場所でもある。昔とくらべると人と人との関係性が希薄になったという認識へと慌てて進む前に、目を凝らせば身の回りに存在しているつながりにも気づくはずだ。そしてまた、これもジモトの一つの風景なのである。

1　夢をみることのできる場所へ

本書では、筆者が生まれ育った場所やそこで生活する人びとを、ジモトという視座から捉え返してきた。フィールドワークを通じて、地元はジモトへと変化していった。これまで見慣れていた人びとや風景が異なった様相と新鮮味を持って立ち上がってくる。そしてまた、ジモトを生きる人びととの交流と対話を通じて様々な疑問が湧き、批判的な視点が形成されていった。このような作業を通じて生まれるのは、自らの観点や身近な人間関係が批判的に問い直されることにともなう煩雑さや苦痛だけではなく、むしろ今までよりも自分が育ったまちが面白い場所へと変わっていくことである。ジモトをめぐる研究調査とは、自分の身近な世界に存在している困難さを発見し、解決を試みることのみが目的ではない。そのことも重要ではあるが、むしろ、ますます流動性が高まるこの広い世界の時空間のなかに位置づけて自分の身近な世界を再想像するための方法である。狭い日常で起きていることの意味を、世界で起きていることと結びつけて考えるからこそ、筆者自身もフィールドワークにおいて知的な緊張感と好奇心を維持することが可能であったように思える。そしてこのように感じるのは、疲弊していると語られる地方のまちに存在する微かな希望の可能性を想起させるからでもあるのだと思う。その希望とは、「このまちには何もない」と思って後にしたジモトや自分が生活している場所に、実は存在している何かを発見することである。それは、私たちが生活するうえでもっとも重要な「夢をみる」ための条件と結びついている。

ただし本書で試みてきたように、夢をみることのできる地域社会の探求とは、いわゆる村おこしやまちづくり的な地域ブランド戦略の資源と考えられているものに注目することではない。既視感のある地域ブランド戦略では、知的なヘゲモニーに従属し、圧倒的に不利な状況で資本の流れと連動した果てしなき競争へと巻き込まれてしまう。そこには、グローバル都市戦略で勝利するという夢が込められているのだろうが、敗北すれば（かなり高い確率で敗北してきただろう）訪れるのは悪夢である。ブランド戦略的な地域表象に対して筆者が重視したのは、身近な生活世界に生きる人びととの対話から夢をみることのできる条件を導き出すことである。グローバルに浮遊する夢のイメージの断片を模倣するのではなく、夢をみるために必要な環境について考えてみることである。筆者はこのことを、これまでのジモトのフィールドワークを通じて、中小企業で働く友人や同僚、在日の若者たち、部落関係者やホームレスの若者たちとの対話を通じて学んできた。そしてまた、私たちが夢を持てないことと、彼／彼女らに対する差別や排除は複雑に絡み合っていた。

第2章で考察したように、中小企業従業員の労働を通じたストレスは、北朝鮮をめぐるジョークとして発散されるとともに、職場というストレスフルな日常の潤滑油として正当化される。しかし、第4章〜第5章で考察したように、何気ない平凡なナショナリズムは、同じ地域社会で生活する在日にとっては暴力以外の何ものでもない。そして第3章でも考察したように、それは自分自身の他者に開かれた記憶の喪失とも結びついていた。日常生活の様々な場面で共に生きている他者への想像力が醸成されないとともに、他者との関係性において生じている自己の存在や記憶の排除を招いていた。そのような、自己のローカルな文脈の剥奪を通じて、職場での語りが平凡なナショナリズム言説へと回収されていく。そして何よりも、自分の日常生活から得られる批判的な視点もまた生じない。ゆえに、実際に中小企業やそこで働く人びとを翻弄しているグローバル化や労働の条件を疑うような視点も萎んでしまう。ただし本書で主張したいのは、何でもかんでも批判的に見なければならないということではない。物事や状況を理解する一つの過程において、批判的な考察や検討という過程を踏まえることが不可欠であることを指摘しているのである。そしてこの機能が欠如していることが問題なのである。つまり、現状に対応する認識や理解と批判的な視点の双方の均衡が重要なのだ。さらにまた、ローカルな固有性というものが近代への再帰的な批判的視座を資源としているグローバルな趨勢を踏まえるならば、そのような批判的視座の欠如は致命的なものとなる。

また、第5章〜第6章で考察したように、中小企業の従業員の想像力においては周縁化されていた在日の若者たちの直面する現実には、マジョリティ（だと思い込んでいる人びと）が棄てた夢が暴力へと変質する。彼／彼女が経験する暴力や帰属意識をめぐる語りからは、彼／彼女らが夢をみて生活するためには様々な困難と課題が地域社会に存在していることが明らかになった。かつてのようなスティグマ化された差別は社会の表舞台からは消失していっているように見えるものの、個人化された様々な日常の場面では歴然とした差別が存在している。しかしまた、それに対して、恋愛や結婚を通じて、日本人と在日が身近な領域において関係性を構築していることも明らかになった。しかしそのような現状は、地域社会における多文化共生においては捉えられていないがゆえに不可視化されている。そしてまた、在日たちが彼／彼女らが生活している地域社会に果たして夢を持つことができるだろうか。夢を持って生きていくとすれば、他の居心地の良い場所へと移動するしかないだろう。そうなれば、ますます多様性が地域社会の活性化において重要だと考えられている現状とは逆の方向へと歩んでいると言わざるを得ない。

地域社会を夢みることのできる場所へと再想像するための資源であるジモトの領域はますます不可視化されている。第8章でも論じたように、それは在日の問題に限定されるものではない。むしろ、ますます公共空間から撤退して個人化する差別や排除を越境的に捉えていくような視点が必要となっていることを指摘した。部落やホームレスの若者の現状からも明らかになったが、地域社会における差別や排除は個人化された空間で生じている。まるで地域社会内部のドメスティック・バイオレンスであるかのように不可視なものとなっているのである。個人化された差別と排除の空間では夢をみることはできない。筆者は、将来について夢をみることと、眠るときにみる夢が分かち難く結びついていることを河島君や岡山で生活するホームレスの人びとから教わった。落ち着いて眠れる場所がないと夢をみることはできない。インターネットカフェや路上で熟睡するのは不可能だ。安心して眠れる場所が存在することによって、夢をみることができる。居場所が存在することによって、将来の展望を夢みることができる。この二つを分けることはできない。しかしまた、地域社会の再開発やまちづくりにおいては、彼/彼女らの居場所は消失している。河島君たちの苦難が示唆しているように思えるのは、地域社会における包摂のメカニズムからの排除である。なぜ包摂の試みが意図せざる結果として排除の機能を果たしてしまうのだろうか。

2　二つの意図せざる結果
——ナショナリズム、地元現象、多文化共生——

、本書で批判的に検討してきたそれぞれに相容れない部分のある事象やとりくみであるが、人びとを包摂するというメカニズムを通じて全体主義的に連動する部分があるように思われる。それらはともに、グローバル化のなかで従来の福祉国家的な包摂機能に対する信頼性の低下を招いた新自由主義の思想と対抗関係にあるいっぽうで、相互に補完する役割も果たしている。

たしかにナショナリズムは、かつてのような狂乱じみた全体主義的な機能を果たしているわけではない。本書でも考察してきたように、忙しい職場のストレスを発散するジョークとしての役割を果たすくらいのものである。ナショナリズム言説は、人びとに対して無害であると同意の得やすい消費という、消費者の規範を逸脱しない範疇で発生する。しかしそのような些細な消費の積み重ねによって、人びとを再びナショナルな言説のなかに埋め込むのである。ガッサン・ハージが指摘したように、グローバル化によってもっとも翻弄されるであろう「内なる難民」自身が、自由民主党を中心とした戦後の体制を総括する後押しによってネオ・ナショナリズムの意識が形成されていったのだった。それは日本に特有な現象ではなく、一九九〇年代半ば以降にほとんどの旧西側諸国において生じた現象である。

新自由主義に圧倒される状況において登場してきたのがパトリオティズムを核とした地元現象である。規制緩和と民営化にともない地域社会は国家から相対的な自立を求められる状況が生じた。グローバリゼーションがもたらす均質化という効果への不安から、地域の固有性を立ち上げる必要性が強く認識されるようになった。国家とともに、地域社会もまたグローバルなトレンドであるソフトパワー戦略を展開したのだった。地域社会におけるブランド戦略と再開発は、グローバルな地方都市の風景を再構築していった。その結果生み出された風景が、第2章の岡山駅前の写真である。残念ながら、郊外の均質化に対する中心市街地の再活性化というグローバルVSローカルが生み出した風景は、到底個性的なもの、地域固有なものとは呼べない。なぜならば、ローカルなブランド戦略においてグローバル基準を満たすことが強く意識されているからである。

第6章で論じたように、地域社会における多文化共生のとりくみにおいても国際的な魅力を高めるためにニューカマーや観光客に対応できるグローバルな基準を満たすことが重視されている。地域の再活性化は閉ざされたものではなく、外国人住民と共生できる社会づくりがめざされている。なぜならば、多様性や他者への寛容性は、魅力的な都市として不可欠なものとして認識されているからである。ただし、そのような認識においては、ホスト社会で生活するマジョリティも多文化化しているという混淆的な認識は踏まえられていない。オールドカマーである在日や、日本人とのあいだに生まれたダブルの存在は文化の多様化を担う存在としては考えられていない。そしてまた、多文化共生のとりくみは、その先進事例である川崎市や大阪市生野区のようなローカルな歴史・社会的文脈のなかで育まれたものではなく、表層的にとりいれたものとなっている。

このようにナショナリズム、地元現象、多文化共生は、市場のメカニズムを重視する新自由主義に対して日本人・地域住民・外国人住民を包摂する概念として示されている。しかしいっぽうで、グローバル基準に対応していく過程で既存の秩序を再編していくゆえに新自由主義を補完してもいる。新自由主義と結びついた包摂の概念がもたらしたものは、二つの意図せざる結果である。一つ目は、マイノリティの存在の排除である。一部のマイノリティを多文化の象徴として包摂しているが、在日をはじめとした混淆的な多文化状況を不可視化させていることである。多文化共生という包摂のスローガンを通じて一部のマイノリティを可視化させ、他を不可視化させているとしたら本末転倒である。そして第4章で論じたように、マイノリティの領域の不可視化は、マジョリティの不可視化でもある。グローバルなスタンダードを踏襲した既視感のある地方都市は決して個性的であるとは言えない。つまり、マイノリティの不可視化とマジョリティの多様性の不可視化は結びついている。ゆえに二つ目の意図せざる結果とは、没個性的なマジョリティの姿が投影された地域社会のイメージが形成されたことである。一言でいうと、踏んだり蹴ったりである。よって問われるべきは、福祉国家の衰退と新自由主義の台頭という文脈において、放置してはいけない社会的課題として可視化されるものと、身近な世界に埋め込まれて不可視化されるものの境界線画定のメカニズムである。

3　身近な世界と共生／排除の再生産

身近な世界において何が可視化され、何が私的領域に埋め込まれて不可視されているのか。ケアの領域にみられるように、身近な世界において共有される問題は、社会的な問題として可視化される可能性を持っている。しかし、その領域において共有されない問題は、私的領域に埋め込まれ個人の裁量によって管理されるべきものとして放置される。つまり、身近な世界の一部が公共化を通じて表象される社会的課題としてイシュー化されるいっぽうで、私的領域に放置される差別・排除の問題やそれに対する共生の実践は不可視化されるという構図が浮かびあがってくる。

第6章で述べた木村京子への聞き取り調査から明らかになったように、かつて交際していた彼氏の両親は、彼女が在日だと分かると態度を急変させた。しかし「本当に私は何もない。大変な思いもしてないし」という彼女の台詞が物語るように、そのような困難は私的領域において自分で管理するべきものとして位置づけられている。彼女の両親たちとの経験と比較して述べられる彼女の差別の経験は、身近な世界においてでさえ共有されないことになってしまう。より厳密に述べれば、身近な世界においては彼女に対する差別は共有され得るが、それが社会的には身近な世界に存在する問題として表象されないのである。そのような困難を克服するために、彼女はこれまでは交流のなかった在日の若者たちと出会うことを通じてエスニシティを営んでいったのである。しかしそもそも身近な世界における差別が不可視化されているわけだから、それに対抗するような日常的実践も不可視化されてしまうのである。ゆえに、身近な世界における共生／排除という対立は、公共化することもなければ、社会的な制度やネットワークへと結びついていくこともない。

よって、ここで考えなければならないのは、身近な世界と私的領域を分かつ境界線画定のメカニズムである。本書では、それを二重の不可視化の問題として論じた。第7章～8章で二重の不可視化について指摘したように、この問題はマイノリティの権利の獲得や異議申し立ての戦略であるアイデンティティ政治を支えてきた社会運動や研究調査とも結びついている。二重の不可視化の問題を換言すれば、社会運動や調査を通じて構築された表象からは抜け落ち、かつ社会問題として解決したと認識されることによって不可視化されるメカニズムである。第6章でも論じたように、日本の多文化共生は主にニューカマーを対象としたものであり、在日などのオールドカマーの抱える諸問題が想定されているとは言い難い。いまや、本書で述べてきたような在日の若者が抱える問題はすでに解決済みと想定されている問題であり、支援されるべき身近な世界に生じ得る問題としては考えられていないのである。その結果、言語や住居支援といった新しく来日した外国人住民の身近な世界における問題が公共化されるいっぽうで、エスニシティや帰属意識をめぐる文化的な問題は私的領域に振り分けられる。いずれにしろ、文化的な帰属意識やそれをとりまく差別や排除の問題は個人で管理するべき問題として想定されている。これは、第8章でも論じたように部落差別解消やホームレス自立支援といった諸施策とも通ずるが、住居の問題などのハードのインフラ整備等は進められるものの、核にある人権問題や自尊感情の問題は未解決のままとされている。つまり、人権問題は多文化社会化に対応するべき資源として位置づけられていないと言える。ゆえに、私的領域に放置された共生／排除の現実を可視化するような研究調査の方法が必要となってくるのである。本書で試みてきたのも、私的領域に押しこめられた差別と排除の現実を明らかにするとともに、対抗するような共生の実践を通じてエスニシティを営む在日たちの姿である。それらの排除／共生の現実を地域社会における多文化社会の問題として検討していく場合、いかに私的領域に放置された他者性を公共化することができるのかが鍵となる。

4 身近な世界における他者性の行方

身近な世界における他者性の位置づけについて考える場合、具体的な他者との関係性における非接触領域と、直接的には関係性のない他者への認識と配慮とが存在する。この両者を断絶したものとしてではなく、いかに結びついているのかを確認することが、地域社会における他者性への意識を高めるためには重要となってくる。

本書でも見てきたように、家族や友人といった具体的な他者との非接触領域である未知の領域は、様々な関係性へと開かれている。本書で試みたアプローチも、まず具体的な他者の見知らぬ領域について考察してみることであった。相当に深く知っていると思い込んでいた友人やその同僚に対する参与観察から、筆者は、いかに彼のことを知らなかったのか、そしてまた彼が筆者の知らない他者との関係性を育んでいるのかに気づかされた。第4章の真田とのインタビューでも語られているような在日である高村明とをめぐるエピソードを通じて、筆者の真田に対する認識が変化していくのを感じたのだった。そしてそのような友人の他者化のプロセスは、彼に対するリスペクトの感覚を醸成したのだった。そしてまた、筆者とは特に親しい関係にはなかった高村明のことが、異なったイメージが折り重なることによって思い返されていくのだ。また、第5章に登場したかつての朝鮮部落の近くに新居を構えた伯父・伯母との聞き取り調査を通じて、伯父が金昌浩の伯父と中学時代の同級生で、毎年ある同窓会では顔を合わす関係であることも知った。このような偶然のつながりは、地方都市ならではの狭い関係性を反映しているのかもしれない。それでも、筆者の身近な世界のイメージを大きく変容させ、筆者と昌浩の関係性をめぐる時間と空間の認識も変容していくのを感じたのだった。つまり、自己の他者性に向き合うというアプローチから、他者へと誘われるという方法である。そのための歴史・社会的資源やつながりが日常の中に溢れていることは本書でも確認したところである。私的領域に閉じ込められた多文化化の資源に目を向けることである。そして何よりも、そのようなつながりが存在しているのだというあたり前の事実を想像することが重要である。二重の不可視化の問題と関連しているが、不可視化された多文化的な日常的実践はあらゆる場面で遂行されている。

ただし、身近な世界における他者性の営みを直接的に全体社会における他者性の営みへと一般化することはできない。それよりも、両者がいかに結びついているのかを複眼的な視点から捉えることが重要である。筆者が、在日の若者たちのフィールドワークに従事したのはこのためである。中小企業のフィールドワークをいくら雪ダルマ式に継続していったとしても、必ずしも在日に辿りつくとは限らない（あるいはそのこと自体に意味はない）。直接的には関係性のない公共の場に存在する他者への関心と配慮がなければ、身近な世界における他者性が全体社会における他者に対する関心へと結びつくのは難しい。ゆえに、具体的な他者との関係性を深めるとともに、見知らぬ他者への関心が必要となってくる。筆者がそうであったように、他者に対する関心や好奇心を持ってこそ、身近な世界における他者性の醸成はより豊かなものとなるのである。たとえば、第6章で述べた大山浩一のように、かつて自分が在日であることを隠していた高校時代の友人に思い切ってカミングアウトしたのにもかかわらず、友人たちは「お前は全然変わらないじゃないか」と返答したエピソードを振り返ってもらいたい。全然変わらないのならば、もとよりカミングアウトすることが苦しいものではないのである。いくら友人たちの思いが強いものだとしても、それは身近な世界の内部に閉ざされた、たんなる友情の証に過ぎないのである。友情は浩一が生きていくうえでとても大きなエンパワメントになるのは間違いない。しかし、彼が在日であるということ、そして彼をとりまく歴史や社会的な背景への想像へと開かれていかなければ、友情が公共化する可能性を持たなくなるのである。浩一を在日として受け入れることによって、友人たちの帰属意識もまた変容していく可能性が開かれていくのである。つまり、自分自身の世界観を変えてみようという好奇心のようなものが決定的に重要なのだ。

よって、自分の日常生活の時空間を改めてつぶさに見直してみることと、外へと一歩踏み出してみる好奇心が結びつくことを通じて他者性は公共化されていく。自分自身から出発する方法と他者への認識から出発する方法は違うベクトルを向いているわけではない。むしろ両者が、自己と他者の関係性において同時進行しているのだという時空間をめぐる認識に立つ必要がある。そしてそこに、他者との関係性に開かれた自己の固有性というものが生じるのである。本書で試みてきたように、そのようなヒントは自分の日常をとりまく風景のなかに隠れている。私たちは、他者との具体的な関係性が生じていることを必ずしも実感できないかもしれないが、他者に対する配慮や関係性によって織り成された社会に生きているのである。そのような認識に立つと、自己と他者の歴史と歴史、文化と文化が社会的属性やカテゴリーを越境して交錯している日常的実践の領域が浮かび上がってくる。

5　ふたたびＪＲ岡山駅前の風景へ——もう一つの駅前留学

本書の結びとして、身近な世界において不可視化される他者との共生を想像するための方法について検討してみる。以下では、保苅実の「通文化化の歴史学」(Cross-Culturalizing History) という方法とテッサ・モーリス＝スズキの「連累」(Implication) の概念に依拠することによって、通文化的な共生の実践を導くための枠組みを構築する。この理論的枠組みを踏まえて、筆者自身のジモトにおける通文化的な他者との歴史・文化的共有の経験について振り返ってみることにする。

夭折したアボリジニの歴史家である保苅実は、私たちが日常生活を通じて歴史に触れ合うことを「歴史する」(doing history) 行為であるとする。保苅によれば、歴史学者たちが「歴史を探索する」(searching for history）のに対して、歴史の専門家でない人びとは歴史のなかに浸るなかで歴史実践している。そのような歴史実践とは、歴史家が歴史や主体を生産するのとは異なり、「歴史に注意を向けていく」（paying attention to history）ような営みを通じた日常的な歴史のメンテナンス行為である。歴史実践は、日常的実践と併存し同時進行しているのが常態であるという。つまり、「本来の目的や、もののついでや、方便や、偶然や、義務なんかが複雑に絡みあって行われている日常的実践のなかで、身体的、精神的、霊的、場所的、物的、道具的に過去とかかわる＝結びつく行為」なのである（保苅二〇〇四：二〇－二一）。このような視点から日常的実践を捉え返すならば、私たちは日常の様々な場面において他者の歴史・社会性へと開かれている。さらに保苅は、D・チャクラバルティの「ヨーロッパの地方化」（provincializing Europe）とG・デニングの「歴史の詩学」（a poetic for histories）の概念に依拠しつつ、「大きな物語」（master narrative）に対抗するものとしての「もう一つの大きな物語」（alternative master narrative）という通文化的な歴史主体の構築は、結果的には「マイノリティの歴史」として支配的歴史観の周縁部に包摂されてしまうと指摘する。保苅が模索するのは「多元的歴史時空の接続可能性」であり、通文化的な主体を描き出すのみでなく、歴史そのものを通文化化する「クロス・カルチュラライジング・ヒストリー」（通文化化する歴史学）である（保苅二〇〇四：二三二）。このアプローチを、地域社会における他者との共生への導きのために援用するならば、他者の歴史・社会性としての在日の多様性を描き出すだけでは十分ではなく、その存在の多様性との出会いを通じてホスト社会の歴史・社会をめぐる認識そのものが変容していく必要があるということになる。

他者との出会いの契機において重要になってくるのが、保苅がテッサ・モーリス＝スズキから引用している「歴史への真摯さ」(historical truthfulness)という視点である。モーリス゠スズキは、本質主義的理解に基づいた「我々の歴史」という認識が閉鎖的かつ排他的な「歴史的真実」(historical truth)に依拠するのに対して、他者に開かれた歴史への真摯な向き合い方の必要性を指摘している。つまり、他者の歴史・社会性というものに向き合う姿勢が重要となってくる。そこでモーリス゠スズキが提唱するのが、「連累」(implication)の概念である。

現在生きているわたしたちは、過去の憎悪や暴力を作らなかったかもしれないが、過去の憎悪や暴力は、何らかの程度、わたしたちが生きているこの物質世界と思想を作ったのであり、それがもたらしたものを「解体(unmake)」するためにわたしたちが積極的な一歩を踏み出さない限り、過去の憎悪や暴力はなおこの世界を作りつづけていくだろう(モーリス゠スズキ二〇〇二:五七―五八)。

この「連累」の概念が興味深いのは、それが様々な暴力と不幸に対する反省に基づいた「責任」について強調しているのではなく、私たちの関係性そのものを形成している結びつきをめぐる想像力の重要性を指摘している点である。マイノリティに対するマジョリティの抑圧に対して、アイデンティティの政治は様々な異議申し立てを行い闘争してきた。それらの異議申し立ては、抑圧してきた者たちの加害責任を問うてきたのだった。しかしながら、二重の不可視化の問題として指摘してきたように、アイデンティティの政治は様々な困難に面している。またもういっぽうで、包摂のとりくみとしての「多文化共生」における他者理解においては、マイノリティは本質主義的に把握されることを通じてその固有性が可視化されるとともに周縁的に位置づけられることになるのである。よって、「連累」の概念から示唆されるのは、そのような他者の固有性の可視化ではなくて、その過程において不可視化される私たちの関係性そのものを形成する結びつきに対する想像力の重要性である。そしてこの二重に不可視化されるような領域において、いかに人びとは日常的実践を通じて通文化化する歴史を編むことができるのだろうか。

そこで、冒頭のJR岡山駅の桃太郎像の前に改めて立ってみたい。ジモトのフィールドワークを経た筆者には、桃太郎像を掻き消すローカルな風景が立ち上がってくる。具体的には、カメラのアングルを一五度ばかり左に向けてみるだけである。筆者の視線の先には、戦後の岡山で最大の闇市があり、在日たちが共同体を形成した駅前町をめぐる記憶が想起される。そこで、昌浩の父親は酒屋を営み生活していた。筆者と同じ一九七四年に昌浩は生まれた。その場所は、筆者にとっては特別な場所ではなかった。地方都市の駅前にある商店街は、筆者にとって特別に魅力的でもないように思えていた。ただ、昌浩の実家の近くにあったお気に入りのラーメン店には、高校時代から友人たちと足繁く通っていた。在日の若者のフィールドワークの一日目で昌浩に出会い、彼にインタビューしたときに、そのラーメン屋の経営者が在日であることを知った。そのことを知る前のこのお気に入りのラーメン屋をめぐる記憶とは、そこの看板メニューのラーメンや一緒に食べた高校の同級生たちとの懐かしい思い出であった。それが今では、そのような懐かしい思い出とともに、在日の店主の顔が鮮明に思い出されるのだ。そしてまた、やはりその店にかつて通ったことのある昌浩のことなどを連想するのである。「隠れ在日」として育った彼と筆者の日常をめぐる歴史が交錯し、共に生きた時空間が再想像されていく「通文化化のための歴史実践」である。そのことを通じて「連累」へと導かれていく。植民地時代の歴史からポストコロニアルな状況を生きる在日の日常の時空間と「私」の日常の時空間が入り交じり、「私」の認識が問い直される。閉ざされているように感じられ、魅力的でもなんでもなかった駅前の風景は、様々な時間の重層性と空間の広がりへと導いてくれる場所へと変わっていったのだった。多文化的な社会的環境を共有していくために、特にコスメティックな多文化的装飾（モーリス＝スズキ二〇〇二）は必要でなく、想像力の問題であることを再確認させてくれる。その意味で筆者のジモトをめぐるフィールドワークとは、「駅前留学」のようなものといえるかもしれない。

もう一つの駅前留学——不可視化されたジモトの領域を歩くことを積み重ねていくこと——を通じて「通文化化」されたイメージは、かつてのような既視感を帯びていない。実に多様な人びとが共に生きていることを確認し、一つひとつの日常の風景が固有で興味深いものに思えてくるようになる。何もないと思っていたこのまちには、様々な人びとが生きているのであり、よく知っていると思い込んでいた人びとにもまた多様な側面がある。私たちは、他者との共生に不安を感じることがありつつも、それと同時に共に生きる他者の存在なしに自らの幸せや希望を感じることはできない。塩原良和が述べるように、「他者との共生を欲しているのがほかならぬ自分自身であることに、なるべく多くの人が気づくように働きかけること、それこそがマジョリティの人々にマイノリティとの共生を促すための第一歩」である（塩原二〇一〇：二〇二－二〇五）。不可視化された領域や他者性をコスメティックに可視化することが重要なのではなく、それらを想像する力こそが何よりも求められている。そのような他者と共に生きる喜びへの渇望に改めて気づくことが、夢をみることのできる地域社会を生成するための第一歩なのだろう。

注

第1章

（1）杉本良夫のパートナーである佐藤真知子は、日本から抜け出しオーストラリアでより良い生活の質や新たなライフスタイルを求めて移住する人びとを「経済移民」と区別して「精神移民」と呼んでいる。佐藤はそのような移住者は経済大国となった日本社会の一つの産物であり、彼・彼女らは日本よりも自由で、個人の権利が大切にされている社会を求めて移住してくるとしている。

（2）吉野は、『文化ナショナリズムの社会学――現代日本のアイデンティティの行方』において、杉本とマオア（一九八二）を「日本人論を最も早くから展開した社会学者」として位置づけている。また本書のあとがきにおいては、海外の日本研究者や日本の社会学者（国際社会学）との研究会や交流を通じて主張や理論的特色が明確になったことについて言及している。杉本に関しては、「アルコールを交わしながらの愉快な会話のなかで元気づけられることが多かった」と特別に言及しているように、海外で社会学を専攻しつつ、日本研究という枠組みを引き受けざるを得ない二人の親交が記されている。

（3）吉野は、豪州日本研究学会が発刊しているJapanese Studiesの編集委員を務めている。また、オーストラリアの日本研究者には、カルチュラル・スタディーズを代表する研究者とともに、吉野の研究を参照している研究もみられる。たとえばChris Burgess（二〇〇四）は、吉野の議論とともにスチュアート・ホールの理論を援用しつつ、グローバリゼーションの渦中における現代日本社会の単一民族イデオロギーを分析している。増加する移民に対応して掲げられる「国際化」「異文化」「共生」「多文化」といった概念が、日本のナショナル・アイデンティティを揺るがすものとしてではなく、単一民族観や日本文化の特殊性といった考え方を支える役割も果たしていることが検討されている。

第2章

（1）たとえば水俣市の職員を務めていた吉本哲郎が提唱した地元学は、水俣病で苦しんだ地域住民が環境問題に特化してとりくんできたことから生まれてきたと述べる。都市と比較して「ないものねだり」するのではなく、自分たちの力でそれぞれの地域の自然や歴史を見つめなおすことの重要性を説いている。そこには、かつて水俣にはたくさんの知識人が集まり、水俣病が社会問題化されていったが、そのことは地域住民が自分たちで考え、行動するということに結びつかなかったという反省が込められている（吉本二〇〇八、結城二〇〇九）。

第3章

（1）渋谷望、二〇〇五、「万国のミドルクラス諸君、団結せよ!?——アブジェクションと階級無意識」『現代思想』vol. 33-1, 七四－八四頁。渋谷望は、ジュリア・クリスティヴァの提出した概念を援用して、アメリカ社会における人種主義の分析を行ったアイリス・マリオン・ヤングの議論を前提として、「おぞましきもの」（Abject）という概念を、フォーディズムからポスト・フォーディズムへの転換後、あるいは中流社会幻想が消滅した日本社会に登場した新しいタイプの他者への排他的感覚を説明するのに用いている。

（2）フィールドワークは、筆者がオーストラリア国立大学大学院の博士課程に在籍中の二〇〇三年一月から一二月まで行った。調査方法は、参与観察によるもので、オフィスにデスクを与えられ雑用係として他の従業員とともに定時に勤務するというかたちをとった。なお、本章で使用されている会社名・人物名等はすべて仮称である。

（3）フィールド予備調査は、二〇〇二年八月～九月に行った。

（4）山陽コンサルタント株式会社は、上下水道の設計・コンサルティングを主な業務内容としている。そのほとんどは、市役所や町役場等の地方自治体の依頼業務である。兵庫県神戸市の出身である真田航太郎社長が吉本氏（当時共同経営者、後独立）、吉田正男さん、植田利光さんとともに、一九八五年一月に岡山市内に設立し、現在の新築の二階建て住居型オフィスに移ってきたのは一九八八年である。調査開始当時一七名（男性一二名女性五名）であったが、そのうち女性従業員一名が結婚して退職して一六名となった。

（5）従業員（雇用者を含む）のうち真田牧子を除く一五人が自家用車を所持している。そのうち六人が一括払いで購入しており、他の従業員は給料の手取りの七％－二五％を月々のローンの返済に充てている。

（6）『岡山県南広域都市計画区画整理（岡山市）総括図——区域・地域・地区図No. 3』、一九九六年八月。

(7)社団法人公共広告機構ACオフィシャルサイト(http://www.ad-c.or.jp/:二〇〇四年三月一日)。

(8)ミッシェル・ド・セルトーは、『日常的実践のポイエティーク』で、現代社会における消費者の「知られざる生産者」としての主体性を、人びとの日常的実践のなかから掬いだすことを試みている。自分たちの関心事に引きつけて行われる人びとの消費は、生産者側のコード化された言語を内面化して再生産するのではなく、詩的なものへとつくりかえていく営みなのである。

(9)在日コリアンの子どもたちに対する嫌がらせを許さない若手弁護士の会編、二〇〇三、『在日コリアンの子どもたちに対する嫌がらせ実態調査報告集』、在日コリアンの子どもたちに対する嫌がらせを許さない若手弁護士の会発行。

(10)二〇〇三年八月二三日午後一一時頃、在日共同体のある岡山市駅前町の朝銀西信用組合本店に銃弾が撃ち込まれた。「ケンコクギユウグン」、「チョウセンセイバツタイ」と名乗った犯人の犯行声明は、「無法国家の北朝鮮の工作船が明後日新潟港に入港する。心ある日本人の抗議だ。北朝鮮に反省がなければこれからもエスカレートする」というものだ。彼らの犯行声明には、想像上の国境外の敵と国境の内側にいる敵とが繋がっていて、短絡的に内側にいる敵に国境外の敵が投影されてしまっていることを窺うことができる。

(11)社団法人日本レコード協会「統計データ」、(http://www.riaj.or.jp/:二〇〇四年二月二八日)。日本レコード協会の統計データによれば、一九九八年をピークとして、CDの売り上げは四億五七一七・三万から三億一五二六・七万へと落ち込んでいる。

(12)(社)日本技術士会中部支部プロジェクトチーム中部技術支援センター編、二〇〇一、『中小企業のためのやさしいISO9001の取り方』、第二版、日刊工業新聞、二一一一頁。

第4章

(1)本章では、「アイデンティティ」ではなく「帰属感覚」という言葉が用いられている。これは、筆者の在日の友人との議論から、アイデンティティという言説が所与としているように感じられる硬直な政治性は諸個人の持つ帰属への感覚や経験の多様性と乖離しているのではないかという疑問を持ったからである。また、かつての共同体概念を前提としたアイデンティティ政治から個人化している現代社会におけるオルタナティヴを模索する意味でもこの言葉を選択した。

（2）たとえば一九七〇年代に岡山のベッドタウンとして開発された山陽団地を舞台としたドキュメンタリー作品である本田孝義監督『ニュータウン物語』（二〇〇三）には、無味乾燥と捉えられることの多い郊外に存在する地域住民の繋がりが描かれている。

（3）一九三六年大阪生まれ。作家・詩人。一九五〇年代後半より、在日朝鮮人の解放闘争に関わりながら、金時鐘らと同人誌『ヂンダレ』『カリオン』を刊行する。二九歳の時に事業に失敗し、莫大な借金を抱えて大阪を出奔、各地を放浪したのち東京でタクシードライバー運転手を一〇年務める。著書に、詩集『夢魔の彼方へ』『タクシードライバー日誌』、『狂躁曲』、『族譜の果て』、『夜の河を渡れ』、『夜を賭けて』、『闇の想像力』、『雷鳴』、『Z』『血と骨』等がある。

（4）倉敷市『外国人登録国籍別人員調査表』、二〇〇〇年によれば、倉敷市に住んでいる在日朝鮮・韓国籍の人口は二六〇六人である。そのうち六一％が水島に住んでいる。また、日本国籍取得者や日本人と在日とのあいだに生まれたダブルの者をいれれば、その数はさらに多いことが予測される。

（5）同書の在日朝鮮人一世である安采鎬さんの証言によれば、一九四三年末か四四年の初めころから、アメリカ軍の空襲に備えて、三菱重工業水島航空機製作所の疎開工場が亀島山の地下に建設された。しかし、地下工場は未完成のまま終戦を迎えた。戦後の時点では七箇所の出入り口があったが、現在では出入りできるのは西側の一箇所だけになっている。通常は鍵がかかっており、一般の人は許可なしには立ち入れないようになっている。

第5章

（1）二〇〇三年一月から一二月までの期間、岡山で生活する在日の若者四〇人ばかりにインタビュー調査をした。本章のデータとなっているインタビュー調査は、ある程度インフォーマントとの信頼関係が醸成されたことを自分なりに確認しておこなった。よって対象者のなかに、はじめて出会い、その場でインタビューを行ったものは含まれていない。インタビュー調査には、ICレコーダーを用い、対象者の自宅、職場、喫茶店などでおこなった。インタビューの長さは一時間から三時間までにおよび、自由な会話形式を重視してすすめられた。

（2）川端文江（一九三六年生まれ）は、筆者の伯母にあたる。

（3）朴永三は、伯母である川端文江の家に隣接した在日共同体でかつて生活し、そこで焼肉屋をはじめた。現在もその場所に存在する焼肉店は、彼の息子によって引き継がれている。

（4）渡辺治や後藤道夫の議論によれば、日本における福祉国家体制の実態とは、大・中企業を中心とした日本型雇用と企業主義統合による「業績＝福祉共同体」という発想と、自民党による地方利益誘導型政治と開発主義によって支えられていたとしている。

（5）岸川富一（一九三九年生まれ）は、長年に渡り岡山市内の私立女子高校の教師を務める。筆者の高校時代の友人の父親。恵美にインタビューした際に、彼の名前が言及されたことから、インタビュー調査を行った。

（6）『セセデ』は朝鮮青年社が毎月発刊している。

（7）たとえば、「朝青CD九月号」の表紙を飾っているのは四枚の写真である。先月行われたバレーボール活動である「八月ページモイム」での集合写真、在日の若い女性メンバーによる「第二回料理教室」での記念撮影と完成した「今月のメニュー」の写真。あともう一枚は、二〇〇三年八月二四日の万景峰九二入港に抗議して朝銀銃撃事件が起きた際に、万景峰九二に乗船した金永徹の「金永徹委員長祖国訪問」の写真である。総聯系ネットワークを象徴しているこれらの写真は、参加者の「想像の共同体」への所属を内面化する役割をはたしている。もういっぽうで重要なのは、このCDに収録されている一六曲のうち一五曲が日本のポップソングであるという事実である。つまり、倉敷における総聯系ネットワークをつなぐポップソングは、日本の流行歌なのである。選曲は以下のとおりである。「一、メリッサ（ポルノグラフィティー）　二、雪の華（中島美嘉）　三、虹（福山雅治）　四、THE LAST NIGHT（松浦亜弥）　五、Moon Gate（Day After Tomorrow）　六、ドリームエクスプレス（FLOW）　七、本日ハ晴天ナリ（Do As Infinity）　八、Another World（MINMI）　九、君に捧げるLove Song　浜田省吾　一〇、一人ジェンガ　矢井田瞳　一一、HOW TO GO（くるり）　一二、思い出だけではつらすぎる（柴崎コウ）　一三、デェラ・シェラ・ム（チャゲアス＆スターダストレビュー）　一四、童神〜ヤマトグチ〜（夏川りみ）　一五、晴れ雨のち好き（モー娘。さくら組）　一六、アトランティス（BoA）」

（8）一九四五年九月一四日に発足した在日本朝鮮学生同盟は、一九五五年六月一八日に朝鮮総聯の傘下団体となるとともに、在日本朝鮮留学生同盟へと名称を変更した。主に、日本の大学へ通う在日によって構成されている。同組織は、祖国は朝鮮民主主義人民共和国であるという立場から「留学生」という名称を名乗った。調査時、岡山の留学生同盟は、岡山と近県の大学に通う在日一五名によって構成されていた。

(9)在日ダブルをめぐる問題が浮上してきたのは、一九八〇年代半ば以降の社会運動の文脈である。一九八五年、日本国籍を取得した在日やダブルの人びとを中心に、「民族名をとりもどす会」という市民グループが結成される。彼／彼女らは、法的には間違いなく日本国籍であるが、民族は朝鮮人であると主張した。この主張は、日本社会に向けられたものであると同時に、国籍が異なれば「同胞」ではないという思考を持つ同じ在日に対して向けられていたものであった。同会のメンバーたちは一九八二年ごろより集会や学習会を重ね、「全国で孤立している日本籍者の輪を広め、連帯した闘いをすること、次に当面の課題として戸籍名を民族名にとりもどす申し立てを起こすこと」を目的として活動を開始していた。ただし、この運動結成時にはダブルという言葉は使用されておらず、「「混血」日本籍者」と「「帰化」日本籍者」を統合するものとして「日本籍朝鮮人」という表記が用いられている(民族名をとりもどす会編 一九九〇)。ダブルという言葉は一九九〇年代半ばころには散見され、後述する同会の活動を継承していったパラムの会において日本籍朝鮮人とは別のカテゴリーとして立ち上がっていったことを確認することができる(安田 一九九七:一二－一四、曺理沙 一九九七:二－四)。このような、既存の在日の政治的文脈において周縁的な位置に立たされていた人びとが、ダブルという言葉を自分たちについて語る拠り所として用いるようになったのである。李洪章は、韓国・朝鮮籍の維持や「純血」であることを事実上の成員条件とする既存の在日朝鮮人運動に対して、多様性・異種混淆性に焦点をあてたこのような運動の試みを「新しい在日朝鮮人運動」と定義している(李 二〇〇八)。つまり、ダブルという政治的主体は、在日のポスト・アイデンティティ政治をめざすとりくみにおいて生じてきたカテゴリーであることを確認することができる。

(10)タンランは、丈の短い学ランのこと。ドカンは、極端にダボダボで裾が絞られていなくて真直ぐな学生ズボンのこと。彼の学生時代の「不良」の典型的なファッション。

(11)塩原良和は、オーストラリアにおける多文化主義政策をめぐる文脈において、「多文化主義の個人化」が抱える問題について議論している。

第6章

(1)そのような意味において、岡山の多文化共生政策は地域社会や住民の生活に根ざしたものではなく、没個性的であり、誰のための多文化共生なのかという視点は置き去りにされたままという感は否めない。地域経済開発論を専門とするリチャード・フロリダ（二〇〇五＝二〇〇七）は、魅力的なグローバル都市であるためのクリエイティブな指標として「他者」への「寛容性」をあげているが、岡山のような事例を考えてみた場合、それが戦略的に構築できるものではなく、地域の歴史的な基盤の上に成立していくものであるという視点が欠如していることがわかる。

（2）岡山県企画振興部国際課、二〇〇六、『おかやま国際化戦略プラン』（概要版）、岡山市外国人市民会議編、二〇〇七、『外国人市民にも暮らしやすい岡山市をめざして――提言書（第一期）』を参照。

（3）かつて岡山県内には在日の集住地区が存在していたが、現在では集住地区は混住化もしくは高齢化している。ある岡山の朝鮮総聯幹部の在日二世の男性によれば、かつてスティグマ化されたバラック状の集住地区は小規模なものが一箇所存在するのみである。

（4）坂中英徳、一九九九、『在日韓国・朝鮮人政策論の展開』日本加除出版。このような認識を前提として、坂中は社会統合の観点から多民族国家化する未来の日本社会において在日は主要な役割を果たす象徴的な存在としてあるべきだと考えている。

（5）本調査では、これまで聞き取りした調査対象者からスノーボールサンプリングにより一一名の非集住的環境で生活する在日の若い世代の対象者を紹介してもらい、ICレコーダーを用いた聞き取り調査を行った。対象者の選定の際には、民族教育の有無、性別、既婚・未婚、在日系民族組織との関係性、国籍などを変数とし、岡山の在日の多様性を示す事例を選ぶように心がけた。本章ではそのなかから五名の事例を選び、紹介している。なお、本章に登場する人物はすべて仮名で記されている。

（6）岡山民団四十年史編纂委員会、一九八七、『岡山民団四十年史』、在日本大韓民国居留民団岡山地方本部、一〇六－一〇八ページを参照。岡山市駅前町は朝鮮総聯の地方本部が存在しその牙城であったが、一九六五年の日韓基本条約締結以降に組織力を拡大していった民団は、一九六九年に旧岡山市鹿田本町などを転々とした後に駅前町へと本部を構えた。

（7）在日コリアンの子どもたちに対する嫌がらせを許さない若手弁護士の会編『在日コリアンの子どもたちに対する嫌がらせ実態調査報告集』を参照。

（8）金村成美の父方の祖父である朴永三への聞き取り調査より。朴永三はかつてその共同体に住んでおり、その後そこに現在も残っている焼肉屋をはじめた。
（9）『朝鮮新報』二〇〇一年六月二五日を参照。(http://www1.korea-np.co.jp/sinboj/sinboj2001/6/0625/54.htm)
（10）サマースクールは、朝鮮総聯が日本の中学・高校へ通う在日のために毎年行っているイベントであり、全国各地で開催される。二〇〇八年度は全国一三ヶ所で開催された。『朝鮮新報』では、「バーベキュー、キャンプファイヤー、フォークダンス、料理バトルやスポーツ大会など多彩なイベントを通じて日高生どうしはもちろん、同じ地域に暮らす朝高生らとの交流も深める。二一世紀という新しい時代を迎え、三、四世の同胞青年たちはどう生きていくべきかをともに考えるよい機会だ」と宣伝されている。

第7章

（1）二重の不可視化の問題は、在日に特有なものであるとは考えていない。むしろ、今日のマイノリティをめぐる差別・排除の現実を考察する場合、個人化されたマイノリティたちは同様の問題を抱えており、それらを越境的に結びつけて考察していくことも課題である。この問題に関しては、第8章で論じている。

第8章

（1）ダイアローグ岡山は、二〇〇三年度に立ちあげた岡山周辺で生活する在日コリアンと日本人のメンバーを中心とした緩やかなネットワークである。これまで、毎月の第二木曜日に行う茶話会(二木会)と他の市民活動と協働したイベントを行ってきた。詳細に関しては、二〇一〇年度、二〇一一年度に行った朝鮮学校ダイアローグのホームページ(http://www.artdialogue.jpn.org/)を参照のこと。
（2）筆者はフィールドワークを通じてそのような思いを深めるような出会いがいくつかあった。二〇〇三年に在日の若者の調査をする過程で、彼/彼女らの友人・同僚・知人や近隣で生活する日本人を紹介してもらいインタビュー調査を行った。そのときに出会った一人が南山浩二(一九八一年生まれ 韓国籍)の高校の卓球部の後輩であった中山知章(一九八二年生まれ)だった。浩二はジモトの公立高校を卒業したのち働きながら、総聯系の在日本朝鮮青年同盟(朝青)の活動やイベントに積極的に参加していた。筆者は、毎週末に旧岡山朝鮮初中級学校の体育館で行われていた朝青のバスケットボール部に参加しており、そこで浩二と中山君に出会ったのだった。中山君にはJR岡山駅の地下街の中華料理屋で食事をしながらインタビューしてみた。インタビュー当初の彼の浩二に関する語りというのは、「浩二さん、本当、良い人っすから」と高校の部活動時代からの先輩・後輩関係を経て卒業後も続く強い信頼関係といったような思いが伝わってくるものだった。会話を進めるうちに、彼の兄の結婚相手は在日であるということがわかった。筆者が、兄の結婚に対して中山君の両親がどのような反応を示したのか聞くと、まったく反対するというようなことはなかったという。また、中山君の父親は人を差別することが良くないことだと彼に教えてきたとのことだった。それはなぜかと彼に尋ねてみると、おそらく彼の父親の両親が広島で原子爆弾の被害を受けた被爆者二世であるからだろうという。このように、在日と被爆者、またその周囲の者たちがそれぞれの歴史社会的文脈を超えて結びつくようなことが、日常的実践のなかには確かに存在し、語られることがなくても継承されていっているのである。

（3）そのような試みとしては、たとえば桜井厚は部落で生活する人びとの生活史を記述するために、理性の未熟さや民主主義的価値や市民的実践に反するものと歴史家が考えるマイノリティの歴史を描き出す試みとして、ディペッシュ・チャクラバルティの「マイナーな過去」（Chakravorty 1997 = 1998）や保苅実の「歴史実践」（保苅 二〇〇四）の概念を援用しつつ、「大きな物語」や「ポリティカル・コレクトな言説」とは必ずしも結びつかない領域を「境界文化」と名づけている（桜井 二〇〇五）。

あとがき

二〇〇六年一月にオーストラリア国立大学での博士課程を修了し岡山へと戻ってから、振り返ってみると日本での生活も八年目を迎えようとしている。三〇歳までの人生の半分近くを英語環境で生活してきた筆者にとって、この七年という歳月は自分自身の価値観や仕事の意味を改めて問い直す時間でもあった。博士課程で行った自分が生まれ育った場所での一年間の調査の経験から、出身地であり地方都市である岡山の人文社会科学的な研究調査の必要性を痛感して、岡山へ戻ってフィールドワークを継続した。岡山のある私立大学で非常勤講師をしながら研究調査にとりくんだ。

ただし、学術的には地縁のない岡山で安定した仕事を探すのはとても困難で、非常勤の仕事が激減したのをきっかけに、西宮へと職を求めて引っ越した。そしてこの移動こそが、自分自身の研究調査を改めて振り返る充実した機会を提供してくれることとなった。関西学院大学や京都大学での教員・研究員としての仕事は、筆者にとっては日本社会へ再適応するためのリハビリであったし、それ以上に日本の大学・大学院という制度について学ぶ場ともなった。日本の大学や大学院のゼミ発表で求められる形式的な作法、投稿論文や学会発表の準備のプロセス、学術助成金の申請書の書き方などなど、自分がまったく何も知らないということに気づかされることばかりだった。

また、日本研究やカルチュラル・スタディーズに加えて、社会学というアプローチを強く意識した仕事をするようになった。場所が変われば求められる知識も変わり、それに対して柔軟に対応する必要が求められる。これは、何も筆者に特別な環境ではなく、むしろ現在の学術的環境のリアリティを反映したものだろう。ただし、このような環境に筆者が柔軟に適応することに成功してきたわけではない。日本の学会や研究会では、日本研究という日本社会そのものをマクロに捉えるような視点はわざわざ述べることでもないようであったし、もういっぽうで、日本の社会学的な枠組みのなかで整理してきたことをどのように英語で発信すればよいのか戸惑うことが多かった。本書のはじめにの部分では、学際的なアプローチであると明言しているが、そのように自分の研究を明確に位置づけることができたのは、本書においてこの一〇年以上におよぶジモトでのフィールドワークとその成果をもとに執筆した論文を整理することができたからである。

これらの一〇年間の研究生活を総括していく過程で改めて気づかされたのは、自分が知的に根拠としているのはフィールドワークという手法だということだ。はじめにの冒頭でも述べたが、「落ち着きがない」と言われ続けた筆者の知的好奇心は、教室や図書館のなかではなくその外＝フィールドで生じている何かに絶えず向けられてきたのだと思う。そしてまた、この一〇年という月日のなかで自分が考察してきた人びとや現象をとりまく環境も変化し、自分自身がかつて考察してきたことをめぐる解釈にも変化が生じた。本書ではその時々で考察した文章の原型を大幅には変えていない。第4部で試みているように、これまでに行ってきた研究調査や分析を再解釈することによって、すなわち社会に埋め込まれた調査者である自分自身を研究対象として客体化することによって社会的事象を明らかにすることを試みている。ただしそのような自分の知的好奇心に気づき、それを持続させ、さらにはより発展させていくという作業は到底筆者だけで行えるものではなかった。

＊　＊

フィールドワークという手法を用いて研究を進めて行くきっかけとなったのは、オーストラリアの大学院で出会った研究者である先輩や友人たちであった。そのなかでも、オーストラリアの先住民であるアボリジニの歴史家である保苅実との出会いは、フィールドワークというその後の研究スタイルを決定づけるものとなった。留学当初の筆者の目論見は、第3章で考察している「平凡なナショナリズム」について、日本の一九九〇年代半ば以降の歴史認識をめぐる論争の言説分析によって明らかにするものであった。ナショナリズム理論や言説分析のことで頭がガチガチになっていた筆者に対して、「フィールドワークでやってみれば」と助言してくれたのが筆者の指導教官の一人となってくれた保苅であった。フィールドワークという手法など思いもつかなかった筆者にとって「そういうやり方があったのか」と気づかされるとともに、これでうまくいくのではというたしかな感覚のようなものを得ることができたのだった。現在の地点から保苅の助言の意味を捉え返してみると、筆者の「落ち着きのなさ」を良い意味で見抜いてくれていたということとともに、越境という身体感覚に依拠した経験に基づいてナショナリズムや差別の問題に関心があった筆者にとって、自分の経験そのものも考察対象とし、方法として位置づけるにはうってつけの選択であったといえる。

そしてまた新潟という地方都市出身であった保苅とは、グローバル化時代における地方が抱えている様々な問題意識を共有することが可能であった。キャンベラの郊外にある元々はレズビアンバーであったカフェにおける保苅との地方をめぐる議論を通じて、地方の草の根ナショナリズムの実態といった切実な問題から何で地方ではユーミンが流行るんだろうといった些末なことまで、お互いが後にした地方を振り返りつつジモトをめぐる視座というものを共有していったのだった。東京や都市圏についての語りが多いいっぽうで、地方都市における実態を捉えるような語りはとても少ないことなど、いかに地方都市のリアリティを描き出すことが難しいのかについて語り合った。そのような日々の地方をめぐる議論を通じて、かつて自分が後にした地方のことを研究するためには、やはり自分の出自に向き合っていくべきだとの思いを深めていくことが可能となったのだった。こうして、研究者の出身地をフィールドワークする、そしてそれをはっきりと明示するという大胆な発想へと辿りつくことができたのだった。

ただし保苅は二〇〇四年五月にメルボルンで逝去した。彼の地方都市に関する論考は学術的な成果物としては存在していないが、『新潟日報』の連載「生命あふれる大地　アボリジニの世界」には彼のジモトに対する視線を強く感じることができる。「自分のために、世界のために」と題された連載の最終回で保苅は次のように述べている。

「君は、あちこち飛び回っているけれど、この先どこで就職して腰を落ち着けるつもりなんだ?」と聞かれることがある。そんなとき僕は、半ば冗談半ば本気で「新潟以外なら、世界中どこでもいい」と答えている。とはいえ、新潟が嫌いなのかといえば、そう単純な話でもない。こうして新潟日報に連載させてもらったのも、故郷の新潟に特別な思い入れがあるからだ。この感情は、〈愛憎〉としか言いようがない(『新潟日報』二〇〇三)。

筆者自身の出身地への思いは、保苅のものと若干違うかもしれない。ただし、この「愛憎」という言葉に、地方出身者が彼の地へと向き合う際に生じる複雑な感情を強く感じるのである。本書では、地元現象というグローバル化時代に適合的なように地域社会を活性化しようという動きを、そこからは排除される領域としてのジモトという視点から批判的に捉え返すことによって、筆者自身が岡山に抱える「憎」の部分に向き合ってきたともいえる。ただし、自分自身が育った場所を憎むというのではなく、そこで育った生活者の視点から夢をみることのできるような場所へと変わるために批判的な視点から捉え返したということである。本書でも繰り返し述べたように、このような作業を通じて、筆者にとって岡山はとても興味深い場所として、没個性的なものではなくて、特定の歴史社会性や文化を感じさせるまちへと変わっていった。

＊　　＊

だけれども、筆者の地方都市をめぐる研究調査にはまだまだ課題も多い。筆者の調査の意味をより深めていくには、まだまだ先行研究の整理が不足しているし、国内外との比較を視野に入れたような調査も欠かせない。地域社会をエンパワーする視点からの研究も必要だが、冷静に実態を把握することによって、個別のローカルな問題について考察することができる。そして何よりも、そのことを一番に考えるべきなのは、そこで生活している利害関係者である地域住民だ。東日本大震災以降の一連の出来事を見るにつれて、この思いはより明確なものとなっている。東日本大震災による被害や福島の原発問題が示しているのは日本の地方都市開発そのものの問題点であり、それは、3・11以前からずっと続いてきた問題なのである。筆者は、震災と原発問題に対する問いと同様に、それ以前は軽視されてきた地方をめぐる現状について考えるような知的営みが必要だと思う。何か起きた後になって地域社会の人びとにすべてを押しつけることはできない。だから本書では、そのような既存の社会調査においては質量ともにインパクトがあるとは考えられてこなかった事象を、当該地域関係者の視点から考察することにこだわってきた。今後の課題としては、グローバルかつローカルな水準で地方の問題について考察していくための協働的な作業へと発展させていきたいと考えている。それはまた筆者自身にとっては、日本研究というマクロな分析枠組みと地域社会の差別・排除を理解するための分析枠組みを結びつけていくということになるだろう。

＊　　＊

本書を執筆するうえで、本当にたくさんの方々にお世話になった。みなさまの支えなくして本書がここに存在することはありえない。

まず何よりも、筆者の参与観察やインタビュー調査を許容していただいた方々に厚くお礼を申し上げたい。忙しいにもかかわらず、参与観察や長時間におよぶインタビュー調査を引き受けていただき、色々なお話を聞かせていただくことが、大学院生という不安定な身分で研究を続けていくうえでのもっとも力強い励みとなった。

本書の一部ともなっている博士論文を提出した、オーストラリア国立大学の大学院の時代には先生方や同期の友人たち、さらには客員で日本から訪れていた研究者の方々に大変お世話になった。赤見知子、池田俊一、岩渕功一、大野俊、葛西弘隆、辛島理人、グレッグ・ドボルザーク、小林柔子、塩原良和、渋谷望、スティーヴン・ジャーヴィス、瀬木志央、テッサ・モーリス＝スズキ、ノア・マコーマック、保苅実、ケン・ヨネタニ、ジュリア・ヨネタニ諸氏にはいつも助けられてばかりであった。また、筆者が研究者というキャリアを選択するうえで基礎を築いていただいた国際大学のジョン・ウエルフィールド、奥田和彦、黒田壽郎諸氏への感謝も忘れることができない。

また、この間の岡山での調査では轡田竜蔵氏に大変お世話になった。先輩・友人として地方都市の問題をともに考えて伴走してくれる人がいなかったら、このような研究を継続していくのはとても難しかった。そして、岡山でのフィールドワークをより実りあるものにしてくれた太田俊明、姜博、金泰植、楠木裕樹、三田忠満、三田克行、孫泰欽、崔裕行、李宝彰諸氏にも感謝している。

また、勤め先の関西学院大学や京都大学でもたくさんの方々にお世話になった。秋津元輝、阿部潔、落合恵美子、高坂健次、島村恭則、白石壮一郎、古川彰、松田素二、三浦耕吉郎諸氏に支えられたお蔭で筆者の日本でのリハビリの過程を大変快適に過ごすことができた。また、京都大学GCOEプログラム次世代研究ユニットのジモト班の方々、稲津秀樹、越智正樹、山北輝裕、渡邊拓也諸氏や関学や京大の大学院生の方々には、研究とともに食事や飲み会を通じて関西での楽しいひと時を過ごさせてもらった。この他にも研究やイベントの交流を通じて、五十嵐泰正、上村崇、富田真史、東琢磨、真部剛一、谷口幹也、谷口雪絵諸氏にも貴重なインスピレーションをいただいた。

そして、本を作成するという過程でお世話になった方々。御茶の水書房の橋本育さんとの協働作業がなければ、本書は日の目をみることはなかった。手触り感のあるコミュニケーションを通じた橋本さんの励ましがなければ、最後まで書くモチベーションを維持することは難しかった。そして社長の橋本盛作氏には、本を仕上げていく過程で大変お世話になりました。また、フィールドワークをしながらの写真撮影と素敵な表紙の絵を描いてくれた友人でありアニメ作家の中村智道氏にも感謝だ。

最後となるが、やはりこの間、精神的にそして経済的に支えてくれた家族に感謝したい。父・英男、姉・路子、そして筆者のフィールドワーク中の二〇〇三年三月に他界した母・浩子は、日々の関係性を通じて本書のテーマでもある身近な世界で生活する他者をリスペクトすることの重要性を生活という日常実践を通じて伝えてくれた。そしてそのメッセージはまた、パートナーである佳奈と一歳になった壮哉との関係性のなかで展開している。

なお、本書の各章は、以下の論文を大幅に加筆修正したものとなっている。

第1章 「越境する知識人と液状化する地域研究――オーストラリアにおける日本研究の展開」『オーストラリア研究』第二四号、オーストラリア学会、二〇一一年、七二－八八頁。

第2章 「もう一つのジモトを描き出す――地方都市のホームレスの若者から地元現象を考える」『先端社会研究所紀要』第四号、関西学院大学先端社会研究所、二〇一〇年、三五－五一頁。

第3章 「排除型社会における北朝鮮バッシングをめぐるエスノグラフィー――地方都市の中小企業の事例研究」『アジア太平洋レビュー』第四号、大阪経済法科大学、二〇〇七年、三五－五〇頁。

第4章 「在日コリアンをめぐる記憶と「郊外」――地方都市郊外（ホームタウン）における日本人の「廃棄」された記憶から」『多言語多文化――実践と研究』vol.1、東京外国語大学多言語・多文化教育研究センター、二〇〇八年、五五－七五頁。

第5章 「スティグマからの解放、「自由」による拘束――地方都市で生活する在日コリアンの若者の事例研究」『解放社会学研究』第二一号、日本解放社会学会、二〇一〇年、八三－一〇〇頁。

第6章 「岡山在日物語――地方都市で生活する在日三世の恋愛・結婚をめぐる経験から」岩渕功一編『多文化社会の〈文化〉を問う――共生／コミュニティ／メディア』青弓社、二〇一〇年、一一六－一四五頁。

第7章 「不可視化されるマイノリティ性――ジモトの部落、在日コリアン、ホームレスの若者たちの研究調査をめぐる軌跡から」『解放社会学研究』第二五号、日本解放社会学会、二〇一二年、九一－一一二頁。

第8章 「二重の不可視化と日常的実践――非集住的環境で生活する在日コリアンのフィールドワークから」『社会学評論』vol.63, No.2、日本社会学会、二〇一二年、二〇三－二一九頁。

また、本書の執筆に際しては、以下の研究資金の提供と研究活動の支援を受けたことによって、フィールドワークや文献収集、研究会等を行うことができたことに感謝している。

・日本学術振興会 学術研究助成基金助成金 若手研究B（課題：「〈非集住地区〉で生活する在日コリアンの個人化と帰属意識の変容に関する研究」）研究代表者（二〇一一－二〇一四）
・日本学術振興会 学術研究助成基金助成金 基盤研究C（課題：「多元化するアイデンティティと「多文化社会・日本」の構想）研究分担者【研究代表者：河合優子（二〇一二－二〇一五）】
・京都大学 GCOEプログラム次世代研究ユニット「地域社会で不可視化された領域を考察するための〈方法としてのジモト〉」研究代表者（二〇一一－二〇一三）
・京都大学 GCOEプログラム「親密圏と公共圏の再編成をめざすアジア拠点」
・関西学院大学先端社会研究所

文字を持たない先住民の多様な歴史に真摯に向き合う
ラディカル・オーラル・ヒストリー
――オーストラリア先住民アボリジニの歴史実践
保苅実 著
A5変・三二〇頁
価格 二二〇〇円

「社会運動史」一九七〇～一九八五
歴史として、記憶として
喜安朗・北原敦
岡本充弘・谷川稔 編
A5判・三五〇頁
価格 四八〇〇円

近代と国家の呪縛から歴史を解き放つ
開かれた歴史へ
――脱構築のかなたにあるもの
岡本充弘 著
四六判・二六〇頁
価格 二八〇〇円

散文説話を読み解き拡げる、アイヌ–和人関係史の新たな射程
アイヌ口承文学の認識論
――歴史の方法としてのアイヌ散文説話
坂田美奈子 著
A5判・二五二頁
価格 五六〇〇円

日本、ブラジル、米国での研究生活から生まれた自伝的比較文化論
文学の心で人類学を生きる
――南北アメリカ生活から帰国まで十六年
前山隆 著
菊判・三二八頁
価格 二八〇〇円

1930年代の熊本で米国人人類学者夫妻が見たもの
須恵村の女たち
――暮らしの民俗誌
R・スミス、E・ウィスウェル 著
河村＋斎藤 訳
A5判・五七四頁
価格 三八〇〇円

アメリカ学会清水博賞（2007年度）受賞！
「辺境」の抵抗
――核廃棄物とアメリカ先住民の社会運動
鎌田遵 著
四六判・三六八頁
価格 三八〇〇円

沖縄タイムス出版賞（2009年度）受賞！
死者たちの戦後誌
――沖縄戦跡をめぐる人びとの記憶
北村毅 著
A5判・四三二頁
価格 四〇〇〇円

アジア太平洋の戦争、ひとびとの感情の各層に残る痕
記憶の地層を掘る
――アジアの植民地支配と戦争の語り方
今井昭夫
岩崎稔 編著
A5判・二七二頁
価格 二六〇〇円

著者紹介

川端　浩平（かわばた　こうへい）

1974年岡山県岡山市生まれ。岡山県立一宮高等学校卒業。カリフォルニア大学ロサンゼルス校人文科学部東アジア学科卒業（1998年）。国際大学大学院国際関係学研究科修了（2001年）。オーストラリア国立大学アジア学部アジア社会・歴史センター博士課程修了、博士号取得（2006年）。現在は福島大学行政政策学類准教授。

研究領域：差別・排除、ナショナリズム、エスニシティの社会学的研究。地域研究（Japanese Studies）。カルチュラル・スタディーズ。

近刊著書：『フィールドから考える「社会問題」――身近でリアルな視点との出会い』（仮）、古今書院、2015年3月予定（共著）
『出来事から学ぶカルチュラル・スタディーズ』（仮）、ナカニシヤ出版、2015年4月予定（共著）
『交錯する多文化社会』（仮）、ナカニシヤ出版、2015年6月予定（共著）
『中間圏――親密圏と公共圏のせめぎ合うアリーナ』（仮）、京都大学学術出版会、2015年9月予定（共著）

著者以外の著作物：
1　装丁の絵画　中村智道
2　写真1、写真2、写真3、写真5、写真6　中村智道

ジモトを歩《ある》く――身近《みぢか》な世界《せかい》のエスノグラフィ

2013年7月20日　第1版第1刷発行
2015年2月20日　第1版第2刷発行

著　者　川端浩平
発行者　橋本盛作
発行所　株式会社御茶の水書房
〒113-0033　東京都文京区本郷5-30-20
電話　03-5684-0751

装　幀　若生のり子

Printed in Japan　組版・印刷／製本　㈱タスプ

ISBN978-4-275-01042-1　C3036

人名索引

ま行

や行

ら行

わ行

事項索引

あ行

か行

さ行

た行

な行

は行

ま行

や行

ら行

わ行

文献リスト

参考文献

東浩紀・北田暁大, 2007,『東京から考える——格差・郊外・ナショナリズム』NHK出版.

Bachelard, Gaston, 1957, *La Poétique de l'espace,* Les Presses universitaires de France.（＝ガストン・バシュラール, 2002, 岩村行雄訳,『空間の詩学』筑摩書房）.

Bauman, Zygmunt, 2000, *Liquid Modernity*, Polity Press.（＝ジグムント・バウマン, 2001, 森田正典訳『リキッド・モダニティ——液状化する社会』大月書店）.

————, 2004, *Wasted Lives: Modernity and its Outcasts*, Polity Press.（＝ジグムント・バウマン, 2007, 中島道男訳『廃棄された生——モダニティとその追放者』昭和堂）.

Benedict, Ruth, 1946, *The Chrysanthemum and the Sword: Patterns of Japanese Culture,* Houghton Mifflin.（＝ルース・ベネディクト, 1967, 長谷川松治訳,『菊と刀——日本文化の型』社会思想社）.

Billig, Michael, 1995, *Banal Nationalism,* Sage Publications.

Burgess, Chris, 2004, "Maintaining Identities: Discourse of Homogeneity in a Rapidly Globalizing Japan", electric journal of contemporary japanese studies, Article 1. http://www.japanesestudies.org.uk/articles/Burgess.html

Chakrabarty, Dipesh, 1997, "Minority Histories, Subaltern Pasts" in *Perspectives*, pp. 37–43.（＝ディペッシュ・チャクラバルティ, 1998, 臼田雅之訳,「マイノリティの歴史、サバルタンの過去」『思想』八九一号, 岩波書店, 31 − 48頁.

Chakrabarty, Dipesh, 2000, *Provincializing Europe: Postcolonial Thought and Historical Difference,* Princeton University Press.

崔洛基, 1999,『愛国愛族の魂で闘った——倉敷同胞の歩み』在日本朝鮮人総聯合会岡山県倉敷支部.

鄭暎惠, 1996,「アイデンティティを超えて」, 井上俊也編,『差別と共生の社会学』岩波書店, 1 − 33頁.

————, 2003,『〈民が代〉斉唱——アイデンティティ・国民国家・ジェンダー』岩波書店.

————, 2005,「言語化されずに身体化された記憶と複合的アイデンティティ」, 上野千鶴子編,『脱アイデンティティ』勁草書房, 199−240頁.

曺理沙, 1997,「ダブルとして生きる」『京都版全朝教通信』(19号).

朝鮮人強制連行真相調査団編, 2001,『朝鮮人強制連行調査の記録——中国編』

柏書房.
Cornell, John, 1972 (1966), "Buraku Relations and Attitudes in a Progressive Farming Community", in De Vos, George, and Wagatsuma, Hiroshi (eds.), *Japan's Invisible Race: Caste in Culture and Personality*, Revised edition, University of California Press, pp. 152-182.
――――, 1967 "Individual Mobility and Group Membership: The Case of the Burakumin", in Dore R. P., *Aspects of Social Change in Modern Japan*, Princeton University Press, pp. 337-372.
Davis, Mike, 1990=2001, *City of Quartz: Excavating the Future in Los Angeles,* Verso.(=マイク・デイヴィス, 2001, 村山敏勝・日比野啓訳『要塞都市LA』青土社.)
De Certeau, Michele, 1980, *L'Invention du Quotidien. Vol. 1, Arts de Faire*, Union générale d'éditions.(=ミッシェル・ド・セルトー, 1987, 山田登世子訳『日常的実践のポイエティーク』国文社.
Delanty, Gerald, 2003, *Community*, Routledge.(=ジェラード・デランティ, 2006, 山之内靖+伊藤茂訳『コミュニティ――グローバル化と社会理論の変容』NTT出版).
Denning, Greg, 1996, *Performances,* University of Chicago Press.
Dower, John, 1986, *War without Mercy: Race and Power in the Pacific War,* Faber and Faber.(=ジョン・ダワー, 2001, 猿谷要監修・斎藤元一訳『容赦なき戦争――太平洋戦争における人種差別』平凡社).
Drysdale, Peter, 1988, *International Economic Pluralism: Economic Policy in East Asia and the Pacific,* Allen & Unwin Australia Pty Ltd.
ドライスデール, ピーター, 2004,「豪州の大学での日本研究」『*AUS e-Study*』第11号.ajf.australia.or.jp/studyaus/.../docs/Issue_11_Drysdale_article.pdf
Fabian, Johannes, 1983, *time and the other: how anthropology makes its object,* Columbia University Press.
Field, Norma, 1992, *In the Realm of a Dying Emperor: Japan at Century's End,* Vintage.(=ノーマ・フィールド, 1994, 大島かおり訳『天皇の逝く国で』みすず書房).
Florida, Richard, 2005, *The Flight of the Creative Class: The New Global Competition for Talent*, Harper Collins Publishers, Inc.(=リチャード・フロリダ, 2007, 井口典夫訳『クリエイティブ・クラスの世紀――新時代の国、都市、人材の条件』ダイヤモンド社).
藤田敬一, 1987,『同和はこわい考――地対協を批判する』阿吽社.
福岡安則, 1993,『在日韓国・朝鮮人――若い世代のアイデンティティ』中央公論社.
二口亮治, 2011,「部落関係者とは誰か?――現代「部落分散」論に抗して〜ポ

スト「同対法」時代における戦略的アプローチ」『解放社会学研究』第25号, 71 − 90頁.
後藤道夫, 2001,『収縮する日本型〈大衆社会〉――経済グローバリズムと国民の分裂』旬報社.
Hage, Ghassan, 1998, *White Nation: Fantasies of White Supremacy in a Multicultural Society,* Pluto Press（＝ガッサン・ハージ, 2003, 保苅実・塩原良和訳『ホワイトネイション――ネオ・ナショナリズム批判』平凡社）.
――――, 2003, *Against Paranoid Nationalism: Searching for hope in a shrinking society,* Pluto Press（＝ガッサン・ハージ, 2008, 塩原良和訳『希望の分配メカニズム――パラノイア・ナショナリズム批判』御茶の水書房）.
花房英利, 1992,『はじまりはアリランから――民族問題を考える高校生たち』平和文化.
韓東賢, 2005,「メディアの中の「在日」と「朝鮮学校」、そのリアリティのありか」『現代思想』vol. 33-4, 青土社, 214 − 223頁.
――――, 2006,『チマ・チョゴリ制服の民族誌――その誕生と朝鮮学校の女性たち』双風舎.
林香里, 2005,『「冬ソナ」にハマった私たち――純愛、涙、マスコミ…そして韓国』文芸春秋新社.
東琢磨, 2007,『ヒロシマ独立論』青土社.
東川町史編集委員会, 1986,『東川町史』.
疋田正博, 1994,「オーストラリアにおける日本研究」『日本研究 第10集――国際日本文化研究センター紀要』角川書店, 323 − 329頁.
平川祐弘, 1984,『漱石の師マードック先生』講談社.
保苅実, 2004,『ラディカル・オーラル・ヒストリー――オーストラリア先住民アボリジニの歴史実践』御茶の水書房.
五十嵐太郎, 2004,『過防備都市』中央公論新社.
五十嵐泰正, 2010,「北の「荒野」を往く――開発主義と向き合うドライブ紀行」『Posse』Vol. 7, 72 − 92頁.
稲田勝幸, 1987,「藤田敬一著『同和はこわい考』批判――いま、差別問題の原点「差別の現実に学ぶ」に帰る」『解放社会学研究』第2号, 78 − 91頁.
岩渕功一, 2001,『トランスナショナル・ジャパン――アジアをつなぐポピュラー文化』岩波書店.
Iwabuchi, Koichi, 2002, *Recentering Globalization: Popular Culture and Japanese Transnationalism,* Duke University Press.
伊豫谷登士翁, 酒井直樹, テッサ・モーリス＝スズキ編, 1998『グローバリゼーションのなかのアジア――カルチュラル・スタディーズの現在』未来社.

開沼博, 2011,『「フクシマ」論——原子力ムラはなぜ生まれたのか』青土社.
Kawabata, Kohei, *Walking my Hometown: Practices of Everyday Nationalism in Contemporary Japan,* The Australian National University, Ph.D. Thesis, 2006.
川端浩平, 2007,「排除型社会における北朝鮮バッシングをめぐるエスノグラフィー——地方都市の中小企業従業員の事例研究」『アジア太平洋レビュー』第4号, 49－64頁.
————, 2010a,「スティグマからの解放,「自由」による拘束——地方都市で生活する在日の若者の事例研究」『解放社会学研究』第21号, 83－100頁.
————, 2010b,「岡山在日物語——地方都市で生活する在日三世の恋愛・結婚をめぐる経験から」岩渕功一編著『多文化社会の〈文化〉を問う——共生／コミュニティ／メディア』青弓社, 116−145頁.
————, 2010c,「もう一つのジモトを描き出す——地方都市のホームレスの若者の事例から地元現象を考える」『関西学院大学先端社会研究紀要』vol.4, 関西学院大学先端社会研究所, 35−51頁.
————, 2010d,「〈境界域〉としてのストリート——〈平凡〉な事例を調査するための社会分析の再構築」『KGGP社会学批評』vol.2, 53−55頁.
————, 2012a,「不可視化されるマイノリティ性——ジモトの部落, 在日コリアン, ホームレスの若者たちの研究調査をめぐる軌跡から」『解放社会学研究』第25号, 91－112頁.
————, 2012b,「二重の不可視化と日常的実践——非集住的環境で生活する在日コリアンのフィールドワークから」『社会学評論』vol.63, No.2, 203－219頁.
香山リカ, 2002,『ぷちナショナリズム症候群——若者たちのニッポン主義』中央公論新社.
姜尚中, 1996,『オリエンタリズムの彼方へ——近代文化批判』岩波書店.
金泰泳, 1999,『アイデンティティ・ポリティクスを超えて——在日朝鮮人のエスニシティ』世界思想社.
倉敷市, 2000,『外国人登録国籍別人員調査表』.
轡田竜蔵, 2001,「「平凡なナショナリズム」と「第三世界ナショナリズム」のあいだ」『現代思想』vol. 29-16, 青土社, 247－262頁.
————, 2011,「過剰包摂される地元志向の若者たち」, 樋口明彦・上村泰裕・平塚眞樹編『若者問題と教育・雇用・社会保障』法政大学出版局, 183－212頁.
李洪章, 2009,「「新しい在日朝鮮人運動」をめぐる対話形成の課題と可能性——「パラムの会」を事例として」『ソシオロジ』第54巻1号, No.165, 87－103頁.
Low, Morris, 1997, "The Japanese Studies Association of Australia: A Short Review",

in *Directory of Japanese Studies in Australia and New Zealand,* The Japan Foundation with the Australia – Japan Research Centre, pp. 42-49.
マッキー, ヴェラ, 2009, JSAA2009座談会,「オーストラリアの大学における日本語および日本研究プログラム――その制度的な環境と課題」, JSAA-ICJLE 2009国際研究大会ウエブサイト, http://jsaa-icjle2009.arts.unsw.edu.au/jp/discussion.php
Marriot, Helen, 2009, "The development of Japanese Language in relation to Japanese Studies in Australia", JSAA-ICJLE 2009 International Conference, Theme Discussion Panel.
丸山真男, 1956,『現代政治の思想と行動』(上), 未來社.
民族名をとりもどす会, 1990,『民族名をとりもどした日本籍朝鮮人――ウリ・イルム』明石書店.
三浦展, 2004,『ファスト風土化する日本――郊外化とその病理』洋泉社.
三浦展監修, 2005,『検証・地方がヘンだ！』洋泉社.
三浦耕吉郎, 2009a,『環境と差別のクリティーク』新曜社.
――――, 2009b,「「部落」・「部落民」とは何か？」好井裕明編『排除と差別の社会学』有斐閣, 263 – 279頁.
Morris-Suzuki, Tessa, 2000 "Anti-Area Studies", *Communal/Plural* 8(1): 9-23:(=テッサ・モーリス＝スズキ, 2005, 伊藤茂訳「反地域研究――アメリカ的アプローチへの批判」『地域研究』 vol.7, No.1, 人間文化研究機構国立民族学博物館地域研究企画交流センター, 68 – 89頁.
――――, 2002,『批判的想像力のために――グローバル化時代の日本』平凡社.
――――, 2009, 松村美穂・山岡健次郎・小野塚和人訳「液状化する地域研究――移動のなかの北東アジア」『多言語多文化――実践と研究』vol.2, 4-25頁.
森田芳夫, 1996,『数字が語る在日韓国・朝鮮人の歴史』明石書店.
村井淳志, 1997,『歴史認識と授業改革』教育史料出版会.
中野憲志編, 2007,『制裁論を超えて――朝鮮半島と日本の〈平和〉を紡ぐ』新評論.
日本技術士会中部支部プロジェクトチーム中部技術支援センター編, 2001,『中小企業のためのやさしいISO9001の取り方』第2版, 日刊工業新聞.
西川長夫, 1995,『地球時代の民族＝文化理論―― 脱「国民文化」のために』新曜社.
野口道彦, 戴エイカ, 島和博, 2009,『批判的ディアスポラ論とマイノリティ』明石書店.
小熊英二・上野陽子, 2003,『〈癒し〉のナショナリズム――草の根保守運動の実証研究』慶應義塾大学出版会.

岡山市外国人市民会議編, 2007,『外国人市民にも暮らしやすい岡山市をめざして——提言書(第1期)』.
岡山民団四十年史編纂委員会, 1987,『岡山民団四十年史』在日本大韓民国居留民団岡山地方本部.
朴一, 2005,『「在日」ってなんでんねん？』講談社.
Rosaldo, Renato, 1993, *Culture & Truth: The Remaking of Social Analysis,* Beacon Press.（＝レナート・ロサルド, 1998, 椎名美智訳『文化と真実——社会分析の再構築』日本エディタースクール出版部).
坂中英徳, 1999,『在日韓国・朝鮮人政策論の展開』日本加除出版.
————, 2002,「在日韓国・朝鮮人政策論の帰結」『環』Vol. 11, 藤原書店, 194 − 202頁.
崎山政毅, 2004,『資本』岩波書店.
桜井厚, 2005,『境界文化のライフストーリー』せりか書房.
佐藤真知子, 1993,『新・海外定住時代——オーストラリアの日本人』新潮社.
渋谷望, 2003,『魂の労働——ネオリベラリズムの権力論』青土社.
————, 2005,「万国のミドルクラス諸君, 団結せよ！？——アブジェクションと階級無意識」『現代思想』vol.33 − 1, 青土社, 74 − 84頁.
————, 2011,「アントレプレナーと被災者——ネオリベラリズムの権力と心理学的主体」,『社会学評論』vol.61, No.4, 455 − 472頁.
島田雅彦, 2003,『楽しいナショナリズム』毎日新聞社.
塩原良和, 2005,『ネオリベラリズムの時代の多文化主義——オーストラリアン・マルチカルチャリズムの変容』三元社.
————, 2010,『変革する多文化主義へ——オーストラリアからの展望』法政大学出版局.
徐京植, 1997,『分断を生きる——「在日」を超えて』影書房.
Soja, Edward, 1989, *Postmodern Geographies: the Reassertion of Space in Critical Social Theory,* Verso.（＝エドワード・ソジャ, 2003, 加藤政洋他訳,『ポストモダン地理学——批判的社会理論における空間の位相』青土社).
杉本良夫, マオア, ロス, 1982,『日本人は「日本的」か——特殊論を超え多元的分析へ』東洋経済新報社.
杉本良夫, マオア, ロス編, 2000,『日本人論に関する12章——通説に異議あり』筑摩書房.
杉本良夫, 1983,『超管理列島ニッポン——私たちは本当に自由なのか』光文社.
————, 1984,「「日本人論再考」の舞台裏」『思想の科学』No.43, 思想の科学社, 2 − 5頁.
————, 1988,『進化しない日本人へ——その国際感覚は自画像の反映である』

情報センター出版局.
――――, 1991,『オーストラリア6000日』岩波書店.
――――, 1993,『日本人をやめる方法』筑摩書房.
――――, 1996,『「日本人」をやめられますか』朝日新聞社.
鈴木謙介, 2010,「当たりくじを見極める足場としてのジモト」『コラム 2030 この国のカタチ：仕事で自己実現ってホントにOK？――社会学者、鈴木謙介氏インタビュー』(http://bizmakoto.jp/makoto/articles/1004/30/news003_6.html)
鈴木慎一郎, 2008,「"レペゼン"の諸相――レゲエにおける場所への愛着と誇りをめぐって」鶴本花織・西山哲郎・松宮朝編『トヨティズムを生きる――名古屋発カルチュラル・スタディーズ』せりか書房, 138－148頁.
高原基彰, 2006,『不安型ナショナリズムの時代――日韓中のネット世代が憎みあう本当の理由』洋泉社.
玉野井芳郎, 1979,『地域主義の思想』農山漁村文化協会.
――――, 1982,『地域からの思索』沖縄タイムス社.
谷村要, 2008,「インターネットを媒介とした集合行為によるメディア表現活動のメカニズム――『ハレ晴レユカイ』ダンス『祭り』の事例から――」『情報通信学会誌』vol.25, No. 3, 69－81頁.
鶴見和子, 1996,『内発的発展論の展開』筑摩書房.
鶴見俊輔, 1976,『転向研究』筑摩書房.
寺山修司, 1972,『家出のすすめ』角川書店.
上野千鶴子, 1998,『ナショナリズムとジェンダー』青土社.
Vogel, Ezra, F., 1979, *Japan As Number One: Lessons for America*, Harvard University Press.（＝エズラ・ヴォーゲル, 1979, 広中和歌子・木本彰子訳『ジャパン・アズ・ナンバーワン』TBSブリタニカ).
和田春樹・高崎宗司編著, 2003,『北朝鮮本をどう読むか』明石書店.
若林幹夫, 2007,『郊外の社会学――現代を生きる形』筑摩書房.
Waquant, Loic, 1999, *Les Prisons de la misère, Editions Raisons d'agir.*（＝ロイック・ヴァカン, 2008, 森千香子・菊池恵介訳『貧困という監獄――グローバル化と刑罰国家の到来』新曜社).
渡辺治, 2004,「現代国家の変貌――グローバリゼーション, 新自由主義改革, 帝国主義」,『現代思想』vol. 32-9, 94－110頁.
山本英治, 1982,「「地方の時代」から「地域の時代」へ」『現代のエスプリ』No. 176, 5－20頁.
山本登, 1984,『部落差別の社会学的研究』明石書店.
山村高淑, 2008,「アニメ聖地の成立とその展開に関する研究――アニメ作品「ら

き☆すた」による埼玉県鷲宮町の旅客誘致に関する一考察――」『北海道大学国際広報メディア・観光学ジャーナル』No. 7, 145 − 164 頁.
山中伊知郎, 2001,『新国民食――吉野家！』廣済堂出版.
山中修司, 大島隆行, 谷寛彦, 金正坤, 1998,『ダブルの新風――在日コリアンと日本人の結婚家族』新幹社.
安田直人, 1997,「パラムの会を結成して」『京都版全朝教通信』20 号.
――――, 2000,「パラムの会から」『京都版全朝教通信』37 号.
安田浩一, 2012,『ネットと愛国――在特会の「闇」を追いかけて』講談社.
吉本哲郎, 2008,『地元学をはじめよう』岩波書店.
吉野耕作, 1997,『文化ナショナリズムの社会学――現代日本のアイデンティティの行方』名古屋大学出版会.
Yoshino, Kosaku, 1992, *Cultural Nationalism in Contemporary Japan: A Sociological Enquiry,* Routledge.
Young, Jock, 1999, *The Exclusive Society: Social Exclusion, Crime and Difference in Late Modernity*, Sage Publications（＝ジョック・ヤング, 2007, 青木秀男他訳『排除型社会――後期近代における犯罪・雇用・差異』洛北出版）.
――――, 2007, *The Vertigo of Late Modernity*, Sage Publications（＝ジョック・ヤング, 2008, 木下ちがや他訳『後期近代の眩暈――排除から過剰包摂へ』青土社）.
結城登美雄, 2009,『地元学からの出発――この土地を生きた人びとの声に耳を傾ける』農山漁村文化協会.
在日コリアンの子どもたちに対する嫌がらせを許さない若手弁護士の会編, 2003,『在日コリアンの子どもたちに対する嫌がらせ実態調査報告集』在日コリアンの子どもたちに対する嫌がらせを許さない若手弁護士の会発行.

映像

Dennis Hopper, 1969, *Easy Rider.*
本田孝義, 2003,『ニュータウン物語』.
井筒和幸, 2004,『パッチギ』.
Michael Moore, 1989, *Roger & Me.*
――――, 2002, *Bowling for Columbine.*
Weir, Peter, 1998, *The Truman Show.*
山田洋次, 1970,『家族』.
――――, 1971,『故郷』.

新聞記事
『解放新聞』1987年12月21日
『朝鮮新報』2001年6月25日
（http://www1.korea-np.co.jp/sinboj/sinboj2001/6/0625/54.htm）
『山陽新聞』2003年8月24日朝刊
『新潟日報』2003年10月7日朝刊
『山陽新聞』2003年12月30日朝刊
『朝日新聞』2010年5月15日朝刊

インターネット
社団法人公共広告機構ACオフィシャルサイト
（http://www.ad-c.or.jp/:2004年3月1日）.
社団法人日本レコード協会,「統計データ」
（http://www.riaj.or.jp/:2004年2月28日）.

雑誌
『ニューズウィーク』日本版, 2003年11月26日, 阪急コミュニケーションズ.

その他の資料
『岡山県南広域都市計画区画整理（岡山市）総括図——区域・地域・地区図 No.3』, 1996年8月.
岡山県企画振興部国際課, 2006,『おかやま国際化戦略プラン』(概要版).